Waltraut Hartmann
Michaela Hajszan
Martina Pfohl-Chalaupek
Martina Stoll
Birgit Hartel

unter Mitarbeit von
Sylvia Kummetz

Sprache, Kommunikation und Literacy im Kindergarten

Band 3 der Schriftenreihe
des Charlotte Bühler-Instituts

Verlag Hölder – Pichler – Tempsky GmbH & Co. KG
www.verlaghpt.at

Mit Schreiben des Bundesministeriums für Unterricht, Kunst und Kultur vom 22. September 2008, GZ 5.034/0012–V/9/2007, zur Aufnahme in den Anhang zur Schulbuchliste für Bildungsanstalten für Kindergartenpädagogik für die 2. bis 5. Klasse in den Unterrichtsgegenständen Didaktik und Kindergartenpraxis empfohlen.

Dieses Buch wurde auf der Grundlage eines zielorientierten Lehrplans verfasst. Konkretisierung, Gewichtung und Umsetzung der Inhalte erfolgen durch die Lehrerinnen und Lehrer.

Schulbuchnummer: 140006

Kopierverbot

Wir weisen darauf hin, dass das Kopieren zum Schulgebrauch aus diesem Buch verboten ist. § 42 Absatz 6 Urheberrechtsgesetz: „… Die Befugnis zur Vervielfältigung zum eigenen Schulgebrauch gilt nicht für Werke, die ihrer Beschaffenheit und Bezeichnung nach zum Schul- oder Unterrichtsgebrauch bestimmt sind."

Legende

- 📖 Buchempfehlung
- ☺ Empfehlung für unter Dreijährige
- ✎ Empfehlung für Erwachsene: pädagogische Fachkräfte oder Eltern
- ♪ Tonträger: Kassetten oder CDs mit Liedern, Geschichten etc.
- ✋ Spiel
- 🖱 Computerspiel
- 📼 Videofilm, DVD

Bildnachweis

Karin Eichinger: Seite 170 unten
Michaela Hajszan: Seite 96 oben rechts, 127
Martina Pfohl-Chalaupek: Seite 86 (Gemeindekindergarten Stanz bei Landeck), 95 unten, 96 unten, 170 oben, 171 Mitte (Städtischer Kindergarten Bad Radkersburg), 171 unten
Maria-Luise Ranftl: Seite 83, 95 Mitte, 96 oben und Mitte, 171 oben (Städtischer Kindergarten Bad Radkersburg)
Städtischer Kindergarten Scherzhausen: Seite 81
Städtischer Kindergarten Dreiheiligen, Innsbruck: Seite 92, 93
www.blueidea.at: Seite 34, 40

Subventionsgeber

Das diesem Buch zugrunde liegende wissenschaftliche Projekt wurde von den Landesregierungen der Bundesländer Niederösterreich, Oberösterreich, Salzburg, Steiermark, Vorarlberg und Wien sowie der Stadt Innsbruck unterstützt.

1. Auflage 2009 (1,00)
Alle Drucke der 1. Auflage können im Unterricht nebeneinander verwendet werden.
© Verlag Hölder – Pichler – Tempsky GmbH & Co. KG, Wien 2009
Alle Rechte vorbehalten. Jede Art der Vervielfältigung – auch auszugsweise – gesetzlich verboten.

Umschlag: Jochen Ulm
Umschlagfoto: Michaela Hajszan
Satz: Satz-Profi Josef Pavlas
Druck und Bindung: Brüder Glöckler GmbH & Co. KG, Wöllersdorf
ISBN 978-3-230-02550-0

Inhaltsverzeichnis

Vorwort **8**

Theoretische Grundlagen **10**

1   Bildung aus der Perspektive des transaktionalen Ansatzes **10**
  1.1   Der transaktionale Ansatz 10
  1.2   Das kompetente Kind 12
  1.3   Bildung durch Selbst-Bildung oder durch Ko-Konstruktion? 13

2   Sprache aus Sicht der Entwicklungspsychologie **15**
  2.1   Voraussetzungen für den Spracherwerb 15
  2.2   Deskriptive Aspekte der Sprachentwicklung 16
    2.2.1   Sprachliches Vorstadium 16
    2.2.2   Die Einwortsätze 18
    2.2.3   Ungeformte Mehrwortsätze 19
    2.2.4   Stadium der Flexionen 20
    2.2.5   Stadium der Satzüber- und -unterordnung 21
  2.3   Austauschprozesse mit den Bezugspersonen 22
  2.4   Theorien zum Spracherwerb 23

3   Mehrsprachigkeit – Herausforderung und Chance **25**
  3.1   Einstellung zur Mehrsprachigkeit 25
  3.2   Vorteile von Mehrsprachigkeit 26
  3.3   Formen der mehrsprachigen Entwicklung 27
    3.3.1   Primärer Bilingualismus 27
    3.3.2   Späterer Zweitspracherwerb 28
  3.4   Mehrsprachigkeit bei Kindern und Erwachsenen 29
  3.5   Die besondere Situation mehrsprachig aufwachsender Kinder 30

4   Gehirnentwicklung und Lernfähigkeit **33**
  4.1   Das Gehirn 33
  4.2   Die Nervenzelle: Baustein des Nervensystems 34
  4.3   Die lebenslange Entwicklungsfähigkeit des Gehirns 35
    4.3.1   Die Anpassungsfähigkeit des Gehirns 36
    4.3.2   Das Lernvermögen des Gehirns 37
  4.4   Das Konzept der sensiblen Entwicklungsphasen 38
  4.5   Schlussfolgerungen für den Kindergarten 39

5   Sprachentwicklung aus neurobiologischer Sicht **40**
  5.1   Auf der Suche nach dem „Sitz der Sprache" 40
  5.2   Aktueller Forschungsstand 40

	5.3 Die Beteiligung der beiden Gehirnhälften an der Sprachverarbeitung	41
	5.4 Parallelen zwischen Gehirnentwicklung und Sprachentwicklung	41
	5.5 Mehrsprachigkeit aus neurobiologischer Sicht	42
	5.6 Grenzen des Spracherwerbs	43
	5.7 Konsequenzen für den Kindergarten	44
6	**Lernmethodische Kompetenzen im Vorschulalter**	**45**
	6.1 Das Verständnis von Lernen in der Wissensgesellschaft	45
	6.2 Die Bedeutung lernmethodischer Kompetenzen für das lebenslange Lernen	46
	6.2.1 Lernmethodische Kompetenzen am Beispiel des Bayerischen Bildungs- und Erziehungsplans	46
	6.2.2 Lernmethodische Kompetenzen am Beispiel des Berliner Bildungsprogramms	47
	6.3 Die Förderung lernmethodischer Kompetenzen im Kindergarten	47
	6.3.1 Das Denken entwickeln	48
	6.3.2 Meta-kognitive Lernarrangements	48
	6.3.3 Die Rolle der Erwachsenen	48
Sprachförderung in der Praxis		**50**
7	**Sprachförderung in der Erst- und Zweitsprache**	**50**
	7.1 Spracherwerb	50
	7.1.1 Fördernde Aspekte für den Spracherwerb	51
	7.1.2 Sprachförderung im Alltag	54
	7.1.3 Die Bedeutung der Erstsprache	55
	7.1.4 Die besondere Situation des Zweitspracherwerbs	57
	7.1.5 „Erstsprache" Dialekt	58
	7.1.6 Sprachbegabte Kinder	58
	7.2 Bilderbücher und andere Medien in vielen Sprachen	59
	7.3 Der Anti-Bias-Approach: ein Konzept zur vorurteilsbewussten Erziehung	61
	7.3.1 Sprachförderung im Rahmen einer vorurteilsbewussten Erziehung	62
	7.3.2 Die Rolle der Erwachsenen	64
	7.4 Interkulturelle Arbeit – ein Praxisbericht	64
	7.5 Do you speak English? Englisch im Kindergarten	67
	7.5.1 Englische Bilderbücher und Medien	68
	7.5.2 Praxisberichte aus österreichischen Kindergärten	68
8	**Literacy: Buch-, Erzähl- und Schriftkultur**	**70**
	8.1 Entwicklung des Lesens und Schreibens	71
	8.1.1 Entwicklungspsychologische Voraussetzungen	72

      8.1.2 Schreibenlernen 73
      8.1.3 Lesenlernen 74
      8.1.4 Erste Begegnung mit Büchern 78
      8.1.5 Phonologische Bewusstheit 79
  8.2 Schreiben und Lesen im Kindergarten 81
      8.2.1 Erste Erfahrungen mit Zeichen und Formen 81
      8.2.2 Ein Platz zum Schreiben und die passende Ausstattung ... 83
      8.2.3 Praktische Anregungen zum Lesen und Schreiben im
           Kindergartenalltag 85
      8.2.4 Erwachsene als Vorbilder 89
  8.3 Praxisberichte aus österreichischen Kindergärten 90
      8.3.1 „Bücherkiste für Lesewürmer" 90
      8.3.2 „Bücher wachsen nicht auf Bäumen – Bücher selbst gestalten" 91
      8.3.3 „Sprach- und Literacyförderung im interkulturellen Kontext" 94

9 Kommunikation – Austauschprozesse mit Kindern und Erwachsenen ... 97
  9.1 Sprachkompetenz als Basis für Kommunikationskompetenz 97
  9.2 Prinzipien der Kommunikation 98
  9.3 Körpersprache – Kommunikation ohne Worte 100
  9.4 Kommunikation als Voraussetzung der Bildungspartnerschaft mit den
      Eltern 101
      9.4.1 Bildungspartnerschaft im interkulturellen Kontext 103
      9.4.2 Praxisberichte zur Bildungspartnerschaft 103

10 Literatur und elektronische Medien 106
  10.1 Sprachförderung durch Literatur 106
  10.2 Bilderbuchvermittlung 107
      10.2.1 Grundsätzliche Überlegungen zur Bilderbuchbetrachtung 108
      10.2.2 Anregungen zur Gesprächsgestaltung 110
  10.3 Lyrik – ein unverzichtbarer Bestandteil der Sprachförderung 111
      10.3.1 Aktive Auseinandersetzung mit Lyrik 112
      10.3.2 Kindgerechte Lyrik 112
  10.4 Bilderbuchkino – eine besondere Art des Bilderbucherlebens 113
  10.5 Elektronische Medien im Kindergarten 115
      10.5.1 Medienkonsum und Medienmissbrauch 115
      10.5.2 Medienpädagogik 115
      10.5.3 Anregungen zum Umgang mit Tonträgern 117
      10.5.4 Computer als ergänzendes Bildungsangebot 118
      10.5.5 Praxisbericht zu PC und Internet 119

11 Geschlechtergerechte Sprache als Herausforderung ... 121
11.1 Sprache beschreibt und produziert Wirklichkeiten ... 121
11.2 Wahrnehmung, Selbstbeobachtung und Feedback – erste Schritte zu Veränderungen ... 123
11.3 Impulse für das Rollenspiel ... 124
11.4 Bücher, Bilder und Texte durch die „Genderbrille" gesehen ... 124
    11.4.1 Genderspezifische Kriterien zur Beurteilung von Illustrationen ... 125
    11.4.2 Genderbezogene Fragen zu Texten ... 126
    11.4.3 Innovative Bilderbücher für Mädchen und Buben ... 127
11.5 Praxisbericht „Am Anfang war das Wort" ... 129

12 Partizipation – mitreden, mitbestimmen ... 132
12.1 Die Rechte der Kinder bei Janusz Korczak ... 133
12.2 Entwicklungspsychologische Aspekte ... 134
    12.2.1 Erste Erfahrungen von Selbstwirksamkeit ... 134
    12.2.2 Handlungsmotivation und positives Selbstkonzept ... 135
    12.2.3 Sprachkompetenz als Voraussetzung für Partizipation ... 136
    12.2.4 Soziale Entwicklung, Kooperation und Partizipation ... 137
    12.2.5 Konfliktbewältigung ... 138
12.3 Partizipation erfahren und umsetzen ... 139
    12.3.1 Die Rolle der Erwachsenen ... 140
    12.3.2 Regeln im Kindergarten ... 141
12.4 Praxisbericht „Offene Arbeit und Demokratie im Kindergarten" ... 143

13 Philosophische Gespräche mit Kindern ... 144
13.1 Kinder wollen wissen ... 144
13.2 Voraussetzungen für philosophische Gespräche mit Kindern ... 145
    13.2.1 Zuhören und Zeit haben ... 145
    13.2.2 Vom Nichtwissen und richtigen Fragen ... 146
13.3 Warum schon im Kindergarten philosophische Gespräche führen ... 146
13.4 Denk- und Sprachförderung durch philosophische Gespräche ... 148
13.5 Anregungen für die Praxis ... 149
    13.5.1 Geeignete Impulse ... 150
    13.5.2 Regeln für philosophische Gespräche ... 151
    13.5.3 Auswahlkriterien für Bücher ... 152
13.6 Philosophische Fragen ... 152
    13.6.1 Was kann ich wissen? ... 153
    13.6.2 Was soll ich tun? ... 155
    13.6.3 Was darf ich hoffen? ... 156

14 Kinder beobachten, Bildung dokumentieren **157**
    14.1 Wozu beobachten und dokumentieren? 157
    14.2 Möglichkeiten der Bildungsdokumentation 159
        14.2.1 Bildungs- und Lerngeschichten 159
        14.2.2 Portfolio 161
        14.2.3 Dokumentation durch die Kinder selbst als Literacyerfahrung 162
    14.3 Instrumente zur Beobachtung und Dokumentation 163
        14.3.1 Sismik – Sprachverhalten und Interesse an Sprache bei
               Migrantenkindern im Kindergarten 164
        14.3.2 Seldak – Sprachentwicklung und Literacy bei deutschsprachig
               aufwachsenden Kindern 165
    14.4 Praxisbericht „Sprachdokumentation im Rahmen der interkulturellen
        Bildung" 165

**15 Qualitätskriterien für die Förderung von Sprache, Kommunikation und
Literacy** **166**
    15.1 Bereiche pädagogischer Qualität 166
    15.2 Pädagogische Qualität sprachlicher Bildungsprozesse 167
        15.2.1 Merkmale der Strukturqualität 167
        15.2.2 Merkmale der Orientierungsqualität 174
        15.2.3 Merkmale der Prozessqualität 176

Literaturverzeichnis **181**

Bilderbücher, Tonträger, Spiele und Computerspiele **190**

Anhang **191**

Autorinnen **192**

Vorwort

Die Förderung der kindlichen Sprachkompetenz stellt im Kindergarten seit langem ein zentrales Bildungsziel dar. Ausgelöst durch gesellschaftliche Entwicklungen entstehen dennoch immer wieder heftige Bildungsdiskussionen, die sich auf die unzureichende Sprachförderung von Kindern in den ersten sechs Lebensjahren beziehen. Ein Beispiel dafür ist die Vorschulbewegung in den Siebziger Jahren, die durch den Sputnik-Schock in den USA ausgelöst wurde und auch in Europa beträchtliche Auswirkungen auf die kindliche Sprach- und Leseerziehung hatte. Heute ist es der PISA-Schock, der Regierungen, Bildungsexpertinnen und -experten sowie Eltern zum Handeln veranlasst. Dazu kommt im Speziellen die Diskussion um die sprachliche Förderung vor der Einschulung von Kindern, deren Erstsprache nicht Deutsch ist.

Ziel des vorliegenden Buches ist es, Schülerinnen und Schülern an Bildungsanstalten für Kindergartenpädagogik sowie Pädagoginnen und Pädagogen in der Praxis Einblick in neue Erkenntnisse zur Sprachförderung aus entwicklungspsychologischer, neurobiologischer und lernmethodischer Sicht zu geben. Die rasanten Fortschritte in der Gehirnforschung lassen die Sprachentwicklung und die Mehrsprachigkeit von Kindern heute in einem ganz anderen Licht erscheinen. Auch die Betonung von lernmethodischen Kompetenzen in neuen Bildungsplänen stellt für den Kindergarten eine Herausforderung dar.

Ein besonderer Schwerpunkt liegt in den vielfältigen Anregungen für die pädagogische Praxis: Dieses Buch basiert auf zahlreichen Fachdiskussionen und Gesprächen sowie auf Beiträgen von Kindergartenpädagoginnen, deren Erfahrungen hier weitergegeben werden. Ihnen sei an dieser Stelle herzlich gedankt!

Speziell für den Bereich Literacy gibt es viele Vorschläge, die Mut zu einer neuen, reicheren Ausstattung und einem kreativen Umgang mit Schriftzeichen und Materialien zum Lesen und Schreiben machen. In diesem Zusammenhang müssen überkommene Vorstellungen und Ängste vor einem verfrühten Lesenlernen der Kinder revidiert werden. Durch einen bewussten Umgang mit Schriftkultur werden das Interesse der Kinder geweckt und ihre Lesekompetenz für die Schule angebahnt. Wichtige Voraussetzungen dafür sind eine weiterführende Qualifikation der Mitarbeiterinnen und Mitarbeiter in Kindergärten sowie eine gelungene Kooperation mit der Grundschule.

Da Denken, Fantasie und Sprache nicht voneinander zu trennen sind, wird näher auf philosophische Gespräche mit Kindern eingegangen. Hier wird nicht auf Leistungsaspekte Wert gelegt, sondern vielmehr auf Kommunikation und lustvolles Spielen mit Gedanken und Begriffen.

Sprache als Voraussetzung für Partizipation und Kooperation der Kinder im Kindergartenalltag ist ein weiteres Thema dieses Buches. Ebenso wird die Bedeutung einer guten Sprachkompetenz für die Entwicklung der Selbstbestimmung und für die Identitätsfindung betont.

Da die Anzahl von Kindern mit Migrationshintergrund in österreichischen Kindergärten zunimmt, enthält dieses Buch eine Fülle an theoretischen Ausführungen und praktischen Anregungen für die besondere Situation des Zweitspracherwerbs. Die interkulturelle Kommunikation zählt heute zu den wichtigsten Bildungsaufgaben des Kindergartens.

Viele Anregungen werden zum sinnvollen Gebrauch von Literatur und elektronischen Medien angeboten, da diese auf die Sprachentwicklung und die Kommunikationsfähigkeit von Kindern beträchtlichen Einfluss ausüben. Sprachförderung durch Bilderbücher, Reime, Sprachspiele und Gedichte darf im Kindergarten keinesfalls zu kurz kommen.

Um die Qualität der individuellen Sprachförderung zu sichern, wird in neu erarbeiteten Bildungskonzepten angeregt, die sprachliche Entwicklung von Kindern im Kindergarten regelmäßig zu beobachten und zu dokumentieren. Dazu gibt es in diesem Buch einen kurzen Überblick über bekannte Verfahren.

Ein weiteres wichtiges Kapitel weist auf unverzichtbare Qualitätskriterien für die Bereiche Sprache, Kommunikation und Literacy hin. Es zeigt sich nicht nur in wissenschaftlichen Untersuchungen, sondern auch in der Praxis, dass eine individuelle, nachhaltige Sprachförderung am besten in kleinen Gruppen, in persönlichen Gesprächen, beim Erzählen und Vorlesen sowie bei allen Aktivitäten im Alltag stattfindet. Dazu sind ausreichend Zeit und viel Engagement der pädagogischen Fachkräfte erforderlich. In jedem Kindergarten müssen daher die Strukturqualität, die Orientierungsqualität und die Prozessqualität immer wieder dahingehend überprüft werden, ob sie den Anforderungen einer zeitgemäßen Sprachförderung entsprechen. Wenn das nicht der Fall ist, sind zusätzliche Ressourcen notwendig. All das zählt heute zu den pädagogischen Standards im Kindergarten!

Bei der Sprachförderung sollte auf Spiel und lustvolles, kindliches Lernen nicht vergessen werden. Bis heute ist es in Österreich gelungen, Kinder im Kindergarten vor einem verfrühten Leistungsdruck zu bewahren. Dies sollte in der Kindergartenpädagogik auch weiterhin ein wichtiges Anliegen bleiben!

Dr.[in] Waltraut Hartmann
Wissenschaftliche Leiterin
des Charlotte Bühler-Instituts

Theoretische Grundlagen

1

Bildung aus der Perspektive des transaktionalen Ansatzes

Die Sprachentwicklung der Kinder vollzieht sich in Wechselwirkung mit den raschen gesellschaftlichen Veränderungen in Familie und Arbeitswelt. Die zunehmende soziale und räumliche Mobilisierung im Berufsleben und im Freizeitbereich, das Aufwachsen in unterschiedlichen Familienformen, neue Technologien sowie der Wertepluralismus beeinflussen alle Bereiche der kindlichen Entwicklung.

Die kommunikative Kompetenz und der Spracherwerb werden im Besonderen von der Hektik und Eile im Alltag, vom Konsum elektronischer Medien und von interkulturellen Erfahrungen geprägt. Aus diesen Gründen sind neue Bildungskonzepte erforderlich.

Die Einflüsse der Medien sowie die Wertepluralisierung in unserer Gesellschaft verlangen von Kindern und Jugendlichen heute andere Fähigkeiten als noch vor wenigen Jahrzehnten. Selbstständiges Urteilen, eigenverantwortliches Handeln und Flexibilität sind ebenso wichtig wie Kommunikationsfähigkeit, Kreativität, Toleranz und konstruktive Konfliktbewältigung. Dafür sind gut entwickelte sprachliche Kompetenzen notwendig.

1.1

Der transaktionale Ansatz

In der entwicklungspsychologischen Forschung wird heute betont, dass schon sehr junge Kinder ein hohes Maß an Kompetenz und Selbststeuerung aufweisen. Das Kind wird als Akteur und Regisseur seiner eigenen Entwicklung gesehen. Die Veränderungen in der Lebenswelt der Kinder und dieses neue Bild vom Kind führen in vielen europäischen Ländern dazu, aktuelle Bildungskonzepte für den Kindergarten zu formulieren und neue Orientierungshilfen für die pädagogische Praxis zu geben. In diesem Zusammenhang wird nicht mehr primär den Bildungsinhalten Aufmerksamkeit geschenkt, sondern vielmehr den Prozessen, auf denen Bildung basiert. Von besonderer Bedeutung sind hierbei die Wechselbeziehungen zwischen Kindern und ihrer Umwelt.

Mit Hilfe des Transaktionsansatzes werden diese komplexen Beziehungen zwischen dem Kind, der Pädagogin bzw. dem Pädagogen und der Lebenswelt Kindergarten durchschaubar (Hartmann, Stoll, Chisté & Hajszan, 2006).

Der Transaktionsansatz basiert auf einer kulturökologischen Perspektive. Damit ist Folgendes gemeint: Kinder, Eltern, Pädagoginnen bzw. Pädagogen und Kultur sind Entwicklungspartnerinnen und -partner, sie bilden gemeinsam eine unauflösliche ökologische Struktur. Der Begriff der Transaktion bezeichnet die Wechselwirkung in der Auseinandersetzung des Menschen mit seiner Umwelt: Der Mensch verändert seine Umwelt, die wiederum gleichzeitig verändernd auf ihn einwirkt. Transaktionale Prozesse sind also Wechselbeziehungen. Die ständige ineinander verflochtene Anpassung zwischen Mensch und Umwelt kann mit einem Reißverschlussprinzip verglichen werden (Wolf, 1995).

Die transaktionalen Austauschprozesse lassen sich mit den Begriffspaaren des Objektivierens und Subjektivierens bzw. des Aneignens und Vergegenständlichens beschreiben:

- Objektivieren bedeutet, sich an der Realität zu orientieren. Das Kind sammelt Erfahrungen mit den Eigengesetzlichkeiten der Welt, wie etwa mit Materialgegebenheiten beim Bauen oder mit Regeln im Kindergarten. Ebenso stellt das Benennen von Objekten in der Umgebungssprache, die das Kind übernimmt, einen Objektivierungsprozess dar.

- Subjektivieren bezieht sich auf die Anpassung der Umwelt an die persönlichen Ideen und Bedürfnisse des Kindes, wie z.B. im Rollenspiel oder beim Erfinden eigener Bezeichnungen für Sachverhalte.

- Aneignen meint das Wahrnehmen und Lernen, wie es bei Kindern vor allem durch Exploration stattfindet. Der Erwerb von sprachlichem Wissen ist ein Aneignungsprozess.

- Vergegenständlichen bezieht sich auf das Mitgestalten, Mitbeteiligen und das Schaffen von Produkten, wie z.B. beim kreativen Gestalten. Kinder verändern dabei ihre Umwelt durch ihre Handlungen oder ihre sprachlichen Produktionen, die vom Kindergartenteam schriftlich festgehalten bzw. dokumentiert werden können.

Diese vier transaktionalen Austauschprozesse hängen eng miteinander zusammen und bilden bei jeder Handlung ein integriertes Ganzes (vgl. Oerter, 2008).

Im transaktionalen Ansatz wird das Kind als gleichberechtigter und kompetenter Entwicklungspartner gesehen Selbstständigkeit, Einfallsreichtum, Handlungsfähigkeit und Kompetenz prägen seine Auseinandersetzung mit der Umwelt.

Pädagoginnen und Pädagogen gestalten auf Grund von fachspezifischem Wissen eine sprachliche Umwelt im Kindergarten, die transaktionale Austauschprozesse ermöglicht und fördert. Sie stellen Raum, Zeit und vielfältige Materialien zur Sprachförderung und für Literacy zur Verfügung und gewähren den Kindern Freiräume, sich entsprechend ihren eigenen Bedürfnissen mit den sprachlichen Bildungsangeboten auseinanderzusetzen. Ziele, Inhalte,

Prinzipien und Methoden der Bildungsangebote sind darauf ausgerichtet, Kommunikation zwischen den Kindern und ihrer Umwelt zu ermöglichen. Im Vordergrund steht jedoch nicht das bloße Erreichen bestimmter sprachlicher Bildungsziele, sondern der Blick richtet sich verstärkt auf die Qualität der Lernprozesse. Die Kinder sollen befähigt werden, ihre Umwelt auch in sprachlicher Hinsicht aktiv zu gestalten und ihre Wünsche, Ideen und Bedürfnisse verbal auszudrücken.

1.2

Das kompetente Kind

Aus der Perspektive der Postmoderne ist das Kind kompetent, stark, reich an Potenzial und handlungsfähig. Es ist ein „Mit-Gestalter von Wissen, Kultur und seiner eigenen Identität – und zwar von Anfang an" (Fthenakis, 2000, S. 3).

Lernen stellt eine kooperative und kommunikative Aktivität gemeinsam mit anderen Kindern und mit Erwachsenen dar, in der Kinder und Pädagoginnen sowie Pädagogen als aktive Ko-Konstrukteure von Wissen und Kultur – ausgestattet mit eigenen Rechten, Pflichten und Möglichkeiten – verstanden werden. Kinder lernen dabei aus Neugierde und eigenem Antrieb heraus und treten in einen aktiven Dialog mit ihrer Umwelt.

Kinder sind nach dieser Sichtweise keine „leeren Gefäße", die von außen langsam mit Wissen gefüllt werden. Sie sind vielmehr aktiv und kompetent und entwickeln eigene Ideen und Theorien. Sie erschließen sich zusammen mit anderen in kooperativen und kommunikativen Aktivitäten Wissen und verleihen den Vorgängen in der Welt ihren eigenen Sinn (Fthenakis, 2002).

Dieser Ansatz spiegelt sich in der neueren Kindheitssoziologie wider: Kindheit wird nicht mehr ausschließlich als vorbereitende Stufe auf das Erwachsensein gesehen. Im Gegenteil: Kinder stellen eine eigenständige soziale Gruppe mit eigenen Interessen und einem unabhängigen Platz in der Gesellschaft dar. Sie müssen in den demokratischen Dialog integriert werden (Fthenakis, 2000).

Im transaktionalen Bildungskonzept werden Kinder als Regisseurinnen und Regisseure ihrer Entwicklung betrachtet, die aktiv und kompetent ihre eigene Kultur gestalten. An Bildungssituationen gehen sie forschend, kreativ und selbstständig heran. Es wird ein Bild vom Kind skizziert, welches dieses als selbstbestimmtes Individuum sieht, das seine eigene Entwicklung vorantreiben kann, wenn seine erwachsenen Bezugspersonen dafür den entsprechenden Rahmen schaffen. Kinder sind fähig, Verantwortung zu übernehmen, wenn Handlungsspielräume und Entscheidungsmöglichkeiten kindgerecht dargeboten werden.

Welche Fähigkeiten können Kindern in unserer Gesellschaft Orientierung vermitteln? Die Resilienzforschung beispielsweise befasst sich mit „unverwüstlichen" und widerstandsfähigen Kindern, die auch mit schwierigen Lebenssituationen fertig werden. Diese resilienten Kinder sind fähig, mit Belastungen, Veränderungen und Krisen so umzugehen, dass sie darin Herausforderungen sehen, ihre Kräfte mobilisieren oder Ressourcen in Anspruch nehmen, die für eine erfolgreiche Bewältigung hilfreich sind. Kindertageseinrichtungen können Kinder beim Erwerb von Resilienz, also von Widerstandsfähigkeit, unterstützen (Wustmann, 2004).

Oerter (1993) sieht das Phänomen der Resilienz als Beispiel für die große Plastizität der kindlichen Entwicklung und als Bestätigung dafür, dass das Individuum als Gestalter seiner Entwicklung verstanden werden kann.

1.3

Bildung durch Selbst-Bildung oder durch Ko-Konstruktion?

Kinder erforschen ihre Umwelt und lösen von Anfang an durch ihre besondere (biologische) Ausstattung jene Probleme, die sich ihnen in ihrer Welt stellen. Sogar für Neugeborene gilt, dass durch neue Erfahrungen ihr vorhandenes Können und Wissen verändert, differenziert und präzisiert wird. Sie reagieren auf die Umwelt und treten in Austausch mit ihr.

Erwachsene haben die Aufgabe, die Lebensumstände der Kinder so zu gestalten, dass diese ihre vorhandenen Kräfte einsetzen können. Kinder lernen dadurch, wie man Erfahrungen mit der Welt macht und wie man lernt. „In diesem Sinne muss man sagen, dass frühkindliche Bildung in erster Linie Selbst-Bildung ist und dass diese Bildung entlang den Erfahrungen gewonnen wird, die Kinder in ihren Lebenszusammenhängen machen." (Schäfer, 2002, S. 24). Schäfer geht von der entwicklungspsychologischen Überzeugung aus, dass das Kind in Abhängigkeit von seiner kognitiven Entwicklung Wissen selbst konstruiert und nicht passiv von außen aufnimmt. Dabei entwickelt es jene Fähigkeiten, die es auch im weiteren Lebensverlauf immer wieder benötigen wird, um bedeutsame Probleme im persönlichen Lebenszusammenhang aus eigener Kraft wahrzunehmen und selbstständig Lösungen dafür zu finden.

Fthenakis (2002) hält diesen Ansatz der Selbst-Bildung für zu individuumzentriert, soziale Prozesse würden vernachlässigt.

Außerdem gibt es für Fthenakis kein objektives, allgemein gültiges Wissen und keine universellen Gesetzmäßigkeiten mehr, die Kinder von selbst entdecken könnten. Vielmehr wird das Lernen durch unterschiedliche und wechselnde zeitliche und räumliche Bedingungen geprägt. Bildungsprozesse sind komplex und finden im aktuellen gesellschaftlichen und sozialen Kontext statt.

Fthenakis versteht die Entwicklung des Kindes als Prozess, der nicht von seiner sozialen Umwelt getrennt betrachtet werden kann. Es kommt auf die gezielte Gestaltung entwicklungs- und kompetenzfördernder Interaktionen an, um Bildungswirksamkeit zu erzielen. Nur auf sich selbst bildende Potenziale beim Kind zu vertrauen, genügt nicht. Ausgehend von einem sozialkonstruktivistischen Ansatz, in dem das Kind von Geburt an in ein Netz sozialer Beziehungen eingebettet ist, werden Lernen und Wissenskonstruktion als interaktionale und ko-konstruktive Prozesse aufgefasst (Fthenakis, 2002).

Laut Oerter (1993) erfolgen diese Konstruktionen nicht nur im kognitiven, sondern auch im sozialen und emotionalen Bereich. Die vielfältige konstruktive Verarbeitung und Interpretation früherer sowie neuerer Erfahrungen ermöglicht es dem Kind, sich immer wieder neuen Situationen anzupassen bzw. diese zu beeinflussen. Oerter sieht die Konstruktionsleistungen des Kindes als gemeinsames soziales Handeln mit kompetenten Partnerinnen und Partnern, die es unterstützen. Als Beispiele nennt Oerter das gemeinsame Spiel und das Bilderbuch-Anschauen. Das Kind lernt in Interaktion mit der Bezugsperson Bilderbücher zu betrachten, es erlernt die Namen und die Zusammenhänge zwischen den abgebildeten Inhalten. Die Erwachsenen gehen auf die Äußerungen des Kindes ein, wenn dieses selbst Benennungen und Erzählungen versucht.

Lern- und Entwicklungsfortschritte sind vor allem dann zu beobachten, wenn die Förderung durch die Erwachsenen sich auf die Zone der nächsten Entwicklung (nach Vygotskij, 1987) bezieht und die Konstruktionen des Kindes damit etwas oberhalb seines bestehenden Leistungsniveaus erfolgen. Die „Zone der nächsten Entwicklung" beschreibt den Unterschiedsbereich zwischen dem aktuellen Entwicklungsstand des Kindes und seinem Entwicklungspotenzial. So muss sich beispielsweise auch die Förderung der sprachlichen Entwicklung an diesen zwei Komponenten orientieren.

Der aktuelle Entwicklungsstand und die Problemlösungsfähigkeiten des Kindes können durch Beobachtungen in Situationen, in denen sich das Kind alleine beschäftigt, festgestellt werden. Das Entwicklungspotenzial erkennt man, wenn das Kind unter kompetenter Anleitung mit Erwachsenen zusammenarbeitet.

Für eine optimale Entwicklung benötigt das Kind somit eine bildungswirksame Umgebung, die es ihm ermöglicht, sich mit der Umwelt in transaktionalem Sinn auszutauschen (Hartmann et al., 2006).

2 Sprache aus Sicht der Entwicklungspsychologie

Die Entwicklung der kindlichen Sprache lässt sich aus zwei Sichtweisen betrachten:

- Der deskriptive Ansatz beschreibt die Fortschritte in der kindlichen Sprachentwicklung.
- Der psycholinguistische Ansatz beschäftigt sich hingegen mit der Frage, wie es dazu kommt, dass sich das Kind in der Erstsprache systematisch weiterentwickelt.

Mit dem deskriptiven Ansatz setzte man sich in der Psychologie seit mehr als 100 Jahren auseinander: Die Lautkomplexe verschieden alter Kinder wurden katalogisiert und ausgezählt. In dieser deskriptiven Phase wurden zwei Aspekte unterschieden: quantitatives Wachstum und qualitative Veränderungen.

Um 1900 wurden systematische Untersuchungen zur Sprachentwicklung u.a. vom Forscherehepaar Clara und Wilhelm Stern durchgeführt.

In den 30er Jahren beschäftigten sich Karl und Charlotte Bühler, Hildegard Hetzer und Jean Piaget mit dem Spracherwerb.

In den 50er und 60er Jahren kamen weiters die Ansätze der Lernforschung und der Psycholinguistik dazu, welche die Voraussetzungen für den Spracherwerb erforschten (Schaner-Wolles, 2005a).

2.1 Voraussetzungen für den Spracherwerb

Der Spracherwerb basiert einerseits auf der genetischen Ausstattung des Kindes, andererseits wird er durch die Kommunikation mit der Umwelt mitbestimmt. Kinder sind beim Spracherwerb nicht nur auf ihre biologischen Grundlagen angewiesen, sondern müssen sich mit ihrer Umwelt in transaktionalen Wechselbeziehungen auseinandersetzen, um ihre Kompetenzen erweitern zu können.

Sander und Spanier (2003) unterscheiden folgende Voraussetzungen für den Spracherwerb:

Zunächst muss die **biologische Reifung** des Zentralnervensystems soweit vollzogen sein, dass die gehörte Sprache verarbeitet werden und das Kind selbst aktiv Sprache einsetzen kann. Dabei ist der Säugling stark auf die para- und nonverbalen Anteile der Kommunikation mit seiner Umwelt angewiesen, z.B. reagiert er auf die melodische Gliederung der Sprache.

Zu den **sensomotorischen Voraussetzungen** zählt die Wahrnehmung mit allen Sinnen, die eine unverzichtbare Basis der Sprachentwicklung darstellt. Die Körpersprache ist vielfach unmittelbarer Ausdruck der psychischen Verfassung. Die taktile Wahrnehmung mit dem Mund und den Händen bzw. über die Haut verhilft dem Kind zu unterschiedlichen Materialerfahrungen und fördert somit die Begriffsbildung. Auditive Wahrnehmung und Differenzierung sind gemeinsam mit der Verarbeitung von akustischen Signalen grundlegende Voraussetzungen für die Entwicklung von Sprache. Der Blickkontakt mit den Bezugspersonen stellt ein charakteristisches Kommunikationsmuster dar, das auch für die spätere Entwicklung von Bedeutung ist.

Die Zusammenhänge zwischen Sprache und Denken sind vielfältig. Die Entwicklung der theoretischen Intelligenz ist in hohem Maße an die Sprache gebunden, denn mit Hilfe sprachlicher Begriffe kann man handeln, ohne praktisch tätig sein zu müssen. Über sprachliche Benennungen kann man sich mit anderen Menschen über Dinge, die hier und jetzt nicht vorhanden sind, verständigen bzw. sich mit ihnen beschäftigen. Vielfach wird die intellektuelle Entwicklung auch über sprachliche Merkmale und Fähigkeiten festgestellt.

Für Papousek (1998) sind die vorsprachliche Kommunikation bzw. die Anfänge der Sprachentwicklung eng und untrennbar in die Entwicklung der ersten **sozialen Beziehungen** eingebettet. Eine liebevolle Betreuung lässt das Kind Geborgenheit erfahren, stärkt sein Urvertrauen und fördert seine Gesamtentwicklung. Frühe positive Interaktionserfahrungen sind somit wichtige Voraussetzungen für einen erfolgreichen Spracherwerb.

2.2
Deskriptive Aspekte der Sprachentwicklung

Stern und Stern unterschieden bereits 1907 Phasen in der kindlichen Sprachentwicklung, die auch heute noch in etwa dieser Form beobachtet werden können. Die Zeitangaben stellen keine starren Normen dar, sondern sind Durchschnittswerte mit einer großen Bandbreite und gelten insbesondere für einsprachig aufwachsende Kinder. Tempo und Qualität der Sprachentwicklung variieren und werden durch Geschlecht, Sozialschicht und Geschwisterposition beeinflusst (Dippelreiter, 2005a).

Pädagoginnen und Pädagogen sollten sich der großen individuellen Unterschiede bewusst sein, denen die Sprachentwicklung von Kindern unterliegt. Wichtig ist, dass die Entwicklung eine fortlaufende Dynamik aufweist. Die Stagnation der sprachlichen Entwicklung kann hingegen auf mögliche Störungen des Spracherwerbs hinweisen und sollte besonders aufmerksam beobachtet werden.

2.2.1
Sprachliches Vorstadium

Der Spracherwerb beginnt bereits im Mutterleib, also lange, bevor das erste Wort gesprochen wird (Spitzer, 2007). Das Kind kann von Geburt an schreien, weinen und Laute äußern.

Das Repertoire an lautmotorischen Äußerungen des Neugeborenen (Schreien, Gurren) löst bestimmte Reaktionen der Bezugspersonen aus. Ab dem 2. Monat ist das Schreien eines Babys bereits ein Rufen. Zwischen dem zweiten und dritten Lebensmonat beginnt das Kind, Gurrlaute aus Vokalketten zu bilden, bald darauf treten silbenähnliche Lautäußerungen in Form des Lallens auf. Aus dem einfachen Lallen, bei dem dieselbe Silbe mehrfach wiederholt wird, entwickelt sich ein „buntes", differenziertes Lallen mit komplexen Lautkombinationen (Schaner-Wolles, 2005b).

Der Säugling hört die von ihm selbst produzierten Laute oder die Sprache der Bezugspersonen und ahmt sie in seinen Lallmonologen nach. Dadurch wird er motiviert, immer weiter Laute zu erzeugen, nachzuahmen, zu wiederholen und zu variieren. Wenn die Erwachsenen im Kontakt mit dem Kind gut sichtbar artikulieren, entsteht zusätzlich ein optisch-motorischer Reflex.

Auch gehörlose Kinder lautieren anfangs auf Grund ihrer genetischen Grundlage, verstummen aber nach einiger Zeit.

Kinder aus allen Kulturen lallen ähnlich. Der Säugling produziert auch solche Laute und Lautverbindungen, die in seiner Umgebungssprache nicht vorkommen und die die Erwachsenen nicht oder kaum nachahmen können. Er könnte in diesem Stadium jede Sprache der Welt als Erstsprache erlernen. Die Bezugspersonen beteiligen sich an der sprachlichen Interaktion, indem sie diese Lautäußerungen aufgreifen, teilweise umformen und meist sehr einfach, stark melodisch – unter Einsatz von Mimik und Gestik – und in einer hohen Tonlage sprechen. Dadurch erfasst das Kind Grundlegendes über den Aufbau der Erstsprache, über ihre melodisch-rhythmische Struktur, über Aussage-, Frage- und Aufforderungssätze sowie über die Häufigkeit und Ähnlichkeit von Lauten.

Reimann (o.J.) geht von einer Einhör- und Selektionsphase aus, in der das Kind aus seiner Umgebungssprache typische Merkmale herausfiltert. Mit der Zeit lernt es, nur noch solche Laute einzusetzen, die in seiner Erstsprache vorkommen. Mit ca. neun Monaten ist das Lautinventar der Umgebungssprache abgespeichert.

Das Verstehen des gesprochenen Wortes, d.h. das Sprachverständnis, geht dem Selbstsprechen, also der Sprechfähigkeit, voraus. Kinder können sich vorsprachlich bereits kommunikativ verständigen, bevor sie Worte beherrschen. Der Motor der Sprachentwicklung ist die Bereitschaft der Umgebung, auf die sprachlichen Äußerungen der Kinder einzugehen (Hoffmann & Rainel-Straka, 2000).

Im Sinn eines Reißverschlussprinzips kommt es zu wechselseitigen Austauschprozessen. Das Kind verinnerlicht durch

Aneignung die Umgebungssprache und passt sich ihr im Sinne der Objektivierung an. Durch die eigene Laut- und Sprachproduktion kann es subjektivieren und vergegenständlichen (Hartmann et al., 2006; vgl. Kapitel 1.1).

Gegen Ende des 1. Lebensjahres lernen Kinder, auf die Aufforderungen der Erwachsenen mit Gesten zu reagieren: z.B. „Mach bitte-bitte", „Mach winke-winke" oder „Wo ist deine Nase?" In vertrauten Situationen erkennen sie Schlüsselwörter, die sie als Aufforderungen bzw. Auslöser verstehen. Damit ist „ein wesentlicher Entwicklungsschritt getan: Ein Ich, ein Du, ein Gegenstand und eine konkrete Situation werden als die tragenden Faktoren menschlicher Kommunikation wahrgenommen" (Hoffmann & Rainel-Straka, 2000, S. 116).

Das Kind beginnt nun, wiederholt bestimmte Lautbildungen in einer klar erkennbaren Absicht zu verwenden. Es will seine Lautgebilde gezielt anwenden, durch das Vorbild des Erwachsenen hat es erfahren, dass einer Sache sprachlich eine Bedeutung gegeben werden kann. Es kann nun Lautfolgen mit Inhalten in Verbindung bringen und beginnt, sinnbezogene Lautmalereien bzw. Wörter zu sprechen. Seine Äußerungen beziehen sich anfangs auf die Personen oder Gegenstände, mit denen das Kind direkt zu tun hat bzw. auf unmittelbare Tätigkeiten.

Zunächst benennt das Kind Dinge nur, wenn sie sich in seinem Blickfeld befinden. Erst später benennt es auch etwas, das es nicht unmittelbar sieht, aber gerne haben möchte.

Der Erwerb der Objektpermanenz im Alter von ca. 8 Monaten – also der Erkenntnis, dass Dinge weiter existieren, auch wenn man sie nicht sieht – trägt wesentlich zur Sprachentwicklung bei. Kinder können nun mit ihren Gesprächspartnerinnen und -partnern über Dinge kommunizieren, die gerade nicht da sind.

Nach Sander und Spanier (2003) ist die Verknüpfung der sprachlichen Symbole mit anschaulichen Aktivitäten in lebendigen Alltagssituationen besonders wichtig für den Spracherwerb. Die Äußerungen des Kindes erfolgen in dieser Phase meist handlungsbegleitend, sie sind in das aktuelle Geschehen eingebunden. Die Erwachsenen reagieren als Kommunikationspartnerinnen und -partner und das Kind lernt dadurch, wie es mit der Sprache seine Umwelt beeinflussen kann (Hoffmann & Rainel-Straka, 2000). Es kann im Sinne der transaktionalen Austauschprozesse schöpferisch tätig sein und sich selbst als wirksam erleben (Hartmann et al., 2006).

2.2.2

Die Einwortsätze

Im Stadium des Einwortsatzes besteht die kognitive Leistung der Kinder darin, den Symbolcharakter der Sprache zu erkennen. Gegenstände, Abläufe und Situationen werden mit den dafür vorgesehenen sprachlichen Zeichen verbunden. Ein ganzer Satz wird durch ein einziges Wort ausgedrückt, das je nach Situation, Mimik, Gestik und Betonung eine Feststellung, eine Frage, eine Bitte oder ein Gefühlsausdruck sein kann.

Das erste Wort wird häufig rund um den ersten Geburtstag geäußert (Sander & Spanier, 2003, S. 6). Es gibt jedoch große Altersschwankungen.

Das Kind interessiert sich nun vorwiegend für Dingnamen. Es kommt ins erste Fragealter. Mit einem hinweisenden „das?" fragt es unermüdlich nach Namen von Gegenständen. Auf diese Weise werden der aktive und passive Wortschatz weiterentwickelt. Dieses Stadium wird Benennungsalter genannt.

Zwischen 12 und 18 Monaten erwirbt ein Kind im Durchschnitt 20 Wörter, Ende des zweiten Lebensjahres sollten es zumindest ca. 50 Wörter sein (Beller & Beller, 2006; Lueger, 2005).

Nun erfolgt ein rasanter Zuwachs an Benennungen. Diese Phase wird Wortschatzspurt bzw. Benennungsexplosion genannt. Ab jetzt macht die sprachliche Entwicklung große Fortschritte, während in der ersten Hälfte des zweiten Lebensjahres eher die grobmotorische Weiterentwicklung im Vordergrund stand.

Grimm (2003) warnt davor, das Ausbleiben des Wortschatzspurts zu unterschätzen, da dieser die Basis für den Grammatikerwerb darstellt.

2.2.3
Ungeformte Mehrwortsätze

„Eine gewisse Wortschatzgröße ist Voraussetzung dafür, dass sich aus Wörtern Sätze bilden lassen. Dementsprechend ist der Wortschatzspurt grundlegend für die grammatische Entwicklung." (Schaner-Wolles, 2005b, S. 54).

Gegen Ende des zweiten Lebensjahres werden zwei, später drei Wörter aneinandergehängt, jedoch ohne die Regeln der Syntax und der Grammatik zu beachten.

Zweijährige bilden in der Regel zumindest Zweiwortsätze mit Subjekt und Verb, z.B. „Papa essen" oder mit Subjekt und Objekt: „Mama Hut". Sie interessieren sich jetzt insbesondere für die Benennung von Tätigkeiten und fragen danach („Tut der?"). Die „Übersetzung" ihrer Sätze ist oft nur bei Situationskenntnis bzw. Kenntnis des Kindes möglich (Rossmann, 2004).

Die Bedeutung der Kindersprache liegt darin, dass sie kein unmittelbares Kopieren der Erwachsenensprache ist. Die „Fehler", die das Kind macht, sind typisch und bei allen Kindern in derselben Weise zu finden. Sie zeigen den kreativen Umgang mit der Sprache und das selbstständige Entdecken von Regeln.

Die Sprachproduktionen des Kindes folgen ihren eigenen Gesetzen: Häufig werden z.B. die Konsonanten weggelassen oder durch andere ersetzt, unbetonte Silben werden ausgelassen und Zeitwörter in der Nennform verwendet. Artikel oder Pluralformen fehlen anfangs völlig.

Das passive Sprachverständnis (rezeptive Fähigkeiten) eines Menschen ist zu jeder Zeit seines Lebens größer als seine Fähigkeit zum aktiven Sprechen (produktive Fähigkeiten). Dies gilt nicht nur für den Umfang des Wortschatzes, sondern auch für das Verständnis und den Gebrauch komplizierter Wendungen oder grammatikalischer Strukturen. „Kinder verstehen im Laufe ihres zweiten Lebensjahres bereits viel komplexere sprachliche Äußerungen als sie zu produzieren imstande sind." (Rossmann, 2004, S. 82).

In der Zeit des ersten Fragealters sollten die Bezugspersonen individuell und intensiv auf das Kind sowie seine Fragen eingehen. Sie ermöglichen dadurch transaktionale Austauschprozesse zwischen Kind und Umwelt, die sowohl Sprachentwicklung als auch Wortschatzerweiterung fördern.

Kinder mit bis dahin unauffälliger Entwicklung, die im Alter von zwei Jahren noch nicht über einen aktiven Wortschatz von mindestens 50 Wörtern verfügen, werden als Spätentwickler bzw. als „late talkers" bezeichnet. Dies sind etwa 13 bis 20% der Zweijährigen, wobei die Hälfte von ihnen den Rückstand im dritten Lebensjahr aufholt (Schaner-Wolles, 2005b).

Die anderen gelten als potenzielle Risikokinder, die auch später noch sprachliche Defizite aufweisen können. Ein verzögerter Sprachbeginn liegt nach Rossmann (2004) vor, wenn die ersten Wörter erst nach Vollendung des zweiten Lebensjahres geäußert werden. Dies kann z.B. auf emotionale und kognitive Vernachlässigung zurückzuführen sein. Häufig gehen deutliche Verzögerungen der sprachlichen Entwicklung mit Auffälligkeiten in anderen Entwicklungsbereichen einher.

In all diesen Fällen sollten die Kinder sorgfältig beobachtet und gegebenenfalls untersucht werden, und zwar in enger Kooperation mit den Eltern, dem Team des Kindergartens, logopädischen Fachkräften, Kinderärztinnen und -ärzten sowie Kinderpsychologinnen und -psychologen. Dadurch kann ausgeschlossen werden, dass Hör- oder Gehirnschädigungen bzw. eine geistige Behinderung vorliegen.

2.2.4

Stadium der Flexionen

Im dritten Lebensjahr entdecken Kinder, dass die Sprache nach bestimmten Gesetzen aufgebaut ist und einzelne Wörter verändert werden müssen, um ihnen eine genaue Bedeutung zu geben. Deutschsprachige Kinder lernen z.B., den Hauptsatz so zu konstruieren, dass das Prädikat an zweiter Stelle steht und die erste Position beliebig besetzt werden kann. Zunehmend setzen Kinder nun bestimmte und unbestimmte Artikel sowie Vorwörter ein. Der Wortschatz nimmt im dritten Lebensjahr oft auf über 500 Wörter zu.

Pinker (1996) spricht von dreijährigen Kindern als grammatischen Genies: „Plötzlich bricht die Hölle los. Zwischen zweieinhalb und dreieinhalb Jahren blüht die Kindersprache so rasch auf, dass die Forscher überwältigt sind. Die Kinder sprechen plötzlich so flüssig und grammatisch korrekt, dass es noch keinem gelungen ist, aufzuzeigen, in welchen Schritten die Kinder dabei vorgehen." (S. 269).

Das Sprechenlernen vollzieht sich nach dem Denkprinzip der Analogie, grammatikalische Regeln werden deshalb häufig übergeneralisiert: Reguläre Muster werden auf unregelmäßige Formen ausgedehnt. Da beispielsweise „kurz" mit „kürzer" gesteigert wird, steigert das Kind „gut" mit „güter", oder es sagt „ich bin gesitzt", „ich habe geseht" und „ich schlafte".

Bis zum Alter von fünf Jahren sind auch Fallfehler durchaus entwicklungstypisch.

Fast alle Sätze junger Kinder sind Hauptsätze, Tatsachenfeststellungen oder Ausrufungen. Bei Fragesätzen dominieren im dritten Lebensjahr die „Wo-Fragen" und Fragen um Erlaubnis. Ab dem vierten Jahr treten die berühmten „Warum-Fragen" auf, mit denen Kinder einerseits dem Zweck der Dinge auf den Grund gehen, andererseits den Kontakt zu Erwachsenen herstellen möchten bzw. ihren Wortschatz und ihre Begriffe erweitern wollen.

Typisch sind kreative Wortneuschöpfungen, da das Kind für viele Dinge noch keine korrekten Ausdrücke kennt. Beispiele hierfür sind „Musikspieler" für Radio, „Fliegding" für Flugzeug, „Naseputzer" für Taschentuch oder „Zugziehtive" für Lokomotive.

2.2.5

Stadium der Satzüber- und -unterordnung

Ab zweieinhalb Jahren gelingt es Kindern immer öfter, Satzgefüge und Satzverbindungen zu formulieren, wenn auch zunächst noch Fehler auftreten.

Bis zum fünften Lebensjahr können die meisten Kinder weitgehend mit Grammatik und Syntax umgehen. Die fundamentale Sprachentwicklung ist bezüglich der lautlichen und grammatikalischen Entwicklung bis zum sechsten/siebenten Lebensjahr abgeschlossen.

Die Erweiterung des Wortschatzes und der Wortbedeutungen setzt sich ein ganzes Leben lang fort. Vielfältige Erfahrungs- und Explorationsmöglichkeiten mit vielen Objekten, ihren unterschiedlichen Merkmalen und in unterschiedlichen Zusammenhängen sind notwendig, damit Begriffe im mentalen Lexikon, dem Gedächtnis, gespeichert werden und wieder abrufbar sind.

Vor allem das Erkennen von Ähnlichkeiten und Unterschieden führt zu einem differenzierten Wortschatz. Wichtig sind das Angebot von konkreten Wörtern und die Hilfe bei Fehlbenennungen durch die Umgebung. Durch die transaktionalen Prozesse des Aneignens sowie des Objektivierens können die Kinder ihre eigenen kognitiven Strukturen verändern (Hartmann et al., 2006). In der Regel sind konsequente Korrekturen bzw. besondere Hilfe oder Schulung für den Spracherwerb nicht notwendig.

Der aktive Wortschatz beträgt im fünften Lebensjahr über 1.000 Wörter, im Gedächtnis sind sogar etwa 3.000 Wörter gespeichert. Zu Beginn der Schulzeit verfügen Kinder im Schnitt bereits über einen aktiven Wortschatz von ca. 3.000 Wörtern und verstehen etwa 25.000 Wörter (Schaner-Wolles, 2005b). Mit 16 Jahren verfügen Jugendliche im Schnitt über einen Grundwortschatz von 16.000 Wörtern (Miller, 1993). Zum Vergleich: Ein gebildeter europäischer Erwachsener verwendet aktiv in seiner Erstsprache etwa 20.000 bis 25.000 Wörter (Rossmann, 2004).

Die Fähigkeit, Ausdrücke in einem übertragenen Sinn zu verwenden und Doppeldeutigkeiten sowie Witze zu verstehen, entwickelt sich laut Schaner-Wolles erst nach dem sechsten Lebensjahr (2005b).

Ebenso besitzen Kleinkinder noch nicht die Fähigkeit, über Sprache zu reflektieren. Ihr Wissen um die Regeln der Grammatik ist unbewusst. Solche metalinguistischen Fähigkeiten beginnen sich erst ab dem fünften oder sechsten Lebensjahr zu entwickeln und zeigen sich beispielsweise im Interesse an Reimen und an der lautlichen Form von Wörtern, was wiederum die Auseinandersetzung mit der Schriftsprache begünstigt. Die metalinguistische Bewusstheit von sprachlichen Kategorien und Regeln ist nach Grimm (1995) für das Lesen- und Schreibenlernen sehr wichtig. Allerdings ist erst mit 10 bis 12 Jahren eine gezielte Reflexion über Grammatik, wie z.B. Satzanalysen, möglich (Schaner-Wolles, 2005b).

2.3

Austauschprozesse mit den Bezugspersonen

„Erwachsene unterstützen Kinder im Spracherwerb, indem sie in der dialogischen Interaktion ihre sprachlichen Angebote am Entwicklungsstand des Kindes orientieren. Ihr Sprachgebrauch hat für das Kind Modellcharakter." (Sander & Spanier, 2003, S. 8).

In allen Kulturen stellen sich die meisten Erwachsenen in ihrem Sprachstil, in Tempo, Tonhöhe, Betonung und Satzbau intuitiv auf die kognitiven und sprachlichen Fähigkeiten des jungen Kindes ein. Dieser Sprachstil wird Ammensprache oder „baby talk" genannt und besitzt u.a. folgende typische Merkmale:

- eine erhöhte Stimmlage und eine eigene Sprechmelodie,
- langsames und deutliches Sprechen mit Pausen zwischen den Phrasen,
- einfache, kurze, aber grammatikalisch korrekte Sätze, die dem Sprachentwicklungsstand des Kindes angepasst sind; kindgerechter Wortschatz,
- viele Wiederholungen von eigenen Äußerungen und solchen des Kindes,
- Erweiterung und (indirekte) Korrektur beim Aufgreifen von Äußerungen des Kindes (Grimm & Weinert, 2008; Schaner-Wolles, 2005b).

Weiters lassen sich nach Sander und Spanier (2003) folgende Sprachstile der Erwachsenen in der Kommunikation mit Kindern unterscheiden:

Die Bezugspersonen wählen einem Säugling gegenüber eine **„gerichtete Sprache"**, die durch die Herstellung von Blickkontakt direkt und unmittelbar an das Baby gerichtet ist. Dadurch wird die Aufmerksamkeit des Säuglings angeregt und gebündelt.

Für ein Kleinkind im zweiten Lebensjahr ist die **„stützende Sprache"** (scaffolding) geeignet, die auf die Erweiterung des Wortschatzes ausgerichtet ist und in Dialogform erfolgt. Vielfache Wiederholungen in immer anderen Zusammenhängen geben dem Kind die Möglichkeit, neue Sprachmerkmale zu erwerben. Dabei sollte das Kind nur mit einem überschaubaren Ausschnitt aus der Realität konfrontiert werden.

Bei der **„lehrenden Sprache"** werden zunehmend längere Sätze verwendet und viele Fragen gestellt. Sprachregeln werden jedoch nicht explizit erklärt bzw. gelehrt. Es ist eine Modellsprache, die insbesondere den Grammatikerwerb fördert. Diese Kommunikationsform wird „motherese" (Mutterisch, Grimm & Weinert, 2008, S. 531) bzw. „parenthese" (Elternsprache, Schaner-Wolles, 2005b, S. 49) genannt.

Eine weitere hilfreiche Methode, die Erwachsene und auch ältere Kinder ab etwa fünf Jahren im Kontakt mit jungen Kindern beinahe intuitiv einsetzen, ist die korrigierende Erweiterung der Sprache: Die kindlichen „Fehler" werden nicht explizit angesprochen und ausgebessert, sondern die Formulierungen des Kindes werden durch richtige und vollständige bzw. vervollständigende Wiederholung (Expansion) erweitert und reflektiert. Dabei kann das Niveau – im Sinne der Zone der nächsten Entwicklung nach Vygotskij (1987) – auch etwas höher sein.

2.4

Theorien zum Spracherwerb

Erste Theorien zum Spracherwerb gingen entweder vom Lernen durch positive Verstärkung (Skinner, 1957) oder durch Nachahmung der Umwelt aus (Bandura, 1991). Diese Erklärungsansätze gelten heute als unvollständig bzw. überholt.

Stattdessen wird die Sprachentwicklung als ein stetig fortschreitender, struktursuchender und strukturbildender aktiver

Induktionsprozess verstanden, bei dem die Kinder von besonderen Fällen auf allgemeine sprachliche Gesetzmäßigkeiten schließen. Dieser Prozess verläuft unbewusst, implizit und ohne Reflexion im Sinne metalinguistischer Bewusstheit, d.h. die Kinder denken nicht über ihr eigenes Sprechenlernen nach (Grimm & Weinert, 2008).

Sprachliches Handeln ist somit nicht einfaches Agieren im Sinne von Reiz-Reaktions-Theorien, sondern Kinder sind dabei selbst aktiv, rekonstruieren und benützen ihr gespeichertes Wissen.

Auf die Frage, wieso ein Kind innerhalb eines Zeitraums von nur vier oder fünf Jahren und ohne systematischen Unterricht imstande ist, grammatikalisch richtige Sätze zu bilden, lässt sich derzeit immer noch keine völlig befriedigende Antwort geben.

Kognitionsforscher wie Herrmann (2004, S. 33) gehen davon aus, dass ein Kind Regeln von sich aus lernt, wenn genügend Gelegenheiten dazu vorhanden sind – die Regeln müssen ihm nicht erklärt werden. Was ein Kind von selbst gelernt hat, wie etwa die Grammatik der gesprochenen Sprache, hat das Gehirn tatsächlich selbst „erzeugt". Dies merkt man an typischen Fehlern, z.B. daran, dass aus „drollen", einem Wort, das es gar nicht gibt, in der Vergangenheitsform „gedrollt" wird, wie aus „lernen" „gelernt".

Die Auffassung, dass der Spracherwerb weitgehend biologisch begründet ist, wurde insbesondere von Chomsky (1957) vertreten. Er erklärt den Erstspracherwerb eines Kindes als Entfaltung angeborener Spracherwerbsfähigkeiten. Kinder lernen die Grammatik einer Sprache deshalb so rasch, weil sie bestimmte genetische Voraussetzungen dafür mitbringen und das menschliche Gehirn speziell für den Spracherwerb geschaffen ist. Zudem weist die Sprachentwicklung bei Kindern in der ganzen Welt auffallende Gemeinsamkeiten auf. Ohne biologische Grundlage könnte die Sprache wegen ihrer hohen Komplexität gar nicht erworben werden (Mietzel, 1997).

Chomsky ist überzeugt, dass das menschliche Gehirn über einen angeborenen neurophysiologischen Spracherwerbsmechanismus (language aquisition device, LAD) verfügt. Dadurch ist das Kind wie ein Computer vorprogrammiert und in der Lage, nicht nur die Struktur einer Sprache zu verstehen, sondern auch ihre Regeln und Besonderheiten zu entdecken.

Die Umgebung des Kindes hat hier lediglich eine auslösende Funktion: Sie muss sprachliche Angebote direkt an das Kind richten, um ihm durch die transaktionalen Austauschprozesse des Subjektivierens, Objektivierens, Aneignens und Vergegenständlichens zu helfen, seine Sprachentwicklung voranzutreiben (Hartmann et al., 2006; vgl. Kapitel 1.1).

Chomsky nimmt an, dass jedes Kind auf Grund seines angeborenen Wissens über eine universelle Grammatik verfügt, die sämtlichen Sprachen gemeinsam ist und die daher für das Erlernen jeder Sprache herangezogen werden könnte (Mietzel, 1997).

Nach Grimm (1995) bleibt allerdings immer noch die große Frage: „Wie ist es möglich, dass Kinder die komplexe Aufgabe des Spracherwerbs in einem Alter lösen, in dem sie zu vergleichbar komplexen Leistungen in anderen kognitiven Bereichen noch nicht in der Lage sind?" (S. 713).

Zusammenfassend lässt sich sagen, dass die meisten Forscherinnen und Forscher in den folgenden vier Grundüberzeugungen übereinstimmen:

„1. Die Sprache ist humanspezifisch und hat eine biologische Basis.

2. Das Kind ist für den Spracherwerbsprozess vorbereitet; ein wichtiger Schlüssel für das Verständnis dieses Prozesses befindet sich demnach in der Zeit davor.

3. Ohne eine sprachliche Umwelt wäre der Erwerbsprozess nicht möglich.

4. Die inneren Voraussetzungen des Kindes und die der äußeren Umweltfaktoren müssen in optimaler Weise im Sinne einer Passung zusammenwirken." (Grimm & Weinert, 2008, S. 522).

3

Mehrsprachigkeit – Herausforderung und Chance

In einer zunehmend multikulturell geprägten Gesellschaft wird die Kommunikation mit Menschen anderer sprachlicher Herkunft immer wichtiger. Dies stellt eine Herausforderung an die Sprachkompetenz jedes Einzelnen dar.

Bereits im Kindergarten müssen viele Kinder auf dem Weg zur Sprachfähigkeit in ihrer Erstsprache oder zur Mehrsprachigkeit begleitet werden. Dies ist in dreierlei Hinsicht wichtig:

- Für Kinder mit einer anderen Erstsprache als Deutsch ist intensive Sprachförderung nötig, um ihnen die Integration zu erleichtern.
- Die Sprachdefizite deutschsprechender Kinder erfordern besondere Bemühungen.
- Zusätzlich ist ein Trend zum frühen Kennenlernen einer zweiten Sprache (z.B. Englisch im Kindergarten) zu beobachten.

3.1

Einstellung zur Mehrsprachigkeit

Sprachwissenschafterinnen und -wissenschafter gehen davon aus, dass Menschen problemlos mehrsprachig aufwachsen bzw.

ständig mehr als eine Sprache einsetzen können (Gombos, 2003; Schneider, 2003; Schaner-Wolles, 2005b).

In unserem Kulturkreis wurde lange Zeit hindurch eine monolinguistische Perspektive eingenommen, d.h. dass zwei- oder mehrsprachiges Aufwachsen als problematisch betrachtet wurde. Allerdings ist mehr als die Hälfte der Weltbevölkerung mehrsprachig und auch in Europa leben weite Teile der Bevölkerung mit zwei oder mehr Sprachen. Trotzdem ist unsere Bildungstradition nach wie vor stark auf eine Sprache ausgerichtet (Ulich, 2000a).

Die Auseinandersetzung mit Mehrsprachigkeit ist ein grundlegender Bestandteil interkultureller Pädagogik (Kracht, 1999). Achtung und Anerkennung von Mehrsprachigkeit sind zentrale Voraussetzungen für die Wertschätzung gegenüber anderen Kulturen.

Eine Möglichkeit, Offenheit gegenüber anderen Kulturen zu entwickeln und diese zu akzeptieren, ist nach Chromiec (2004) schulischer Fremdsprachenunterricht: Dabei werden auch das Weltbild einer anderen Kultur berücksichtigt und Elemente der Sprache, der Kommunikation und Kultur sowie muttersprachliche Expertinnen und Experten einbezogen.

Die Sprachen der österreichischen Nachbarländer sowie der Migrantinnen und Migranten bzw. ethnischen Gruppen, die im Kindergarten am häufigsten vertreten sind, genießen bei Weitem kein so hohes gesellschaftliches Ansehen wie etwa Englisch.

Edelenbos und Kubanek-German (2004) sowie Wenzel (2004) plädieren für den Einsatz von Nachbarschaftssprachen: Für Kinder wird der Anreiz, eine Sprache zu erlernen, durch die Möglichkeit der Anwendung im unmittelbaren Umfeld höher. Im sprachlichen Angebot des Kindergartens sollten die Herkunftssprachen viel mehr berücksichtigt werden, um den betreffenden Kindern die Wertschätzung und Anerkennung ihrer Familiensprache zu zeigen.

3.2

Vorteile von Mehrsprachigkeit

Im Allgemeinen stellt das Erlernen einer oder mehrerer Sprachen für Kinder kein Problem dar. „Kinder erlernen eine oder sogar mehrere Sprachen in der ihnen eigenen Art und Weise – so wie alle Kinder Neues untersuchen, erproben, erforschen, entdecken, sich aneignen und benutzen – spielerisch und mit ihren Sinnen, ihrem Körper, ihren Gedanken, ihren Vorstellungen, ihren Ideen, ihrer Phantasie." (Holste, 2004, S. 211). Viele Forscherinnen und Forscher halten eine mehrsprachige Erziehung auf jeden Fall für empfehlenswert und Gewinn bringend (Ulich, 2000a; Schaner-Wolles 2005c).

Die Hamburger Bilingualismusforscherin Els Oksaar weist schon lange auf Wichtigkeit und Unbedenklichkeit eines möglichst frühen Zweitspracherwerbs hin. „Frühe

Mehrsprachigkeit begünstigt das analytische Denken, hat eine positive Auswirkung auf den Intellekt, gibt dem Kind eine nuancierte Auffassung von der Welt und erleichtert den Erwerb von weiteren Sprachen" (Mitroviç, 2004, S. 197).

Das Erlernen einer Zweitsprache wirkt sich ganz allgemein positiv auf die Entwicklung der intellektuellen Fähigkeiten aus. Grundsätzlich gilt, dass Sprachen umso leichter erlernt werden, je früher, unbefangener und spielerischer mit ihnen umgegangen wird.

Cummins (2006) betont ebenfalls die positiven Effekte des additiven Bilingualismus, da fast 150 empirische Studien der letzten 30 Jahre positive Zusammenhänge mit den sprachlichen, kognitiven und schulischen Fortschritten von Schülerinnen und Schülern zeigen. Unter additivem Bilingualismus wird jene Form von Zweisprachigkeit verstanden, bei der Erst- und Zweitsprache kontinuierlich weiterentwickelt werden. Die positive gegenseitige Beeinflussung der Lernerfolge in beiden Sprachen, die durch diese Form des Zweitspracherwerbes ermöglicht wird, käme durch eine einseitige sprachliche Förderung nicht zustande (Otero, 2006).

Frühe Kontakte mit zwei oder mehr Sprachen fördern somit die kognitive Entwicklung, insbesondere die so genannten metasprachlichen Fähigkeiten, d.h. die Kinder werden „sprach-bewusster" (Ulich, 2000a, S. 126).

Wissen über Sprache(n) wird mit Begriffen wie „metalinguistisches" oder „metasprachliches Bewusstsein" bezeichnet. Wenzel (2004) geht davon aus, dass bereits Kinder im Kindergarten darüber verfügen können.

3.3
Formen der mehrsprachigen Entwicklung

Es gibt mehrere Möglichkeiten des Mehrsprachenerwerbs: Dabei wird grundsätzlich unterschieden, ob ein Kind von Geburt an mit zwei oder mehreren Sprachen konfrontiert ist – etwa weil die Eltern verschiedene Sprachen sprechen – oder ob eine zweite Sprache erst später erworben wird.

3.3.1
Primärer Bilingualismus

Primärer Bilingualismus oder simultane Zwei- bzw. Mehrsprachigkeit bedeutet, dass ein Kind von Anfang an zwei Sprachen lernt, da beide Sprachen in seinem unmittelbaren sprachlichen Umfeld gesprochen werden. Die Erstsprache ist in diesem Fall auf zwei Sprachen bezogen (Danzer, 2005; Schneider, 2003). Nach übereinstimmender Fachmeinung sollte eine eindeutige Trennung der Sprachen, etwa nach dem Prinzip „eine Person – eine Sprache", vollzogen werden. Jede Bezugsperson spricht in diesem Fall konsequent ihre eigene Sprache und vermeidet Sprachmischungen. Dann können sich die beiden Sprachen unabhängig voneinander festigen (Danzer, 2005; Schaner-Wolles, 2005b).

Ein zweisprachig aufwachsendes Kind muss nicht beide Sprachen gleich gut beherrschen, es kann z.B. eine „starke" und eine „schwache" Sprache haben. Dies hängt von der Intensität der Kommunikation, der Dominanz der Umgebungssprache sowie vom familiären Umgang mit den beiden Sprachen ab (Sander & Spanier, 2003).

Im Alter von etwa vier Jahren lernen zweisprachig aufwachsende Kinder bewusst auszuwählen, welche ihrer Sprachen für die jeweilige Situation oder die Gesprächspartnerinnen und -partner passend ist. Dies gilt ebenfalls für die Verwendung von Dialekt und Standardsprache (Schaner-Wolles, 2005b). Voraussetzung dafür ist aber der wertschätzende Umgang der Umgebung mit beiden Sprachen bzw. Sprachebenen.

3.3.2
Späterer Zweitspracherwerb

Wird eine zweite Sprache erst zu einem späteren Zeitpunkt erworben, handelt es sich um einen echten Zweitspracherwerb oder, wie Schneider (2003) es nennt, um einen sequenziellen Bilingualismus. Dieser kann gesteuert – also in künstlichen Lernsituationen – oder natürlich ablaufen (Sander & Spanier, 2003).

Der gesteuerte Zweitspracherwerb erfolgt im Fremdsprachenunterricht in der Schule oder im Erwachsenenalter. Die Sprache wird strukturiert und in definierten Lernsituationen didaktisch aufbereitet vermittelt. Ein Zweitspracherwerb, der erst nach der Ausbildung der Strukturen der Erstsprache erfolgt, ist kein unbewusster Prozess mehr, sondern erfordert Aufmerksamkeit, Anstrengung und Umorganisation sprachlicher Strukturen (Danzer, 2005).

Lernen Kinder im Kindergarten eine weitere Sprache in natürlichen und anregenden Spielsituationen, an denen sie mit allen Sinnen intensiv beteiligt sind, wird von einem natürlichen Zweitspracherwerb gesprochen. Statt eines expliziten Unterrichts, der für Kindergartenkinder nicht notwendig ist, sollten die Kinder vielfältige Anregungen und Einladungen erhalten, mit anderen Menschen zu kommunizieren, sich zu beteiligen, zuzuhören und sich sprachlich auszudrücken. Ihre Motivation zum Erlernen der deutschen Sprache ist in erster Linie kommunikativ-emotional (Sander & Spanier, 2003).

Eine sprachanregende Umgebung in einem kindgerechten und lebendigen Umfeld ermöglicht es Kindern – ungleich leichter als Erwachsenen – sich eine zweite Sprache anzueignen.

Eine kindgerechte Methode, die Fremdsprache zu vermitteln, ist die Immersion, das vollständige Eintauchen in eine andere Sprachwelt. Die Sprache wird völlig natürlich für die Beschäftigung mit der Umwelt eingesetzt und quasi unbewusst in der natürlichen Kommunikation aufgenommen. Diese Methode wird z.B. in bilingualen Schulen angewandt, indem jede Woche abwechselnd ausschließlich in einer der beiden Sprachen unterrichtet wird.

Bei den frühen Fremdsprachenprogrammen im Kindergarten, z.B. Englisch, die derzeit oft auf freiwilliger Basis von Native Speakern angeboten werden, wird keine echte Bilingualität angestrebt. Vorrangige Ziele sind das Kennenlernen einer neuen Sprache sowie die passive Aufnahme von Vokabular und Satzmustern über das gemeinsame Singen von Liedern, Sprechen von Texten, Anmalen von entsprechenden Bildern etc. Wenn außerhalb des Englisch-Angebotes niemand diese Sprache spricht, bleibt die Bilingualisierung äußerst schwach (Mitroviç, 2004).

Eine besondere Situation stellt der Zweitspracherwerb dar, der durch Übersiedlung in ein anderes Land notwendig wird. Die Wertschätzung gegenüber der Erstsprache ist hier ein besonders wichtiges Kriterium. Wenn dies nicht geschieht, kann es nach Buttaroni (2000) zum „subtraktiven Bilingualismus" kommen: Eine dominante prestigereiche Sprache verdrängt die soziokulturell schwächere Erstsprache und hemmt dadurch unter Umständen die Persönlichkeitsentwicklung. Für Cummins (2006) bedeutet subtraktiver Bilingualismus, dass „durch das Erlernen der Zweitsprache die Entwicklung der Erstsprache geschwächt wird und im Hinblick auf Begriffsbildung und schulisches Lernen stagniert" (S. 45).

Erlernen Immigrantinnen und Immigranten Deutsch als Zweitsprache relativ spät, ungesteuert oder erzwungen, so ist dies von unmittelbarer gesellschaftlicher Relevanz. Durch den mangelhaften Zweitspracherwerb ist ihre Partizipationsfähigkeit eingeschränkt (Mitroviç, 2004).

3.4

Mehrsprachigkeit bei Kindern und Erwachsenen

Potenziell ist jeder Mensch mehrsprachig, da er Informationen, die in verschiedenen Sprachen gesendet werden, auseinander halten und verarbeiten kann. Dieses Sprachpotenzial muss gefördert werden, denn es verringert sich in einer einsprachigen Umgebung immer mehr. Deshalb ist es wichtig, dass Kinder früh mit anderen Sprachen in Kontakt kommen.

Sprachlernprozesse von Kindern können nicht mit jenen von Erwachsenen verglichen werden. Bei Kindergartenkindern ist die Fähigkeit zur Produktion von Klanggestalten besonders gut ausgebildet: Das bedeutet einen großen Vorsprung der Kinder hinsichtlich einer korrekten, „muttersprachenähnlichen" Aussprache und Intonation im Vergleich zu Erwachsenen, denn Klangbild und Aussprache werden früh gefestigt (Dippelreiter, 2005b, S. 32). Dies erfordert jedoch die „akzentfreie" Aussprache der sprachvermittelnden Personen. Aus diesem Grund werden

Native Speaker oder zumindest die Verwendung von originalsprachigen Materialien, wie z.B. audio-visuellen Medien, empfohlen (Ulich, 2000a).

Weitere Vorteile der Kinder beim Sprachenlernen sind der zwar langsamere, dafür aber solidere Wortschatzerwerb und die leichte Erschließung grammatikalischer Strukturen.

Eine grundsätzliche Überlegenheit von Kindern gegenüber Jugendlichen und Erwachsenen bezüglich Grammatik- und Wortschatzerwerb ist jedoch laut Ulich (2000a) nicht gegeben. Allerdings sind junge Kinder in ihrem Lernverhalten unbeschwerter und angstfreier als Erwachsene. Sie sind neugierig und trauen sich in der fremdsprachigen Kommunikation mehr zu. Dadurch bekommen sie öfter eine positive Verstärkung und lernen tatsächlich schneller. Ihr Lernen ist prozessorientiert, nicht ergebnisorientiert.

3.5
Die besondere Situation mehrsprachig aufwachsender Kinder

Sprache drückt unsere Persönlichkeit aus, sie ist Teil unserer Identität. Die emotionale und identitätsstiftende Bedeutung der Erstsprache kann nicht hoch genug eingeschätzt werden. Die unterschiedlichen Erstsprachen der Kinder dürfen im Kindergarten keinesfalls als störender Faktor gesehen werden, denn dies könnten die Kinder als Ablehnung ihrer Person erleben (Sander & Spanier, 2003).

Artikel 30 der UN-Kinderrechtskonvention bezieht sich auf die Bedeutung der Erstsprache für die Entwicklung von Kindern: „In Staaten, in denen es ethnische, religiöse und sprachliche Minderheiten oder Ureinwohner gibt, darf einem Kind, das solchen Minderheiten angehört oder Ureinwohner ist, nicht das Recht vorenthalten werden, in Gemeinschaft mit anderen Angehörigen seiner Gruppe seine eigene Kultur zu pflegen, sich zu seiner Religion zu bekennen, sie auszuüben oder seine eigene Sprache zu verwenden." (BMSG, o.J., S. 36).

Zu Hause sollte deshalb die Erstsprache auf jeden Fall gepflegt werden. Eltern, die selbst nicht ausreichend Deutsch sprechen, sind nämlich nicht in der Lage, das angeborene Grammatikprogramm der Kinder zu aktivieren. Vielmehr sind möglichst frühe und regelmäßige Kontakte mit deutschsprechenden Native Speakern von Vorteil (Schaner-Wolles, 2005c).

Eltern sollten ermuntert und beraten werden, zu Hause keinesfalls – etwa aus Prestigegründen – ein bruchstückhaftes Deutsch zu sprechen und damit ihre Familiensprache zu „verleugnen". Dies könnte eine Identitätskrise für das Kind zur Folge haben.

Die Erstsprache eines Kindes sollte im Kindergarten Platz finden, auch wenn es sich um die Sprache eines einzigen Kindes handelt.

Eine Begrüßung oder Verabschiedung in „seiner" Sprache durch die Fachkräfte bedeutet beispielsweise eine enorme Wertschätzung für das Kind und seine Eltern (Dippelreiter, 2005c).

Die Anerkennung der Legitimität der Familiensprache im Kindergarten führt nach Roth (2006) in der Folge dazu, dass die Kinder eher in sprachheterogenen Spielgruppen spielen und sich somit aus „ethnischen Nischen" befreien können.

Kinder mit mangelnden Deutschkenntnissen sollten sich nicht als „sprachliche Mängelwesen" erleben, wie es eine defizitorientierte Sichtweise mit sich bringt. Ihre individuellen Stärken und Fähigkeiten sollten im Vordergrund stehen. In vielen Fällen haben Kinder Traumatisierungen durch Emigration und Immigration erlebt und brauchen deshalb ein verlässliches Umfeld, das ihnen hilft, sich die neue Umwelt gemäß ihrem Tempo, ihren Interessen und ihren Möglichkeiten zu erschließen. Dazu sind einige Maßnahmen wichtig: z.B. eine kommunikative Atmosphäre, eine verstärkte regelmäßige Ansprache insbesondere durch Gestik und Mimik, ein eigener Bereich mit Büchern oder Kassetten in der Erstsprache und mit anderen persönlichen Gegenständen, die Arbeit in Kleingruppen mit vielen Handlungsanlässen sowie die Einführung von Ritualen.

Ungünstig ist die so genannte schwache Form der bilingualen Erziehung, d.h. die Kinder an die Mehrheitssprache Deutsch heranzuführen, ohne ihre Erstsprache weiter zu berücksichtigen. Das Ziel, Eltern und Kinder möglichst schnell kulturell und sprachlich zu assimilieren, damit sie sich unauffällig einer monolingualen Gesellschaft anpassen können, kann schwerwiegende Folgen haben. Diese äußern sich etwa in Identitätsverlust, doppelter Halbsprachigkeit, sozialer Isolation und Fremdsein in beiden Kulturen (Mitroviç, 2004).

„Die Muttersprache ist kein Hindernis für den Deutschlernprozess, im Gegenteil – ihre Entwicklung ist eine unentbehrliche Voraussetzung für den Zweitspracherwerb." (Born, 2003, S. 42). Sowohl der Erwerb der Erstsprache als auch jener der Zweitsprache bedarf einer sorgfältigen Einbettung in die natürlichen Entwicklungsbedingungen – dies umso mehr, je jünger die Lernenden sind (Hoffmann & Rainel-Straka, 2000).

Nicht alles, was für den Erstspracherwerb gilt, ist nach Apeltauer (2004) notwendigerweise für den Zweit- oder Drittspracherwerb gültig. Diese sind in ihrem Ablauf leichter störbar. Es kann zu Stagnationen und Rückschritten kommen. Wichtig ist vor allem, dass die Kinder nicht verstummen, sondern dass sie sich der Zweitsprache öffnen. Wenn sie zu sprechen beginnen, sind Kritik, Zurechtweisung, direkte Korrektur und Aufforderungen zum Nachsprechen unangemessen, weil sie die Neugierde und Freude des Kindes am Sprechen bremsen können. Born (2003) empfiehlt stattdessen die Methode der verbesserten Wiederholung, bei der die richtige Verwendung von Wörtern und Formulierungen in bestätigender und erweiternder Form angeregt wird.

Sander und Spanier (2003) beschreiben, dass das Erlernen der Zweitsprache in bestimmten geregelten Phasen abläuft: Die Fehler, die die Kinder machen, entsprechen häufig ähnlichen Mustern, sie sind nicht individuell unterschiedlich. Dazu zählen z.B. Vereinfachungen, Auslassungen, überwiegende Benutzung von Begriffsnamen, Verwendung nur eines Artikels, Verwendung des Infinitivs, Übergeneralisierung von Regeln. Manche Kinder beginnen auch in der Zweitsprache mit Einwortsätzen, während andere länger speichern und dann Mehrwortsätze produzieren.

Wie beim Erstspracherwerb ist die Entwicklung des Sprachverständnisses eine wichtige Voraussetzung. In dieser Zeit ist viel verbale und nonverbale Ansprache notwendig, ohne auf Sprachproduktion zu drängen. „Kinder brauchen Bindung, bevor Bildung wirken kann" (Dippelreiter, 2005c, S. 93).

Die Erfahrungen und die erworbenen Kompetenzen aus dem Erstspracherwerb fließen in das Erlernen einer weiteren Sprache ein. Begriffsbildungen in der Fremdsprache werden leichter erworben, wenn sie an Begriffe geknüpft werden können, die in der Erstsprache schon aufgebaut sind.

Je mehr ein Kind über den Aufbau der Sprache weiß, desto leichter kann es entsprechende Strukturen in der Zweitsprache durchschauen. Allerdings hat nicht jede Sprache dieselbe „Architektur", wie etwa Besonderheiten der Aussprache, der Satzmelodie, der Grammatik. Deshalb sind Umstrukturierungen notwendig. Die Kinder müssen ihren Lautfilter wieder erweitern und automatisierte Sprachmuster verändern (Sander & Spanier, 2003, S. 9).

Die Unzulänglichkeiten in der Zweisprachigkeit von Kindern mit Migrationshintergrund werden meist aus einer monolinguistischen Perspektive heraus als Sprachprobleme bewertet, die einsprachige Kinder nicht zeigen. Beschäftigt man sich jedoch näher mit dem Entwicklungsprozess kindlicher Zweisprachigkeit, stellt sich heraus, dass es vor allem in mehrsprachigen Kommunikationssituationen für zweisprachige Kinder ganz normal ist, die Sprachen zu mischen. „Weiterhin zeigt sich auch, dass zweisprachige Kinder in der Regel nie in zwei Sprachen einen Wortschatz gleichen Umfangs entwickeln, da sie die Wörter und ihre Bedeutung in den einzelnen Sprachen in jeweils unterschiedlichen Kontexten erwerben." (Kracht, 1999, S. 4). Gogolin (1987) spricht in diesem Zusammenhang von „lebensweltlicher Zweisprachigkeit".

Das „Cross-Over", die Vermischung von Erst- und Zweitsprache, kann lange andauern, ist aber als Übergangsphänomen und Zeichen für Fortschritte in der Sprachentwicklung zu sehen. Die Kinder gehen vom Rezipieren zum Produzieren über: Sie bauen also in ihre Erstsprache oft mit den entsprechenden grammatikalischen Regeln zunehmend Wörter oder Sätze aus der Zweitsprache ein. Mit der Zeit werden immer mehr dieser Wörter nach den Regeln der „neuen" Sprache verknüpft (Buttaroni, 2000).

„Borrowing" bedeutet nach Schneider (2003) die Entlehnung einzelner Wörter aus der anderen Sprache. Mit „Code-Mixing" wird die unsystematische Sprachmischung innerhalb eines Wortes oder eines Satzes bezeichnet, die teilweise gegen grammatikalische Regeln verstößt. „Code-Switching" dagegen ist regelgeleitet und erfolgt zwischen den Sätzen. Schneider sieht – ebenso wie andere Wissenschafterinnen und Wissenschafter – den Sprachwechsel eher als Beleg für eine ausgebaute Mehrsprachigkeit denn als „Beweis" für Inkompetenz. Zudem ist sogar schon bei Kindern im zweiten Lebensjahr eine Anpassung an die spezifische Gesprächssituation zu beobachten (Quay, 1992).

4

Gehirnentwicklung und Lernfähigkeit

Aufbau, Funktion und Entwicklung von Nervenzellen sowie Nervensystem sind Inhalte der neurobiologischen Forschung. Die Ergebnisse der Neurobiologie – unterstützt durch die Entwicklung moderner bildgebender Verfahren – beeinflussen immer stärker die Bildungswissenschaften, vor allem die Pädagogik und Psychologie. Neurobiologische Erkenntnisse helfen, Lehr- und Lernprozesse besser zu verstehen und stützen bereits bekanntes pädagogisches und psychologisches Wissen (Stadelmann, 2004).

4.1

Das Gehirn

Das Gehirn ruht geschützt durch die Gehirnflüssigkeit in der Schädelkapsel und wird oftmals mit einer Steuerzentrale verglichen. Zu den Aufgaben des Gehirns zählen neben der Regulierung vieler lebenserhaltender Funktionen wie Atmung oder Blutkreislauf die Kontrolle über die Sinnesorgane und den Bewegungsapparat sowie die Koordination hochgradig komplexer Vorgänge wie Sprechen, Denken oder Lernen.

Am Aufbau des Gehirns fällt seine Zweiteilung in eine linke und eine rechte Gehirnhälfte auf. Die oberste Schicht des Gehirns bildet die Großhirnrinde. Die Oberfläche der Großhirnrinde ist mehrfach gefaltet, um möglichst viel Gewebe auf kleinstem Raum in der Hirnschale anzuordnen. Dadurch entstehen die charakteristischen Windungen und Furchen an der Gehirnoberfläche, die die Großhirnrinde links und rechts in jeweils vier „Lappen" einteilen: den Stirnlappen im Stirnbereich, daran anschließend den Scheitellappen, seitlich auf Ohrhöhe den Schläfenlappen und den Hinterhauptslappen im Hinterkopfbereich.

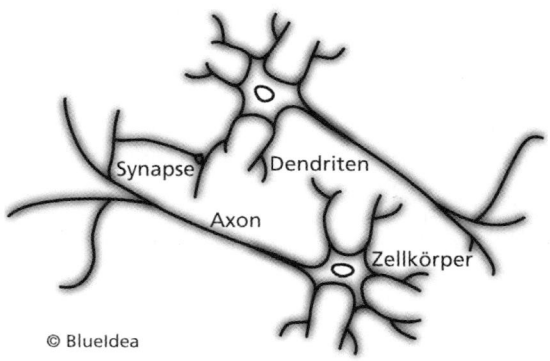

Abb. 2: Aufbau der Nervenzelle

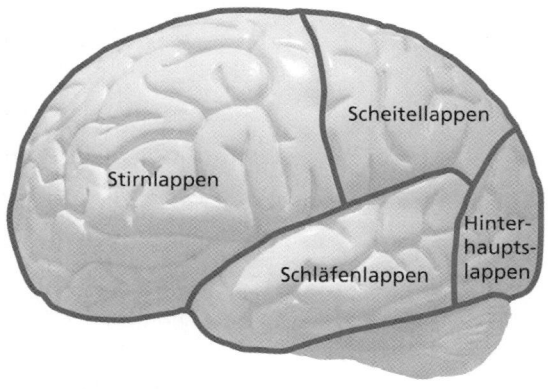

Abb. 1: Die vier Lappen der Großhirnrinde

4.2

Die Nervenzelle: Baustein des Nervensystems

Zu den wichtigsten Bausteinen des Nervensystems gehören die Nervenzellen oder Neuronen. Alleine im Gehirn verfügen wir über geschätzte 120 Milliarden (Stadelmann, 2004). Jedes Neuron besteht aus einem Zellkörper und Fortsätzen, den Dendriten und Axonen, die den Kontakt zu anderen Zellen halten. Die „Kommunikation" zwischen den Neuronen erfolgt über elektrische Impulse – das ist der „Code" oder die Sprache der Nervenzellen.

Zwischen den Neuronen bestehen unzählige Verbindungen, die ein weitläufiges Netzwerk innerhalb des gesamten Nervensystems aufspannen. Die gesamte Arbeitsweise des Gehirns beruht auf dieser intensiven Kooperation.

Einzelne Neuronen organisieren sich in zusammenarbeitenden Zellgruppen, die sich auf bestimmte Funktionen im Gehirn spezialisieren. Das Gehirn kann in seiner Arbeitsweise mit einem großen Betrieb verglichen werden, dem spezialisierte Abteilungen angehören. Die einzelnen Personen in den Abteilungen übernehmen wiederum nur bestimmte Tätigkeiten. Im Gehirn können in vergleichbarer Weise einzelnen Zellen hoch spezifische Aufgabengebiete zugeordnet werden. Beispielsweise reagieren einige Neuronen des Hörareals nur auf eine bestimme Tonhöhe, andere nur auf eine bestimmte Lautstärke. Erst die Vernetzung der Informationen aller Hörzellen, wie z.B. Tonhöhe, Lautstärke und Klangfarbe, bewirkt das vollständige, bewusste Erleben eines Tons (Gopnik, Kuhl & Meltzoff, 2001).

Doch nicht nur das Zusammenspiel vieler einzelner Neuronen ist für die Wahrnehmung unserer Umwelt erforderlich. Meistens arbeiten zahlreiche Zellgruppen (Areale) an einer Aufgabe zusammen. Für das Lernen eines neuen Wortes, z.B. „Glas", müssen wiederholt mehrere Areale des Gehirns gleichzeitig aktiviert werden. Im akustischen Areal wird der Klang des Wortes verarbeitet, im optischen Areal das Aussehen eines Glases, im taktilen Areal die Oberflächenstruktur. Erst die Vernetzung aller Informationen erlaubt eine Vorstellung von „Glas". Das punktgenaue Zusammenspielen unterschiedlicher Areale wird durch die neuronalen Vernetzungen, die so genannten Synapsen, ermöglicht (Birbaumer & Schmidt, 1999).

Wie am Beispiel des Begriffes „Glas" ersichtlich, werden beim Lernen neue Informationen nicht an einem gemeinsamen Ort abgespeichert, sondern in unterschiedlichen Arealen. Beim Erinnern eines Begriffes oder eines Erlebnisses werden alle Einzelinformationen aus den unterschiedlichen Arealen wieder zusammengesetzt. Das gelingt, weil das Gehirn außerordentlich gut vernetzt ist (Gopnik et al., 2001).

Lernen bedeutet für das Gehirn somit, Informationen richtig zu verknüpfen. Oder anders gesagt: Lernen heißt, Vernetzungen innerhalb sowie zwischen Nervenzellgruppen aufzubauen.

Da im Gehirn sowohl beim Neulernen als auch beim Erinnern viele verschiedene Areale aktiviert werden, erweisen sich solche Lehr- und Lernmethoden als besonders wertvoll, die unterschiedliche Sinneskanäle ansprechen, wie z.B. Betrachten, Angreifen, Zuhören, Riechen oder Schmecken. Beim Erwerb neuer Wissens- und Bildungsinhalte unterstützen vielseitige Tätigkeiten wie etwa Singen, Werken oder Nacherzählen das Gehirn besonders gut beim Lernen. Der Kindergarten stellt durch seine vielfältige Ausstattung eine gut geeignete Lernumgebung für Kinder dar. Die Methode des ganzheitlichen Lernens hat einen hohen Stellenwert und ermöglicht es den Kindern, sich mit ihrer Umwelt in transaktionalen Wechselbeziehungen auseinanderzusetzen und so ihre Kompetenzen zu erweitern.

4.3

Die lebenslange Entwicklungsfähigkeit des Gehirns

Zum Zeitpunkt der Geburt ist das Gehirn zwar voll funktionstüchtig, aber dennoch nicht ausgereift (Spitzer, 2002). Es entwickelt sich vor allem in den ersten Lebensjahren, letztendlich jedoch das gesamte Leben lang weiter.

Jede Hirnstruktur durchläuft die gleichen Entwicklungsschritte, allerdings nicht immer zur selben Zeit. Das führt dazu, dass manche Entwicklungen, die bereits im Embryonalstadium beginnen, schon vor der Geburt abgeschlossen sind, andere erst im Kindesalter oder niemals. So entwickelt sich etwa das Hörareal bereits vorgeburtlich sehr weit, sodass Neugeborene schon hören können, während viele Areale, die die Motorik steuern, erst in den ersten Lebensjahren ausreifen. Das wird z.B. an den anfänglich noch unsicheren Bewegungen von Säuglingen und sehr jungen Kindern sichtbar. Nie vollständig abgeschlossen ist die Vernetzung der Neuronen, die Synapsenbildung. Synapsen bezeichnen die Verbindungsstellen zwischen zwei Neuronen. Sie ermöglichen die bereits beschriebenen Kooperationen zwischen Nervenzellen und leiten elektrische Impulse zwischen den Nervenzellen weiter. Die synaptischen Verbindungen verändern sich ein Leben lang, abhängig davon, welche Erfahrungen und Umwelteinflüsse ein Mensch erlebt und welche Lernmöglichkeiten ihm zur Verfügung stehen (Petermann, Niebank & Scheithauer, 2004).

Daher stellt die Bildung der Synapsen und neuronalen Netzwerke einen für das Lernen besonders bedeutsamen Schritt in der Entwicklung des Gehirns dar. Während der Schwangerschaft kommt es zunächst zu einer Überproduktion von Neuronen und Synapsen. Je nach Hirnregion sterben vor oder kurz nach der Geburt 20 bis 80% der ausgebildeten Neuronen wieder ab. Dies ist keineswegs ein krankhafter Prozess, sondern notwendig, um beschädigte Neuronen und fehlerhafte Synapsen zu löschen. Es kann mit dem Löschen unbenutzter oder fehlerhafter Dateien von einer Computerfestplatte verglichen werden, um das System nicht durch überschüssige Daten zu verlangsamen sowie um Speicherplatz für neue und wichtigere Inhalte freizugeben.

Nach dem Absterben überflüssiger Neuronen erfolgt eine Stabilisierung der funktionstüchtigen Synapsen. Dies erfordert aktive Interaktionen mit der Umwelt. Der genetisch nur grob vorbestimmte synaptische „Schaltplan" im Gehirn muss durch Erfahrungen verfeinert werden und passt sich an die jeweilige Umwelt des Kindes an. Viele Synapsen entwickeln sich daher abhängig von den individuellen Erfahrungen eines Menschen. Umwelteinflüsse, aber auch Lernen und Üben führen somit zu nachweisbaren Veränderungen der Hirnstruktur (Petermann et al., 2004).

4.3.1

Die Anpassungsfähigkeit des Gehirns

Die lebenslange Entwicklungsmöglichkeit und Formbarkeit des Gehirns wird als „neuronale Plastizität" bezeichnet. Das Gehirn ist dadurch in der Lage, sich wechselnden Umweltanforderungen anzupassen oder Schädigungen der Hirnstruktur auszugleichen.

Die Plastizität des Gehirns zeigt sich z.B. in der Zu- bzw. Abnahme der Synapsenanzahl. Die höchste Anzahl an Synapsen im Leben eines Menschen wird etwa im Alter von zwei bis drei Jahren erreicht. Das geht mit der ungeheuren Aktivität und dem unstillbaren Wissensdurst junger Kinder einher. Das Gehirn baut bis zu diesem Alter einen hohen Anteil der Synapsen mehr oder weniger wahllos auf. Diese Unmenge an Verbindungen führt zu einer großen Flexibilität des kindlichen Gehirns und erklärt, warum Kleinkinder neue Inhalte leichter lernen können als Erwachsene: Viele Verbindungen wurden schon gelegt und müssen durch Übung und Wiederholung nur noch gefestigt werden. Die Dichte der Synapsen bewirkt auf der einen Seite die große Plastizität und Lernfähigkeit des kindlichen Gehirns. Sie bringt aber zwei wesentliche Nachteile mit sich: Die Koordination der Synapsen erfordert einen hohen Energieverbrauch und die zum Teil willkürlich angelegten Verbindungen sind fehleranfällig.

Das Gehirn reagiert darauf mit einer zunehmenden Stabilisierung der notwendigen Synapsen und einem Abbau der überflüssigen Verbindungen. Zwischen der frühen Kindheit und dem Jugendalter werden täglich bis zu 20 Milliarden Synapsen abgebaut (Petermann et al., 2004). Diese Reduktion erlaubt ein schnelleres und zuverlässigeres Zugreifen auf gespeicherte Informationen. Durch die Stabilisierung häufig benutzter Synapsen gelingt es Erwachsenen, jene Netzwerke zu aktivieren, die im Augenblick von Bedeutung sind. Das Gehirn konzentriert sich auf die notwendigen Areale und blendet Informationen aus, die für die derzeitige Tätigkeit nicht erforderlich sind. Da Kindern dieses „Ausblenden nicht benötigter Information" schwerer fällt, sind sie leichter ablenkbar (Stadelmann, 2004).

Als Ausgleich zum Verlust der außerordentlich großen Plastizität des kindlichen Gehirns arbeitet das erwachsene Gehirn effektiver und effizienter: Informationen können zuverlässiger und mit weniger Energiebedarf abgerufen werden.

4.3.2

Das Lernvermögen des Gehirns

Die Phasen der Synapsenentwicklung, Überproduktion und anschließenden Reduktion wiederholen sich bei jedem Lernvorgang. Beim Erwerb einer neuen Tätigkeit durchlaufen Erwachsene die gleichen Entwicklungsschritte wie Kinder. Zunächst wird durch eine Überproduktion an Synapsen ein sehr aufwändiges und stark verdrahtetes Netzwerk angelegt. Durch Üben und Wiederholen verfestigen sich die als notwendig erwiesenen Synapsen, andere werden wieder abgebaut. Das Netzwerk wird zunehmend schlanker, zuverlässiger und sparsamer im Energieverbrauch. Die Stabilisierung der Verbindungen führt zu einem leichteren und automatisierten Ablauf von bekannten Handlungen und Tätigkeiten.

Für alle Netzwerke gilt: Je öfter eine Synapse benutzt wird, umso stabiler wird sie. Werden Verbindungen hingegen über längere Zeit nicht benutzt, werden sie schwächer und oftmals abgebaut.

> **Lernvorgänge beruhen auf der Formbarkeit des Gehirns und verändern es in seiner Struktur, sodass jedes Gehirn individuell gestaltet ist (Stadelmann, 2004).**

Mit zunehmendem Alter nimmt die Plastizität des Gehirns ab. Das bedeutet, Lernprozesse und somit der Auf- und Abbau von Netzwerken sind mit einem größeren Aufwand verbunden (Karnath & Thier, 2006). Ein gesundes Gehirn stellt seine Lernfähigkeit jedoch niemals ein.

4.4
Das Konzept der sensiblen Entwicklungsphasen

Die Beobachtung der großen Plastizität des kindlichen Gehirns führt zu der Frage nach „sensiblen Entwicklungsphasen". Darunter wird eine begrenzte Zeitspanne verstanden, in der das Gehirn eine erhöhte Sensibilität gegenüber bestimmten Erfahrungen, etwa Sprache, aufweist und das damit verbundene Verhalten, z.B. Sprechen, besonders leicht erwirbt. Nach Ablauf der sensiblen Phase können diese Entwicklungsschritte nicht mehr oder nur sehr schwer nachgeholt werden. Auch für das Erlernen von Sprache wird eine sensible Entwicklungsphase angenommen.

Eine sensible Phase zeichnet sich nach derzeitigem Wissensstand durch eine genetisch bedingte Überproduktion von Synapsen in einem bestimmten Hirnareal aus, sodass dort besonders leicht synaptische Verbindungen stabilisiert oder gelöscht werden können.

Laut „Reifungstheorie" sind Anfang und Ende einer sensiblen Phase genetisch festgelegt. Das bedeutet, unabhängig von individuellen Erfahrungen öffnet sich zu einem bestimmten Zeitpunkt ein Entwicklungsfenster und nach Ablauf einer gewissen Zeitspanne schließt sich dieses Fenster unwiederbringlich. Davor und danach kann das jeweilige Verhalten nicht erworben werden.

Eine andere Erklärung geht davon aus, dass das Ende einer sensiblen Phase mit dem Ende eines Lernprozesses einhergeht (Gopnik et al., 2001). Während sich für eine Fähigkeit, wie Sprechen, im Gehirn ein Netzwerk entwickelt, stabilisieren sich die Verbindungen dieses Netzwerks zunehmend. Ist das Ziel des Lernprozesses erreicht, etwa das Beherrschen der Erstsprache, wird die während der sensiblen Phase überdurchschnittlich hohe Lernaktivität auf Normalniveau reduziert.

Insgesamt sind mit dem Konzept der sensiblen Phasen jedoch einige Schwierigkeiten verbunden. Beispielsweise können keine scharfen zeitlichen Begrenzungen sensibler Phasen festgelegt werden, da es keine erkennbaren auslösenden oder beendenden Faktoren gibt (Kandel & Jessel, 1996).

Die Konsequenzen eines „Verschlafens" oder „Verpassens" einer sensiblen Phase sind unklar. Jüngere Erkenntnisse zur Plastizität des Gehirns zeigen, dass auch im erwachsenen Gehirn neue Neuronen sowie neue Synapsen gebildet werden und vielfältige Lernprozesse möglich sind. Dennoch ist die Plastizität im Kindesalter ausgeprägter und das Gehirn für vielfältige Anregungen offen, sodass eine Frühförderung ohne Überforderung des Kindes aus Sicht der Neurobiologie sinnvoll ist.

4.5 Schlussfolgerungen für den Kindergarten

Die Angst, Kindern nicht genügend Lernmöglichkeiten zu bieten bzw. eine sensible Phase zu verpassen, ist unberechtigt – sofern eine Verwahrlosung des Kindes ausgeschlossen werden kann. Kinder erhalten in der Regel in Familie und Kindergarten genügend Anregungen bzw. holen sich das nötige Ausmaß an Input selbstständig, um alle Entwicklungsbereiche ausreichend zu entfalten. Voraussetzungen dafür sind allerdings eine reichhaltige Umwelt sowie entwicklungs- und bedürfnisgerechte Anregungen durch Eltern, Pädagoginnen und Pädagogen. Vielfältige (Lern-)Erfahrungen sowie eine anregungsreiche Umwelt wirken sich nicht nur positiv auf die Entwicklung des Gehirns aus, sondern fördern darüber hinaus die zukünftige Lernfähigkeit eines Menschen.

Erwachsene tragen die Verantwortung, Kinder vor Überforderung zu schützen. Oft genügt es, die Neugier und den kindlichen Wissensdurst bewusst wahrzunehmen und im Dialog aufrecht zu erhalten. Durch die Wechselprozesse, die zwischen Kind und Umwelt ablaufen, werden die Netzwerke des Gehirns weiter differenziert und bestehende Verbindungen effizienter ausgebaut. Wenn in Bildungs- und Lernsituationen das Gleichgewicht zwischen den transaktionalen Lernprozessen gut ausbalanciert ist, kann es weder zu einer Über- noch zu einer Unterforderung des Kindes kommen (Hartmann et al., 2006).

5

Sprachentwicklung aus neurobiologischer Sicht

Es scheint kinderleicht, mit der besten Freundin oder einem Klassenkollegen ein Gespräch zu führen. Die Vorgänge, die währenddessen im Gehirn ablaufen, sind hingegen hoch komplex. Aus diesem Grund konnten die beteiligten Hirnstrukturen sowie deren Zusammenspiel bislang noch nicht ausreichend geklärt werden, obwohl Wissenschafterinnen und Wissenschafter seit etwa 200 Jahren das Gehirn dahingehend untersuchen.

5.1

Auf der Suche nach dem „Sitz der Sprache"

Bereits vor 150 Jahren wurde angenommen, den „Sitz der Sprache" gefunden zu haben. Berühmtheit erlangte in diesem Zusammenhang der französische Chirurg Pierre Paul Broca (1824–1880). Er untersuchte einen Patienten, der nur noch die Silbe „tan" von sich geben konnte, gesprochene Sprache jedoch ungestört verstand und darüber hinaus keine Verletzungen des Stimm- und Sprechapparates aufwies. Broca zog den Schluss, die Sprachproduktion – also die Fähigkeit, flüssig und grammatikalisch richtig zu sprechen – sei in einem anderen Hirnareal angesiedelt als das Sprachverständnis. Bei seinem Patienten entdeckte er eine Schädigung im linken Stirnlappen und interpretierte das verletzte Gebiet als Sitz der Sprachproduktion. Es wird ihm zu Ehren als „Broca-Areal" oder „motorisches Sprachzentrum" bezeichnet. Über seine Lage und Größe gibt es bis heute Diskussionen (Karnath & Thier, 2006).

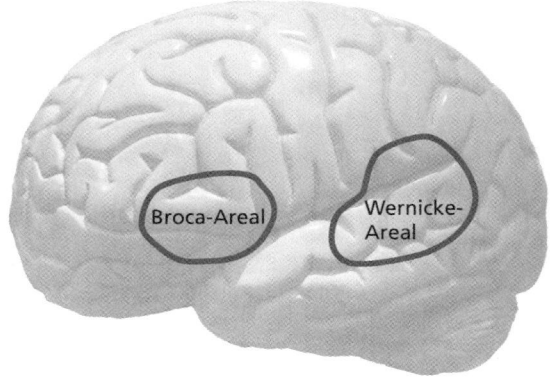

Abb. 3: Broca-Areal und Wernicke-Areal

Der deutsche Neurologe und Psychiater Carl Wernicke (1848–1905) beschrieb ebenfalls anhand von Patientenstudien einen umgrenzten Bereich im linken Scheitellappen als Zentrum des Sprachverständnisses, das nach ihm benannte „Wernicke-Areal" oder „sensorische Sprachzentrum". Bei einer Schädigung des Wernicke-Areals treten bei den Betroffenen Schwierigkeiten auf, korrekte Wörter zu bilden, z.B. „Spille" statt „Spinne", oder die passenden Wörter in einen Satz einzufügen.

5.2

Aktueller Forschungsstand

Lange Zeit hindurch wurden das Broca-Areal als einziger Ort der Sprachproduktion sowie das Wernicke-Areal als einziger

Ort des Sprachverständnisses anerkannt. Moderne bildgebende Verfahren konnten jedoch die Beteiligung von bis zu neun Arealen an der Sprachverarbeitung zeigen (Karnath & Thier, 2006). Diese Areale liegen nicht nur auf der Großhirnrinde, sondern zum Teil auch darunter. Ihr Zusammenspiel ist jedoch bis heute nicht restlos erforscht (Kutas, 2000; Dąbrowska, 2004).

Neben den eigentlichen sprachlichen Arealen, in denen Wörter und Grammatik verstanden und produziert werden, sind an der Sprachverarbeitung noch weitere Strukturen beteiligt. Dazu gehören die Hörrinde, jenes Areal, das Sprache und andere akustische Reize verarbeitet, sowie Gedächtnissysteme, um sich an die Bedeutung von Wörtern zu erinnern und dadurch dem Gehörten Sinn zu verleihen. Weiters werden die motorischen Bereiche der Großhirnrinde aktiviert, die das Zusammenspiel der zum Sprechen notwendigen Muskeln und Bänder koordinieren. Auch das „Heraushören" der Emotionslage des Gegenübers sowie Mimik und Gestik werden parallel zur Sprache verarbeitet (Hermann & Fiebach, 2004).

5.3

Die Beteiligung der beiden Gehirnhälften an der Sprachverarbeitung

Da sowohl Broca als auch Wernicke der linken Gehirnhälfte die Sprachfähigkeit zuordneten, hielt sich die Vorstellung lange aufrecht, nur die linke Gehirnhälfte sei für Sprache zuständig. Tatsächlich verarbeiten ca. 97% aller Menschen Sprache vorwiegend in der linken Gehirnhälfte. Dies schließt jedoch die Beteiligung der zweiten Hälfte nicht aus. Im Gegenteil, viele Untersuchungsergebnisse deuten auf die gleichzeitige und zum Teil gleichwertige Beteiligung beider Gehirnhälften an der Sprachverarbeitung hin. Zu manchen Leistungen ist die rechte Hälfte selbstständig fähig, wie etwa zum Erkennen und Erzeugen der Satzmelodie, der Betonung von Wörtern oder des Tonfalls (Birbaumer & Schmidt, 1999).

Von Geburt an kann allerdings eine Bevorzugung der linken Gehirnhälfte für die Verarbeitung sprachlicher Reize beobachtet werden. Bei Schädigungen der linken Gehirnhälfte übernehmen andere Areale die Sprachverarbeitung. Je früher die Schädigung auftritt, umso leichter und flexibler kann das Gehirn den Schaden ausgleichen und andere Hirnregionen für die Verarbeitung von Sprache einsetzen (Bates, Thal & Janowsky, 1992; vgl. Kapitel 4.3).

5.4

Parallelen zwischen Gehirnentwicklung und Sprachentwicklung

In der Entwicklung der Sprachfähigkeit lassen sich Parallelen zur Entwicklung des Gehirns aufzeigen. Veränderungen in der Hirnstruktur wirken sich ebenfalls auf das

Verhalten bzw. auf die Fähigkeiten eines Menschen aus (Szagun, 2001).

Im Alter von acht bis neun Monaten treten auffällige Änderungen im Kommunikationsverhalten von Kindern auf. Auslöser dafür könnte die Ausbildung synaptischer Verschaltungen zwischen weit voneinander entfernt liegenden Hirnstrukturen sein. Diese Verbindungen ermöglichen das Verstehen von Wörtern, „buntes" Lallen sowie die gezielte Nachahmung von Gehörtem. Auch Wort- und Satzgrenzen werden in diesem Alter schon wahrgenommen.

Zwischen 16 und 24 Monaten kann erneut eine Phase verstärkter Synapsenbildung beobachtet werden. Am kindlichen Sprachverhalten fallen einerseits das deutliche Anwachsen des Wortschatzes sowie andererseits die sich rasch entwickelnde Fähigkeit zur Wortkombination, das heißt zum Bilden von Zweiwortsätzen, auf.

Ebenso plötzlich setzt der Grammatikerwerb im Alter zwischen 24 und 28 Monaten ein. Gleichzeitig entwickelt das Kind weitere sprachliche Fähigkeiten, wie etwa das Erkennen von Ober- und Unterbegriffen.

Mit vier Jahren ist die Entwicklung der Erstsprache meist weit fortgeschritten. Der rasche Zuwachs an Vokabeln und Grammatikwissen verlangsamt sich wieder und das sprachliche Verhalten festigt sich. Dies geht mit einer Stabilisierung der synaptischen Verbindungen einher. Zeitgleich reduziert das Gehirn den hohen Energieverbrauch, der bislang zur Verarbeitung und Produktion von Sprache notwendig war (Johnson, 1997; vgl. Kapitel 2.2).

Die erstaunlich rasche sprachliche Entwicklung wird auf die komplexen Verschaltungen der unterschiedlichen Hirnregionen zurückgeführt, die im Kleinkindalter entstehen. Dies ist jedoch nicht die einzige Voraussetzung: Ohne sprachliche Anregungen und ohne Austausch mit der Umwelt kann sich Sprache nicht entwickeln (Bates et al., 1992).

5.5

Mehrsprachigkeit aus neurobiologischer Sicht

Potenziell ist jedes Kind in der Lage, eine zweite oder sogar eine dritte Sprache korrekt und akzentfrei zu erlernen.

Der Zeitpunkt des Fremdspracherwerbs wirkt sich auf die Entwicklung der Hirnstruktur aus: Bei frühzeitiger Zwei- oder Mehrsprachigkeit werden alle Sprachen im gleichen Hirnareal vernetzt und verarbeitet. Wird eine Fremdsprache erst im Jugendalter erlernt, so beansprucht jede Sprache für sich ein eigenes Hirnareal. Jugendliche müssen also für jede weitere Sprache ein neues Hirnareal erschließen, was einen höheren Energieaufwand für das Gehirn beim späten Fremdspracherwerb bedeutet (Nitsch, 2001). Aus Sicht der Neurobiologie ist daher ein frühes Fremdsprachenlernen von Vorteil.

5.6 Grenzen des Spracherwerbs

Neurowissenschafterinnen und -wissenschafter gehen von einer leichteren Erlernbarkeit von Sprache in jungen Jahren aus. Diese Fähigkeit nimmt mit dem Alter ab, wobei ein definitiver Endpunkt des Spracherwerbs nur schwer bestimmt werden kann. Oftmals gilt das Jugendalter als Obergrenze (Lenneberg, 1967; Newport, 1990). Für den Erwerb der Sprache wird deshalb eine sensible Entwicklungsphase angenommen.

Hinweise auf eine zeitliche Begrenzung der Möglichkeit zum Spracherwerb können aus den Beobachtungen so genannter „Wolfskinder", das sind schwer verwahrloste Kinder, gezogen werden. Ein jüngeres Beispiel ist aus Kalifornien bekannt, wo 1970 das 13-jährige Mädchen Genie entdeckt wurde, das den größten Teil seines Lebens festgebunden in einem abgedunkelten und schallgedämpften Raum verbringen musste. Jede von Genies Lautäußerungen wurde mit Schlägen bestraft. Neben vielen anderen schwerwiegenden Beeinträchtigungen wies Genie auch eine verzögerte Sprachentwicklung auf. Zum Zeitpunkt ihrer Entdeckung mit 13 Jahren glich ihr Wortschatz dem eines 18 Monate alten Kindes und umfasste lediglich 20 Wörter. Nach einem Jahr intensiver medizinischer sowie psychologischer Betreuung hatte sich ihr Wortschatz enorm vergrößert. Ihre Grammatikfähigkeiten blieben hingegen auf dem Niveau eines 18 bis 20 Monate alten Kindes zurück, sodass sie lediglich Zweiwortsätze bilden konnte (Curtiss, 1977).

Beobachtungen dieser Art unterstützen die Annahme, dass Sprache nicht mehr erlernt werden kann, wenn bis zum Jugendalter kein sprachlicher Input erfolgte. Allerdings wird dadurch nicht die Existenz einer sensiblen Phase für den Spracherwerb belegt: So könnten Wolfskinder auch auf Grund der langen sozialen Isolation unfähig sein, Sprache zu erwerben (Szagun, 2001).

Wie am Beispiel von Genie ersichtlich, führt eine Störung oder Behinderung des Spracherwerbs zwar zu einer mehr oder weniger starken Verzögerung, nicht jedoch zu einem Ausbleiben der Sprachentwicklung. Diese Beobachtung spricht für eine außerordentliche „Robustheit" der Sprache gegenüber hemmenden Einflussfaktoren.

Hinweise auf eine sensible Phase der Sprachentwicklung können weiters aus den Erkenntnissen über den Fremd- bzw. Zweitspracherwerb gezogen werden. Das Erlernen einer weiteren Sprache zusätzlich zur Erstsprache vor dem siebten Lebensjahr führt unter günstigen Bedingungen zu einem hohen Sprachniveau in der neuen Sprache. Die akzentfreie Aussprache sowie die Beherrschung der Grammatik können mit der Erstsprache verglichen werden. Wird mit dem Erlernen einer Fremdsprache erst in der Pubertät begonnen, müssen Grammatikregeln bewusst erlernt werden und eine akzentfreie Aussprache wird meist nicht mehr erreicht (Petermann et al., 2004).

5.7 Konsequenzen für den Kindergarten

Vor dem Hintergrund neurobiologischer Erkenntnisse sollte bei der Sprachförderung im Kindergarten im Sinne der transaktionalen Wechselbeziehungen auf folgende Aspekte besonderer Wert gelegt werden:

- häufige und hochwertige sprachliche Zuwendungen,
- ein demokratischer Erziehungsstil und der regelmäßige Einbezug der Kinder in Gespräche,
- die Berücksichtigung des kulturellen Umfelds und der Familie der Kinder,
- das individuelle Eingehen auf die Äußerungen der Kinder,
- gute Sprachvorbilder – Kinder verstehen beispielsweise bestimmte grammatikalische Konstruktionen umso besser, je öfter diese in der erwachsenen Sprache vorkommen (Dąbrowska, 2004).

Um eine hohe pädagogische Qualität zu gewährleisten, geben Tietze und Viernickel (2007) bzw. Tietze, Schuster, Grenner, und Roßbach (2007) ähnliche Empfehlungen:

- eine Vielfalt von kommunikativen Situationen im Kindergarten,
- Zeit und Raum für die Kinder, ihren Interessen nachzugehen und über Erfahrungen und Vorstellungen zu berichten,
- eine Gesprächsatmosphäre, die von Akzeptanz, Vertrauen, Offenheit, Ermutigung und Freundlichkeit geprägt ist,
- das sprachliche Vorbild des pädagogischen Teams in Aussprache und differenziertem Ausdruck,
- eine breite Auswahl an Büchern, die an die Interessen der Kinder angepasst ist,
- die Verbindung von gesprochener und geschriebener Sprache,
- individuell abgestimmte Gesprächssituationen, die zu längeren und komplexeren Antworten herausfordern,
- die kognitive Förderung durch Sprache.

Allerdings können Kinder in ihrem Spracherwerb auch behindert werden. Zu den Einflüssen, die den Spracherwerb verzögern, zählen beispielsweise:

- ein geringes Ausmaß an sprachlichen Anregungen,
- ein direktiver Erziehungsstil, der Kinder kaum zu einer aktiven Rolle in gemeinsamen Gesprächen auffordert,
- eine geringe Qualität des sprachlichen Inputs (z.B. falsche grammatikalische Strukturen) sowie
- eine vernachlässigende Erziehung (Dąbrowska, 2004).

6

Lernmethodische Kompetenzen im Vorschulalter

Jeder erfolgreiche Lernprozess trägt neben dem Wissenserwerb auch zur Bildung von Lernpotenzialen und Lernstrategien bei. Bildungsprozesse in der frühen Kindheit bilden die Basis für lebenslanges Lernen (Stadelmann, 2004).

Nicht zu Unrecht wird unsere derzeitige Gesellschaftsform häufig als „Wissens-" oder „Informationsgesellschaft" bezeichnet, werden wir doch innerhalb einer Woche mit mehr Informationen konfrontiert, als noch wenige Generationen vor uns während ihres ganzen Lebens (Siebert, 1999).

Nicht nur die Menge an Wissen nimmt stetig und immer rascher zu, das aktuelle Wissen wird auch laufend ergänzt, verworfen oder neu formuliert. Die Anforderungen in der Wissensgesellschaft bestehen somit nicht länger aus einer Ansammlung von Faktenwissen; vielmehr ist es notwendig, aus der Fülle an Informationen die wichtigen auswählen zu können, das eigene Wissen zu verwalten und lebenslang lernfähig zu bleiben. Dazu sind lernmethodische Kompetenzen erforderlich, deren Entwicklung bereits im Kindergarten unterstützt werden kann. Dabei ist zu beachten, dass sich ein Bewusstsein der Kinder über ihre eigenen Lernprozesse und -kompetenzen „erst allmählich und nur in Grundzügen anbahnt" (Senatsverwaltung für Bildung, Jugend und Sport Berlin, 2004, S. 26).

6.1

Das Verständnis von Lernen in der Wissensgesellschaft

Lernen sollte nicht als ein Auswendiglernen von Fakten missverstanden werden. Es setzt die aktive Teilnahme der Kinder sowie ihre innere Beteiligung voraus. Vor dem Hintergrund neurobiologischer Erkenntnisse spricht sich Stadelmann (2004, S. 174) für „eigenverantwortliche, selbstgesteuerte, bewusst gewollte, emotionsbegleitete" Bildungsprozesse aus. Vom Kind selbst gesteuerte Aktivitäten sowie Bildungserfahrungen mit allen Sinnen unterstützen und fördern die lebenslange Lernfähigkeit des Gehirns.

Lernprozesse sollen Handlungsfähigkeit vermitteln, also dazu beitragen, weitere Kompetenzen und Lernstrategien aufzubauen, um alltägliche Anforderungen besser bewältigen zu können.

Zu den Aufgaben der Kindergarten- und Grundschulpädagogik in einer Wissensgesellschaft zählen daher neben der Förderung der Selbst-, Sozial- und Sach-Kompetenz die Förderung lernmethodischer Kompetenzen (Hartmann et al., 2006; Senatsverwaltung für Bildung, Jugend und Sport Berlin, 2004). Diese werden als Schlüsselqualifikationen für lebenslange Bildungs- und Lernprozesse verstanden (Lehner & Baselt, 2006).

6.2

Die Bedeutung lernmethodischer Kompetenzen für das lebenslange Lernen

Die Basis lernmethodischer Kompetenzen ist das Bewusstsein, „**dass** man lernt, **was** man lernt und **wie** man lernt" (Gisbert, 2002, S. 12). Zu wissen, „dass man lernt" bedeutet, sich der vielen Lern- und Bildungsmöglichkeiten im Alltag bewusst zu sein: Gelernt wird nicht nur, wenn es beabsichtigt wird! Sich bewusst zu machen, „was man lernt", stellt sicher, dass der Lerninhalt verstanden wurde. Zu erkennen, „wie man lernt", unterstützt die Entwicklung förderlicher Lernstrategien.

Um sein Lernverhalten zu erforschen, ist es notwendig, über das eigene Lernen nachzudenken. Dieser wichtige Schritt in der Entwicklung lernmethodischer Kompetenzen wird als Meta-Kognition bezeichnet. Darunter wird das Planen und Beurteilen der eigenen Denk- und Lernprozesse verstanden, beispielsweise die Bewertung, wie erfolgreich einzelne Lernstrategien eingesetzt wurden. Diese Fähigkeiten können schon im Vorschulalter angebahnt werden und tragen dazu bei, ein Verständnis für das eigene Lernverhalten aufzubauen, d.h. zu wissen, wo diesbezüglich die eigenen Stärken sowie Schwächen liegen (Brown, 1997; Hasselhorn, 2001).

Viele Bildungspläne für den Kindergarten betonen die Bedeutung lernmethodischer Kompetenzen. Beispielhaft werden im Folgenden die Curricula aus Bayern und Berlin vorgestellt.

6.2.1

Lernmethodische Kompetenzen am Beispiel des Bayerischen Bildungs- und Erziehungsplans

Im Bayerischen Bildungs- und Erziehungsplan werden lernmethodische Kompetenzen in drei Kategorien eingeteilt:

♦ „Kompetenzen, neues Wissen bewusst selbst gesteuert und reflektiert zu erwerben": Dazu zählen die Fähigkeiten, neue Informationen gezielt zu beschaffen sowie neues Wissen zu verarbeiten und zu begreifen. Bei selbstgesteuerten Bildungsprozessen bestimmt das Kind, was es wann und wie lange, wo und auf welche Art und Weise lernen will.

♦ „Kompetenzen, neues Wissen anzuwenden und zu übertragen": Die Kompetenz, neues Wissen anzuwenden und in Handlungen umzusetzen, stellt sicher, dass das erworbene Wissen die Handlungsspielräume sowie Kompetenzen der Kinder erweitert. Dazu ist es erforderlich, neben den eigentlichen Bildungsinhalten auch zu vermitteln, in welchen Situationen ihr Wissen anwendbar ist. Werden diese Anwendungsbezüge nicht mitgelernt, bleibt das Wissen „träge", d.h. abstrakt und nicht verinnerlicht und führt zu keiner Steigerung der Kompetenzen des Kindes.

- „Kompetenzen, die eigenen Lernprozesse wahrzunehmen, zu steuern und zu regulieren (meta-kognitive Kompetenzen)": Durch gezielte Anleitung und bewusstes Nachfragen der Fachkräfte werden die Kinder angeregt, über das eigene Lernverhalten und ihre Denkprozesse nachzudenken. Das befähigt sie unter anderem dazu, verschiedene Lernwege zu erproben. Meta-kognitive Kompetenzen tragen letztlich dazu bei, die eigenen Leistungen zutreffend einschätzen und würdigen zu können.

(Bayerisches Staatsministerium für Arbeit und Sozialordnung, Familie und Frauen & Staatsinstitut für Frühpädagogik, 2006, S. 66f.).

6.2.2

Lernmethodische Kompetenzen am Beispiel des Berliner Bildungsprogramms

Im Berliner Bildungsprogramm werden für den Bereich „Kommunikation: Sprachen, Schriftkultur und Medien" u.a. folgende lernmethodische Kompetenzen angeführt:

- nach der Bedeutung von Wörtern oder Sätzen fragen,
- wissen, dass unterschiedliche Situationen unterschiedliche Kommunikationsstrategien erfordern,
- Medien als Informationsquelle benutzen können,
- Informationen aus unterschiedlichen Quellen zusammentragen (Gespräche, Bücher, Internet etc.),
- Prinzipien von Zeichen- und Symbolsystemen verstehen sowie Informationen auf den Grund gehen.

(Senatsverwaltung für Bildung, Jugend und Sport, Berlin 2004, S. 28).

6.3

Die Förderung lernmethodischer Kompetenzen im Kindergarten

In der Förderung von Bildungsprozessen und lernmethodischen Kompetenzen sieht Pramling (1990) die wichtigste Aufgabe des Kindergartens.

Kinder bedürfen der Unterstützung durch Erwachsene, um lernmethodische Kompetenzen und insbesondere ihre metakognitiven Fähigkeiten zu entfalten. Der erste Schritt liegt im Bewusstwerden der eigenen Denkvorgänge. Kinder müssen erst auf ihre gedanklichen Prozesse aufmerksam gemacht werden, um diese bewusst wahrnehmen sowie weiterentwickeln zu können (Bransford, Brown & Cocking, 1999).

6.3.1

Das Denken entwickeln

Im Kleinkindalter denken Kinder häufig noch laut: Sie erzählen ihre Gedanken, kommentieren ihr Verhalten, stellen Fragen während sie sich mit einem Gegenstand beschäftigen. Pädagoginnen und Pädagogen können durch genaues Zuhören den kognitiven Entwicklungsstand der Kinder erkennen. Sie können die Entwicklung des kindlichen Denkens fördern, indem sie

- Kinder mit neuen Situationen, Problemen und Fragestellungen konfrontieren,
- erfragen, was Kinder darüber wissen, denken und vermuten,
- falsche Vorstellungen hinterfragen bzw. fehlerhafte kindliche Hypothesen durch die weitere Beschäftigung mit der Sache oder dem Thema offen legen (Textor, 2005).

6.3.2

Meta-kognitive Lernarrangements

Das Ziel meta-kognitiver Lernarrangements ist es, Lernen, Verstehen und Wissensaneignung effizient zu unterstützen und die Entwicklung von lernmethodischen Kompetenzen zu fördern. Um dies im Kindergarten zu erreichen, sollten die Fachkräfte bei der Durchführung von Projekten zusätzlich zu den Inhalten auch die Struktur des Projekts sowie die Lernprozesse der Kinder berücksichtigen (Gisbert, 2002). Das bedeutet, Kinder beschäftigen sich nicht nur mit dem gewählten Thema selbst (z.B. Bauernhof), sondern werden auch auf die Struktur des Projekts hingewiesen – z.B. welche Aktivitäten fallen in den Rahmen des Projekts. Darüber hinaus werden sie von den Fachkräften unterstützt, über ihre Lernprozesse nachzudenken und durch Fragen angeleitet wie: „**Was** habt ihr bei diesem Projekt gelernt?" oder „**Wie** habt ihr etwas Neues gelernt?" Dies geschieht im Rahmen der Reflexionsphasen während und am Ende eines Projekts. Die Kindergartenpädagoginnen und -pädagogen übernehmen die Aufgabe, „die Gespräche und Aktivitäten der Kinder zu lenken, ihre Aufmerksamkeit in der Reflexionsphase auf ihre Lernprozesse zu richten und sie auch als solche zu bezeichnen" (Gisbert, 2002, S. 12).

6.3.3

Die Rolle der Erwachsenen

Wie in vielen anderen Bereichen erfüllen Pädagoginnen und Pädagogen bei der Entwicklung lernmethodischer Kompetenzen Vorbildfunktion, indem sie

- selbst als Lernende auftreten und gemeinsam mit den Kindern auf die Suche nach Antworten und relevanten Informationen gehen (durch Befragung anderer Erwachsener, Suche in Büchern oder im Internet etc.),

- sich vor den Kindern oder gemeinsam mit ihnen Wissen aneignen und dabei ihre eigenen Lernstrategien und -prozesse beschreiben,

- den Kindern berichten, wenn sie selbst etwas dazugelernt haben, z.B. im Rahmen einer Fortbildung oder eines Museumsbesuches oder durch das Lesen eines Buches,

- mit Herausforderungen positiv umgehen und Fehler als Lernchancen wahrnehmen,

- Bildungsprozessen und kindlichem Wissensdurst mit Wertschätzung begegnen und diese Haltung auch bei den Kindern fördern (Textor, 2005; Finsterwald & Grassinger, 2006).

Die pädagogischen Fachkräfte im Kindergarten nehmen weiters die Rolle von Lernbegleiterinnen und Lernbegleitern ein. In ihrer Verantwortung liegt die Gestaltung einer lernförderlichen Umgebung sowie der transaktionalen Austauschprozesse zwischen Kindern und Erwachsenen, indem relevante Themen der Kinder aufgegriffen, weitergeführt und vertieft werden. Darüber hinaus hat der Kindergarten den Auftrag, Bildungsherausforderungen für Kinder zu schaffen. Das bedeutet, Kindern auch Themen näher zu bringen, die aus Sicht der Erwachsenen bedeutend erscheinen und denen Kinder in ihrer Lebenswelt nicht begegnen. Kneidinger formuliert dies als „Recht der Kinder auf die Sichtweisen und das Wissen Erwachsener" (2006, S. 11).

Das Hauptaugenmerk der Pädagoginnen und Pädagogen bei der Förderung von lernmethodischen Kompetenzen sollte vor allem darauf liegen, die Freude am Fragen, am Experimentieren, am Entdecken, am Suchen nach Problemlösungen in einer angstfreien Atmosphäre zu ermöglichen und aufrecht zu erhalten.

Auf diese Weise können transaktionale Austauschprozesse zwischen den Kindern und der Umwelt Kindergarten stattfinden. Kinder können objektives Sachwissen erwerben und mit ihren eigenen Ideen im Sinne der Subjektivierung verknüpfen. Sie gestalten Prozesse und Produkte durch aktive Auseinandersetzung und vergegenständlichen schließlich ihre Erfahrungen, d.h. sie produzieren neue Werke in Form von Zeichnungen, Bauwerken, Spielprojekten etc. Dabei stärken sie sowohl ihre lernmethodischen Kompetenzen als auch ihre Sach-Kompetenz gepaart mit ihrer Selbst- und Sozial-Kompetenz (Hartmann et al., 2006). Durch mehrmaliges Wiederholen werden Abläufe zunehmend automatisiert und Gedächtnisspuren vertieft. Den Erwachsenen kommt die Aufgabe zu, Kindern ihre eigenen Bildungs- und Lernprozesse bewusst zu machen, um ihre metakognitiven Strategien zu fördern.

Sprachförderung in der Praxis

7

Sprachförderung in der Erst- und Zweitsprache

Willkommen im Kindergarten!
Yuvaya hoşgeldiniz!
Dobro došli u dječiji vrtić!

Mit diesem Willkommensgruß soll allen, die in den Kindergarten kommen, gleich beim Eintreten vermittelt werden: „Du bist willkommen, so wie du bist, mit all deinen Vorerfahrungen, deinen Kompetenzen, deinen Erwartungen und Ängsten und den Worten, mit denen du all dies ausdrückst!" So oder so ähnlich könnte dieser Gruß als wichtiger Aspekt des Leitbilds und der Haltung eines Kindergartenteams „übersetzt" werden.

Die Zusammensetzung österreichischer Kindergartengruppen hat sich in den letzten Jahren deutlich verändert. Immer jüngere Kinder, immer mehr Kinder mit verschiedenen Erstsprachen und mit unterschiedlichem Lebenshintergrund besuchen miteinander den Kindergarten.

Eine aktuelle Anforderung an den Kindergarten ist daher nicht nur die Unterstützung von Kindern beim Erwerb der Erstsprache, sondern auch einer zweiten Sprache. Das bedeutet einerseits, dafür zu sorgen, dass die Entwicklung der Erstsprache nicht unterbrochen wird, und andererseits, die Kinder beim Erlernen der deutschen Sprache zu begleiten.

7.1

Spracherwerb

„Der Spracherwerb ist besonders in seinen vorsprachlichen Anfängen innerhalb der ersten Phase des Spracherwerbs ein emotional gesteuertes Lerngeschehen." (Kuhn, 2006, S. 5). Sprechenlernen ist nur durch die Beziehung zu anderen Menschen möglich. Hören und Gehörtwerden sind die Voraussetzungen dafür, um Sprache überhaupt erwerben zu können. Daher bilden soziale Interaktionen die Basis beim Erwerb kommunikativer Kompetenzen: Die Bezugspersonen passen ihr Verhalten in einem dialogischen Miteinander dem des Kindes an, imitieren das Kind, spiegeln z.B. Gesichtsausdrücke wider und wirken dadurch verstärkend und bejahend. In ihren Interaktionen geben sie dem Kind Antworten, ergänzen seine Äußerungen, verwenden neue Begriffe und erweitern so laufend seinen aktiven und passiven Wortschatz (Kuhn, 2006; Sander & Spanier, 2003).

Je jünger ein Kind oder je fremder ihm die Sprache ist, umso wichtiger sind positive emotionale Beziehungen beim Spracherwerb. Dies muss vor allem in alterserweiterten Gruppen mit sehr jungen Kindern und in Gruppen von Kindern mit unterschiedlichen Erstsprachen beachtet werden.

Ein gelungener Spracherwerb gibt dem Kind Vertrauen zu sich und seiner Umwelt und ermöglicht ihm, Wissen über sich und die Welt zu erwerben (Elschenbroich, 2001).

Negative Emotionen wie Stress, Angst oder Ablehnung führen zur Entstehung eines ungünstigen Lernklimas und verhindern Spaß und Freude sowie die Motivation zum Weitertun. Die Beachtung und das Wissen um diese Aspekte sind insbesondere für den Kindergarten wichtig, weil der Erwerb einer Zweitsprache unter denselben günstigen Bedingungen wie der Erwerb der ersten Sprache erfolgen sollte.

7.1.1

Fördernde Aspekte für den Spracherwerb

Folgende Aspekte sind sowohl für den Erstspracherwerb als auch für das spätere Erlernen einer zweiten Sprache von wesentlicher Bedeutung (Kuhn, 2006; Sander & Spanier, 2003):

- ***Positive emotionale Kontakte beim Sprechen mit dem Kind:*** Blickkontakt, körperliche Zugewandtheit und Offenheit sowie vom Kind gewünschter Körperkontakt fördern kommunikative Prozesse. Positive nonverbale und verbale Antworten wie Lächeln, Nicken oder kurze bestätigende Worte, ermuntern zum Weitersprechen und geben dem Kind Sicherheit.

- ***Anregungen zur sensorischen Wahrnehmung:*** Beim Sprechen sollten vor allem junge Kinder die Möglichkeit zum Beobachten von Gesicht und Mund der Sprechenden erhalten. Die Mund- und Zungenmotorik kann durch Möglichkeiten zum Lutschen und Saugen sowie durch mundmotorische Spiele angeregt und trainiert werden.

- ***Nachahmung und Erweiterung der kindlichen Äußerungen:*** Laute und erste wortähnliche Äußerungen der Kinder werden wiederholt und interpretiert – meist durch die Wiedergabe des ganzen Wortes. Dieses kann in einfache Sätze oder Handlungen, wie Füttern, Berühren der genannten Körperteile oder Zeigen des konkreten Gegenstandes eingebunden werden.

- ***Hier-und-jetzt-Gespräche:*** Fast alle Gespräche mit jüngeren Kleinkindern finden in der Gegenwartsform und bezogen auf aktuelle Situationen statt. Gesprochen wird darüber, was das Kind im Hier und Jetzt wahrnehmen kann. Beim Spielen oder Werken werden z.B. das Material oder der Handlungsablauf beschrieben, bei einem Ausflug die Umgebung, die vielfältigen Eindrücke in der lauten und dunklen U-Bahn-Station oder Gefühle, die beim Kind wahrgenommen werden.

- ***Das Sprechtempo:*** Insbesondere bei Gesprächen mit Kleinkindern oder Kindern, die eine zweite Sprache erwerben, ist ein langsameres Sprechtempo wichtig. Zu rasches und undeutliches Sprechen wird nicht differenziert genug wahrgenommen, um eine Aussage in vollem Umfang verstehen zu können.

- ◆ **Die Syntax:** Der Satzbau ist anfangs einfach, die Sätze sind kurz, meist auf Verb, Subjekt oder Objekt mit Artikel und einfache Beifügungen beschränkt: „Schau, die liebe Katze …", „Der Ball ist aber groß …" In Vorlesesituationen oder beim Erzählen kann der Satzbau vielfältiger und differenzierter sein. Bilder, der Erzählverlauf und Wiederholungen helfen den Kindern beim Verstehen und beim Erwerb neuer und schwierigerer Formulierungen.

- ◆ **Den kindlichen Wortschatz aufbauen und erweitern:** Eine ständige Zunahme und Differenzierung der Ausdrucksfähigkeit des Kindes erfolgt durch die Einführung neuer Begriffe und Wörter. Diese sollten möglichst anschaulich und im Zusammenhang mit Aktivitäten vermittelt werden: z.B. bei Fingerspielen, Sprüchen, durch immer wiederkehrende Wortwendungen in Geschichten oder beim Hantieren mit Spiel- und Arbeitsmaterialien.

- ◆ **Sprachliches Vorbild geben:** Eine korrekte Wortwahl, Aussprache und Grammatik der Erwachsenen ist auch dann wichtig, wenn dies dem aktiven Sprachvermögen des Kindes scheinbar noch nicht entspricht.

- ◆ **Eine kindgerechte, aber nicht kindische Sprache sprechen:** Das Niveau der Wortwahl und des Satzaufbaus der Erwachsenen sollte höher als das des Kindes sein. Daher ist es insbesondere in Gruppen mit sehr unterschiedlichem Sprachniveau wichtig, dass ausreichend Zeit für viele Einzel- oder Kleingruppengespräche gegeben ist. Die Auswahl auditiver Medien sollte dahingehend erfolgen, dass die Kinder weder unter- noch überfordert werden.

- ◆ **Auf den Inhalt einer Aussage, nicht auf die Fehler achten:** „Zwei Regeln beim Gespräch mit Kindern sind: Inhalt ist wichtiger als Form, Verbessern ist nicht angebracht. Verbessern ist keine angemessene Form der Sprachförderung" (Ulich, 2005, S. 25). Im Zuge des Erst- und Zweitspracherwerbs sind viele „Fehler" in der Grammatik oder der Syntax entwicklungsbedingt und vorübergehend. Die Pädagogin bzw. der Pädagoge sollte in interessierter und wertschätzender Weise antworten und nachfragen, wenn etwas nicht verstanden wurde. Fehler werden vorerst nicht korrigiert. Erst bei der Beantwortung einer Frage oder beim indirekten Korrigieren wird die Aussage des Kindes aufgegriffen, ev. wiederholt und korrekt in den weiteren Dialog übernommen. Wichtig ist es, die Sprechfreude des Kindes zu erhalten und den kommunikativen Aspekt der Sprache zu betonen.

- ◆ **Aufbau einer guten Gesprächskultur:** Durch Vorbild und entsprechende Hinweise sollte den Kindern immer wieder vermittelt werden, einander nicht ins Wort zu fallen, die Gesprächspartnerinnen und -partner ausreden zu lassen oder abzuwarten, bis ein Gespräch beendet ist. Eine unbedingt notwendige Gesprächsunterbrechung sollte den Kindern angekündigt und eine Fortsetzung verbindlich zugesagt werden.

- *Sich Zeit nehmen und Geduld haben:* Das Kind sollte aussprechen und nachdenken sowie seine Sätze selbst beenden können. Die Erwachsenen können nach Details oder Reihenfolgen fragen, wenn etwa eine Geschichte unstrukturiert erzählt wird oder wenn das Kind den Faden verliert: „Was geschah bevor …?", „Was war dann?", „Was tat das Babykätzchen, während seine Mama spazieren ging?" Offene Fragen fordern zum Formulieren längerer und differenzierterer Antworten heraus, etwa: „Was hast du denn am Sonntag gemacht?" Dies motiviert zum Erzählen und vermittelt dem Kind: „Ich interessiere mich, wie du den Tag verbracht hast, ich höre dir zu."

- *Individuelle Unterschiede der Sprachentwicklung akzeptieren:* Die Sprachentwicklung der Kinder kann sehr unterschiedlich verlaufen. Jedem Kind sollte sein eigenes „Entwicklungstempo" zugestanden werden. Aufmerksame Beobachtung und Dokumentation können Auskunft darüber geben, ob zusätzliche Förderangebote nützlich sein könnten bzw. eine logopädische Fachkraft zugezogen werden sollte oder anspruchsvollere Materialien und Anregungen notwendig sind.

- *Sprachanregende und -unterstützende Umgebung und Situationen:* Entspanntheit und Ausgeglichenheit der Gesprächspartnerinnen und -partner, ein geschützter Raum sowie ein geringer Geräuschpegel unterstützen und fördern Sprachlernprozesse.

Bilderbücher und Spiele sind unverzichtbare Bildungsangebote zur Begleitung des kindlichen (Zweit-)Spracherwerbs:

- ☺ Babars ABC (Brunhoff, 1995). Ein Wörtersuchspiel mit deutschen, englischen und französischen Begriffen.

- ☺ Ich bin einmalig! Kannst du mich finden? (Padmanabhan, 2007). Ein Suchbilderbuch in 16 Sprachen. Mit Aussprachetipps.

- ☺ PONS Wie sagst du dazu? Englisch – Türkisch. Bilder erkennen und benennen (Heyen, 2005). Große, klare Fotos und die entsprechenden Begriffe in Deutsch, Englisch und Türkisch.

- ☺ Meine allerersten Wörter (Spanner, 2005). Ein bebildertes Wörterbuch für die Allerjüngsten.

- ☺ Erste Bilder. Erste Wörter. Deutsch – Türkisch (Spanner, 2004). Einfache Bilder mit englischen und türkischen Bezeichnungen.

- ☺ Das Körper-Bilder-Buch (Houblon, 2006). Viele Fotos berühmter Fotografen zum Thema Körper.

- ☺ Piccobello. Auf die Kleider, fertig, los! Buntes Wäschespiel zur Erweiterung des Wortschatzes im Bereich Anziehen und Kleidung.

- ☺ Ratzolino und Ratz Fatz. Haba-Spiele zur Förderung der Aufmerksamkeit und des Wortschatzes.

- Varimix. Variables Lernspielset für Kindergarten und Vorschule (Feiner, 2005). Dieses Lernspielset, das durch einen ausführlichen Begleitband ergänzt wird, bietet Anregungen und Unterlagen für die verschiedenen Bildungsbereiche, v.a. aber zur Sprachförderung, wie z.B. Bildkochrezepte oder Dilemmakärtchen, an Hand derer Situationen aus dem eigenen Erfahrungsschatz diskutiert werden können.

Fachliteratur zur Unterstützung bei der Sprachförderung:

- 📖 ↪ Sprachförderung im Kindergarten. Julia, Elena und Fatih entdecken gemeinsam die deutsche Sprache. Materialien und praktische Anleitung (Tophinke, 2003).
- 📖 ↪ Ganzheitliche Sprachförderung. Ein Praxisbuch für Kindergarten, Schule und Frühförderung. Mit Kopiervorlagen (Lentes & Thiesen, 2004).
- 📖 ↪ Spielzeug Sprache. Ein Werkstattbuch (Kohl, 2006).
- 📖 ↪ Sprache. Der Schlüssel zur Welt. Spiele und Aktionen zur ganzheitlichen Sprachförderung (Walter, 2003).
- 📖 ↪ Fischers Fritz und Schneiders scharfe Schere. Spielideen zur Sprachförderung. Erzieherinnen fördern Kinder (Biermann, 2002).
- 📖 ↪ Sprach-Förder-Spiele (Erkert, 2003).
- 📖 ↪ Aquaka della Oma (Hering, 1998). Sprüche und Sprachspielereien, auch als CD erhältlich.
- 📼 ↪ Lust auf Sprache. Sprachliche Bildung und Deutschlernen in Kindertageseinrichtungen. Video mit Begleitheft (Ulich, 2004b). Ein Lehrfilm mit praktischen Anregungen zu Sprachförderung, Literacy etc.

7.1.2

Sprachförderung im Alltag

Es gibt kaum Situationen im Kindergartenalltag, in denen nicht gesprochen wird. Daher sollte insbesondere in Alltags- und Pflegeroutinen sowie in der alltäglichen Kommunikation auf einen korrekten und wertschätzenden Sprachgebrauch geachtet werden.

Sprache darf im Kindergartenalltag nicht allein zur Regelung organisatorischer Abläufe dienen. Die Kinder sollen erleben, dass ebenso über Gefühle, Bedürfnisse, persönliche Erlebnisse, Wünsche und Fantasien gesprochen werden kann. „Diese verschiedenen Gesprächsebenen sind wichtig; damit lernen Kinder allmählich, dass sie sich mit der Sprache in verschiedenen Welten bewegen können." (Ulich, 2005, S. 23).

Ein gut strukturierter Tagesablauf und eine sorgfältige Raumplanung können dafür sorgen, dass es im Tagesablauf ausreichend ruhige und entspannte Möglichkeiten zum Sprechen und Zuhören gibt. Solche Gelegenheiten wären z.B. gemeinsame Mahlzeiten, am besten in kleinen Tischgruppen, zu denen sich die Kinder selbst zusammenfinden. Die Atmosphäre sowie die Einrichtung eines Gruppenraums können ebenfalls zur Förderung der Sprachbereitschaft beitragen. Räume mit schlechter Akustik oder mit Sesseln, die beim Verstellen unangenehm laut sind, erhöhen den allgemeinen Lärmpegel und fordern eher zum Schreien oder zum Schweigen auf. Kleine Nischen und Rückzugsbereiche hingegen laden zu ruhigen, entspannten Gesprächen ein.

Schüchterne Kinder oder jene, die sich noch nicht so gut verständlich machen können, hindert der Trubel des Alltags eventuell noch zusätzlich daran, sich zu Wort zu melden. Erste Kontakte lassen sich meist nonverbal, durch körpersprachliche Signale, wie z.B. Anlächeln oder das Herstellen eines freundlichen Blickkontakts, knüpfen. Manchmal gelingt es, während einfacher Tätigkeiten, wie dem Sortieren oder Ausbessern von Spielmaterial, mit den Kindern ins Gespräch zu kommen. Die Kinder sehen, dass diese

Tätigkeit einige Zeit erfordern wird und können sich nun frei von Zeitdruck auf ein Gespräch einlassen. Zudem fühlen sie sich weniger beobachtet, wenn die Aufmerksamkeit der Pädagogin oder des Pädagogen – scheinbar! – nicht völlig auf ihre Sprache gerichtet ist.

7.1.3
Die Bedeutung der Erstsprache

Mit dem Erlernen seiner Erstsprache erwirbt ein Kind eine wichtige Fähigkeit, die es ihm ermöglicht, kommunikativ mit seiner Umwelt in Kontakt zu treten. Die Sprache hat große Bedeutung für die Identitätsentwicklung und die sichere Einbettung in die Familie und das kulturelle Umfeld. So sind etwa die Art und Weise des Grüßens, des Dankens oder der Kommunikation zwischen Eltern und Kindern ganz wesentlich vom familiären und sozialen Umfeld geprägt. Sprache ist immer auch ein verbindendes Merkmal innerhalb einer Gemeinschaft. Am deutlichsten wird dies, wenn eine Sprache nur innerhalb einer bestimmten Gemeinschaft oder Gruppe verstanden wird. Über die Sprache werden Kinder mit Werten und Normen ihrer Umgebung vertraut und internalisieren diese.

Der Erstspracherwerb von Kindern mit einer anderen Erstsprache als Deutsch darf mit dem Eintritt in den Kindergarten oder in die Schule nicht unterbrochen werden. Darunter würde nicht nur die Sprachbeherrschung in der Erstsprache, sondern auch die Entwicklung allgemeiner kognitiver Fähigkeiten und schulischer Bildungsprozesse leiden (de Cillia, 2006). Dies sind mögliche Folgen eines Phänomens, das als doppelte Halbsprachigkeit oder Semilingualismus bezeichnet wird (Mitroviç, 2004). Betroffene Kinder fallen in der Alltagskommunikation kaum auf. Merkbar wird dieses Defizit erst, wenn kognitiv-akademische Fertigkeiten wie das Verstehen und die Verwendung abstrakter Begriffe gefordert werden. Im Kindergarten ist zu beobachten, dass z.B. Farben nur rudimentär benannt werden können und Differenzierungen wie hellblau oder türkis nicht gelingen (de Cillia, 2006).

Folgende Praxisberichte aus österreichischen Kindergärten unterstreichen die Bedeutung der Erstsprache und zeigen unterschiedliche Möglichkeiten der Sprachförderung auf:

Brigitte Katnig berichtet aus dem Kindergarten Innerkoflerstraße in Innsbruck, Tirol:

Im Rahmen eines umfangreichen Konzepts zur Sprachförderung arbeiten wir mit jenen Kindern, die eine besondere Sprachförderung benötigen, in Kleingruppen. Jeden Morgen erhalten die Kinder für etwa 20 bis 30 Minuten ein spezielles Angebot. Dabei orientieren wir uns an den aktuellen Themen der Gruppen und erarbeiten z.B. die entsprechenden Wortfelder mit vielfältigen Methoden. Dabei haben wir die Beobachtung gemacht, dass viele Kinder auch in ihrer Familiensprache einen geringen Wortschatz haben.

Wenn wir etwa mit einigen Kindern mit türkischer Erstsprache deutsch-türkische Bildwörterbücher betrachten, ist es meistens so, dass manche Kinder nicht alle türkischen Worte kennen und die Kinder so voneinander lernen. Auf diese Weise können wir auch den Wortschatz der Kinder in ihrer Erstsprache abschätzen.

Wir versuchen auch, uns in Gesprächen mit den Müttern oder anderen Familienmitgliedern einen Überblick über die Sprachentwicklung der Kinder zu verschaffen. Dabei haben wir beobachtet, dass jene Kinder, die nur schleppend Deutsch lernen, auch Probleme in ihrer Erstsprache – meist Türkisch – haben. Auch viele Mütter – v.a. türkische Frauen, die in zweiter Generation hier leben – sprechen z.B. in der öffentlichen Kommunikation und untereinander eine Mischsprache aus Türkisch und Tiroler Dialekt.

Wir ermutigen die Kinder auch, über die Gestaltung ihrer traditionellen Feste zu erzählen. Bei den Festen im Kindergarten stellen wir das Verbindende in den Mittelpunkt, etwa das Teilen oder die Gastfreundschaft. Dazu bieten wir den Eltern schriftliche Informationen in verschiedenen Sprachen an.

Manuela Osl arbeitet als externe Kindergartenpädagogin in Wörgl in Tirol, wo sie Sprachfördergruppen leitet:

Seit Herbst 2006 gibt es in Wörgl eine gemeinsame Sprachstartgruppe für alle Kinder, die beim Eintritt in den Kindergarten nicht Deutsch sprechen. Die Kinder besuchen ein Jahr lang gemeinsam diese Gruppe. Danach kommen sie in ihre Stammhäuser zurück und nehmen in der Folge mehrere Stunden pro Woche an den Sprachförderangeboten teil.

In der Sprachstartgruppe werden die Kinder von einer deutschsprechenden Kindergartenpädagogin und zwei Assistentinnen betreut. Eine dieser Assistentinnen spricht Türkisch und arbeitet eng mit der Pädagogin zusammen. Sie ist bei allen Bildungsangeboten quasi als Übersetzerin dabei und arbeitet auch in Kleingruppen mit den Kindern. Der große Vorteil dieser Gruppe ist, dass die Kinder vermehrt Angebote zum Deutschlernen erhalten und zusätzlich ihre Erstsprache auch im Kindergarten weiter festigen. Wir machen immer öfter die Beobachtung, dass vor allem Kinder, deren Mütter in zweiter Generation in Tirol leben, auch Schwierigkeiten mit der türkischen Sprache haben. Nach unseren Erfahrungen lernen die Kinder viel besser und leichter Deutsch, wenn sie die Familiensprache gut beherrschen und gleichzeitig die deutsche Sprache erwerben.

In der Sprachstartgruppe fallen auch viele Anfangsschwierigkeiten im Zusammenhang mit der Eingewöhnung weg, denn ein großes Problem in dieser Zeit ist ja, dass wir kaum mit den Kindern reden können. Die Sprachstartgruppe kommt aber auch den deutschsprechenden Kindern zugute, da die Fachkräfte im ersten Jahr mehr Zeit für deren Förderung haben und dann im kommenden Jahr mit allen Kindern auf einem höheren Niveau weitergearbeitet werden kann.

7.1.4

Die besondere Situation des Zweitspracherwerbs

Die beste Sprachförderung findet beim aktiven Handeln, in möglichst vielen natürlichen Sprechsituationen des Alltags statt. Kinder lernen beim Zuhören, auch wenn sie nicht selber sprechen oder antworten (vgl. Kapitel 3).

Buttaroni, Weigl-Brabec und Gombos (2002, S. 17) weisen darauf hin, „dass das Kind nicht von der Quantität der Sprachen überfordert wird, sondern dass die Rahmenbedingungen, unter denen der Erwerb der jeweiligen Sprachen erfolgt, entscheidend sind." Der Erwerb einer zweiten oder weiteren Sprache im Kindergarten wird von folgenden Faktoren beeinflusst:

- **Emotionen und Affekte:** Lernen ist nur auf der Grundlage positiver Emotionen möglich. Angst, Unsicherheit und Stress verhindern hingegen die Entstehung eines produktiven Lernklimas. Positive soziale Beziehungen zu den anderen Kindern und den Erwachsenen im Kindergarten sowie emotionale Geborgenheit und Sicherheit erleichtern das Pendeln zwischen Familie und Kindergarten. Die Akzeptanz der Kultur sowie die Wertschätzung des Lebenshintergrundes und der Familie des Kindes betonen die Gleichwertigkeit von Familie und Kindergarten. Werden Kinder bei ihren Aneignungsprozessen gestärkt und erfahren sie Zutrauen in ihre eigenen Fähigkeiten, so wächst ihre Kompetenz, die Welt unbefangen und ohne Angst zu erobern und auf andere Menschen zuzugehen.

- **Subjektive Faktoren:** Die Motivation zum Erlernen einer zweiten Sprache ist wesentlich vom Gefühl der Freiwilligkeit und von Erfolgserlebnissen abhängig. Der Spracherwerb muss für das Kind Sinn machen, es muss die Notwendigkeit, eine (zweite) Sprache zu lernen – als wichtiges Medium, um an Kommunikationsprozessen teilnehmen zu können und gehört zu werden – aus sich selbst heraus erfahren. Materialien und Angebote, die zum Sprechen und zum Umgang mit Sprache auffordern, unterstützen diese Prozesse. Ebenso werden Fortschritt und Erfolg von den individuellen kognitiven Kompetenzen der Kinder sowie von persönlichen Voraussetzungen wie Familiensituation, Alter, Entwicklungsstand oder Begabung mitbestimmt.

- **Qualität der Erstsprache:** Der Entwicklungsstand, die Sicherheit und Differenziertheit in der Erstsprache üben einen wesentlichen Einfluss auf den Zweitspracherwerb aus. Das Wissen, dass Sprache bestimmten Regeln und Gesetzmäßigkeiten unterliegt, wird von der Erstsprache auf die zweite oder dritte Sprache übertragen.

- **Art und Weise des Kontakts mit der Zweitsprache:** Die Dauer, Intensität und Kontinuität des Kontakts mit einer zweiten Sprache bestimmt die Qualität des Zweitspracherwerbs. Der Kindergarten hat die Aufgabe, einen möglichst frühen, spielerischen und zwanglosen Zugang zur zweiten Sprache zu ermöglichen. Dabei ist das Sprachvorbild der Bezugspersonen eine wichtige Unterstützung.

- **Bildungspartnerschaft mit den Eltern:** Die wertschätzende Kooperation mit den Eltern der Kinder und die Achtung vor ihrer Kultur und ihrer Sprache bilden die Grundlage einer erfolgreichen interkulturellen Bildungsarbeit (vgl. Kapitel 8).
- **Arbeit in bilingualen Gruppen:** Wird eine Gruppe von zwei Fachkräften geführt, die unterschiedliche Sprachen sprechen, muss das Prinzip „eine Person – eine Sprache" beachtet werden. Dabei sollten Native Speaker als Sprachvorbild zur Verfügung stehen, „die imstande sind, mit dem Kind eine attraktive (interessante, lustige) und gefühlsmäßig ihm nahe stehende Kommunikation zu gestalten, die sich während eines Gesprächs nicht überlegen müssen, wie ein gewisses Wort in der Zielsprache heißt bzw. in welcher Form oder Position dieses Wort im Satz stehen soll" (Buttaroni, Weigl-Brabec & Gombos, 2002, S. 27). Bei mehrsprachigen Assistentinnen bzw. Assistenten ist abzuklären, welche Bildungsangebote zu ihren Aufgaben gehören.

7.1.5
„Erstsprache" Dialekt

Viele Kinder hören und sprechen, bevor sie in den Kindergarten kommen, in ihrem familiären Umfeld vor allem Dialekt. Wenn dieser Dialekt von der Standardsprache deutlich abweicht, sind die Kinder nach Ulich und Mayr (2006b) als zweisprachig zu bezeichnen. Neben ihrer „Erstsprache", der Mundart, erlernen sie auch die Standardsprache. Ähnlich wie z.B. zweisprachig aufwachsende Kinder mit Migrationshintergrund entwickeln die Kinder Kompetenzen für den Sprachwechsel – sie setzen je nach Situation und Gesprächspartnerin bzw. -partner entweder Dialekt oder Standardsprache ein.

Ulich und Mayr (2006b) betonen, dass Dialekt sprechende Kinder und Erwachsene im Kindergarten vor allem im Alltag und in emotional gefärbten Situationen authentisch, also in ihrer Mundart sprechen sollten. Dadurch wird den Kindern das Gefühl vermittelt: „Wir nehmen dich an, so wie du bist." Darüber hinaus sind in klar abgegrenzten Situationen Bildungsangebote zur Sprachförderung in der Standardsprache notwendig. Neben Gesprächen sind Angebote literarischer Art besonders geeignet, wie z.B. Geschichten, Märchen oder Lyrik.

7.1.6
Sprachbegabte Kinder

Sprachlich begabte Kinder fallen durch eine sehr differenzierte Sprache auf: Sie verfügen über einen großen Wortschatz, sind sowohl in der Wortwahl als auch im Ausdruck Gleichaltrigen voraus und wenden komplexe grammatikalische Strukturen korrekt und sicher an. Schlagfertigkeit, eine gute Imitation von Dialekten sowie das schnelle Erkennen sprachlicher Gemeinsamkeiten und Unterschiede können weitere Hinweise auf eine hohe Sprachbegabung sein. Eine Fremdsprache wird oftmals schnell und mit Leichtigkeit erworben. Kinder mit herausragenden sprachlichen Fähigkeiten können häufig im Kindergartenalter schon lesen und/oder schreiben und beschäftigen sich gerne mit Büchern, die für ältere Kinder oder Erwachsene geschrieben wurden (Huser, 2001).

Ihr ausgeprägtes Interesse an Sprache sowie ihre Begabung können von Pädagoginnen und Pädagogen durch besondere Angebote gezielt unterstützt und gefördert werden: Dazu zählen das Formulieren von Fragen, die längere oder komplexere Antworten erfordern und zum Nachdenken anregen, das Vorlesen ausführlicher Erzählungen, das Bereitstellen herausfordernder sprachbezogener Materialien etc. Weiters bereichern anspruchsvolle Satzkonstruktionen sowie eine differenzierte Wortwahl der Fachkräfte die Kommunikation mit sprachbegabten Kindern.

7.2

Bilderbücher und andere Medien in vielen Sprachen

Wertschätzung gegenüber Mehrsprachigkeit kann ebenfalls durch das Angebot mehrsprachiger Bilderbücher und anderer Medien, wie etwa CDs, vermittelt werden. Dies gilt insbesondere für Bücher in den Erstsprachen der Kinder, die eine Kindergartengruppe besuchen. Dadurch werden die verschiedenen Sprachen sicht- und hörbar. Die Bücher können z.B. von Eltern oder älteren Geschwistern im Kindergarten vorgelesen und entliehen werden, etwa während der Bring- und Abholzeiten. „Kinderbücher in mehreren Sprachen und Schriften signalisieren Kindern, dass es nicht nur eine Sprache und eine Schrift gibt." (Wagner, 2007, S. 20). Mehrsprachige Bücher sind noch mehr als andere Bücher auf die Vermittlung durch Erwachsene angewiesen. Es ist wichtig, dass bei der Auswahl dieser Bücher und Medien einige wesentliche Fragestellungen beachtet werden (vgl. Wagner, 2007):

Werden alltägliche Erfahrungen, die alle Kinder in ihrem Lebens- und Lernumfeld sammeln können, aufgegriffen und in verschiedenen Sprachen angeboten?

Werden z.B. Feste, die Gestaltung des Alltags, eine Vielfalt an Familienformen und Kulturen beschrieben?

- Das kleine Walross lässt sich nicht die Nägel schneiden (Svetina, 2006). Deutsch – Slowenisch.
- ☺ Rund um mein Haus (Albersdörfer, 2005). Ein zweisprachiges Bilderbuch für die Jüngsten in fünf Sprach-Ausgaben (Deutsch – Englisch / Französisch / Italienisch / Griechisch / Türkisch).
- Mehmet bekommt eine Schwester (Erol, 2002). Türkisch – Deutsch. Ein Aufklärungsbuch, dessen Illustrationen Rücksicht auf türkische Einstellungen und Haltungen nehmen.

Können die Kinder vertraute Darstellungen in den Büchern wiederfinden?

Werden Sichtweisen anderer Kulturen mitberücksichtigt und somit für alle Kinder neue Erfahrungen möglich? Welchem kulturellen Hintergrund entsprechen die Illustrationen?

- 📖 Die kleine Eidechse / Küçük kertenkele (Akal, 2006). Deutsch – Türkisch. Ein Buch über die Identitätsfindung: Die kleine Eidechse möchte lieber ein Krokodil sein.
- 📖 ♪ Mir Zoro (Bozarslan, 2000). Deutsch – Kurdisch, ein kurdisches Tiermärchen, mit CD.

Bieten die Inhalte Anregungen zur Spracherweiterung?

- 📖 Dein buntes Wörterbuch Deutsch – Türkisch (Beaumont, Hus-David & Barbetti, 2007). Grundwortschatz in Wort und Bild.
- 📖 ☺ Eins, zwei, drei, vier ... neun Paar Schuhe? (Ambrus, Esterl & Rosenstein, 1998). Eine Geschichte zum Zählen in fünf Sprachen.
- 📖 ☺ Das Strichmännchen zählt (Antoine, 2005). Dreisprachiges Bilderbuch zum Zählen von eins bis zehn in Deutsch – Englisch – Türkisch. Auch in Deutsch – Englisch – Polnisch / Russisch / Spanisch / Italienisch erhältlich.

Vermitteln die Inhalte und Illustrationen neue Vorstellungen und Informationen über andere Sprachen, Kulturen oder Lebenskonzepte?

- 📖 ☺ Das kleine Museum. Sechssprachige Ausgabe (Le Saux & Solotareff, 2007). 149 Begriffe und Ausschnitte aus Gemälden, von der Klassik bis zur Moderne.
- 📖 Kinder aus aller Welt (Kindersley & Kindersley, 1995). 40 Kinder aus 31 Ländern erzählen von ihrem Alltag. Zahlreiche Fotos zeigen die Lebenswelt der Kinder.

In welcher Rolle werden Kinder aus den verschiedenen Kulturen und Herkunftsfamilien gezeigt?

- 📖 Sinan und Felix. Mein Freund / Arkadaşım (Çelik, 2007). Sinan und Felix sind Freunde, aber mit seinen türkischen Freunden spricht Sinan in seiner Erstsprache – ein Grund für Felix, die ersten türkischen Wörter zu lernen.

Werden Stereotypien unkritisch, unreflektiert und klischeehaft tradiert? Gibt es im Buch Vorbilder, die Kinder ermuntern, sich für andere einzusetzen?

- 📖 Der Apfelbaum (Lobe, 1997). Der Apfelbaum bietet allen Tieren Unterschlupf. Während im Winter alle anderen Bäume einsam und allein sind, ist dem gastfreundlichen Apfelbaum nicht langweilig.
- 📖 Ein Elefant mit rosaroten Ohren (Resch, 1993). Serbokroatisch: Jedan slon sa roza ušima, Türkisch: kırmızı kulaklı fil.

Wird Vielfalt als positiv und bereichernd gezeigt?

- 📖 Ein schräger Vogel (Bansch, 2007). Robert, der Rabe ist anders als die anderen und so beschließt er „auszuwandern".
- ♪ 📖 Iftah ya simsim. Orientalische Lieder und Tänze für Kinder (Budde & Bektaş, 1999). CD mit Spielliedern und Tänzen aus dem Orient, gesungen in der Originalsprache und in deutscher Übertragung. Auch als Buch erhältlich (Günther, 1999).
- ♪ Wir singen in vielen Sprachen. Mit CD. Kinderlieder aus Europa (Brauer, 2005). Zwölf Kinderlieder, eingespielt von Timna Brauer, in der Originalsprache mit deutscher Übersetzung.
- ♪ Eins von mir, eins von dir. Bir benden, bir senden (Okay, 2004a). Traditionelle und moderne deutsche und türkische Lieder und Spiele.

Können Kinder erfahren, dass hinter vordergründigen Gegensätzlichkeiten oft Ähnlichkeiten und Vertrautes stehen?

- 📖 Das tierische Wörterbuch (Prap, 2006). Sprechen auch Tiere verschiedene Sprachen? Tierlaute werden in über 35 Sprachen übersetzt.
- 📖 Wann kommt Mama? (Tae-Jun, 2007). Deutsch – Koreanisch, asiatischer Illustrationsstil. Buch des Jahres 2004 in Korea. Es erzählt von einem Kind, das vertrauensvoll auf seine Mama wartet.

📖 Die Geggis (Lobe, 2003). „Die Sumpfgeggis sind stinkige Moorhatschler", lehrt Tante Odumei die roten Felsengeggis und Onkel Babo erzählt den grünen Sumpfgeggis von den grauslichen Schluchtenhaxlern. Doch eines Tages lernen der grüne Gil und der rote Rokko einander kennen ... Auch in Slowenisch – Deutsch und Koreanisch erhältlich.

♪ Gute Nacht, Kinder in aller Welt – Ruhige Schlaflieder und Gute-Nacht-Geschichten von hier und überall (Budde & Kronfli, 2007). CD mit Gute-Nacht-Geschichten, Schlaf- und Wiegenliedern aus der ganzen Welt in den Originalsprachen und in Deutsch.

♪ Keloğlan und Rotkäppchen. Keloğlan ve Kırmızı Şapkalı Kız (Okay, 2004b). Deutsche und türkische Märchen.

Gibt es Bücher, die für alle Kinder „lesbar" sind, weil sie ohne Sprache auskommen oder einfache Übersetzungen anbieten?

📖 Eisbärenbaby (Dubois, 2007). Die textlose Geschichte eines verwaisten Eisbärenbabys, das von Inuit aufgezogen und wieder in die Wildnis entlassen wird.

📖 Der Bär im Zauberwald (Rogers, 2007). Eine textlose Erzählung (graphic novel) über die heldenhaften Abenteuer eines Bären.

📖 ♪ Wer ruft denn da? Who's Making That Noise? Qui fait ce bruit? Bu Kimin Sesi? (Hengstler, 2006). Ein viersprachiges Buch (Deutsch, Englisch, Französisch, Türkisch) zum Thema Tierstimmen, mit CD.

Werden bekannte deutsche Bücher in Übersetzungen angeboten?

📖 ♪ Lauras Stern / Laura'nın Yıldız (Baumgart, 1999). Deutsch-türkisches Bilderbuch, ebenfalls in Englisch und als Hörkassette erhältlich. Lauras kleiner Stern purzelt plötzlich vom Himmel und droht, ohne ihre Hilfe zu verlöschen.

📖 Küçük Beyaz Ayı Beni Yalnız Bırakma! / Kleiner Eisbär, lass mich nicht allein! (de Beer, 1994). Deutsch – Türkisch.

📖 Gökkuşağı Balığı, Gel Bana Yardım Et! / Regenbogenfisch, komm hilf mir! (Pfister, 2001). Deutsch – Türkisch. Der Regenbogenfisch und seine Freunde helfen einem Fremdling.

7.3

Der Anti-Bias-Approach: ein Konzept zur vorurteilsbewussten Erziehung

Während verschiedene Lebenskonzepte unserer Gesellschaft, wie z.B. Einelternfamilien, Singles oder Patchworkfamilien mittlerweile weitgehend akzeptiert werden, wird anderen Kulturen oder religiösen Zugehörigkeiten oft nach wie vor mit Zurückhaltung begegnet. Am deutlichsten werden Vorbehalte gegenüber Menschen gezeigt, deren Sprache nicht verstanden wird.

In den 1980er Jahren wurde von der Pädagogin Louise Derman-Sparks (1989; 2001) aus Kalifornien der Anti-Bias-Approach entwickelt. Dieses Konzept zur vorurteilsbewussten Erziehung beruht zum einen auf der Erkenntnis, dass Kinder schon von klein auf Unterschiede, gesellschaftliche Vorurteile und Diskriminierungen wahrnehmen und aufnehmen. Die zweite wichtige Grundlage ist die Überzeugung, dass diese Vorurteile durch entsprechende Bildungsarbeit beeinflusst und verändert werden können.

Weiterentwickelt wurde dieser Ansatz im Projekt „Kinderwelten". In Verbindung mit dem Situationsansatz verfolgt dieses Projekt das Ziel, vorurteilsbewusste Bildung und Erziehung im Kindergarten zu verankern (Wagner, 2005).

7.3.1

Sprachförderung im Rahmen einer vorurteilsbewussten Erziehung

Über die Sprache werden Erwartungen, Einstellungen und Haltungen bewusst und unbewusst transportiert. Deshalb sollte die Reflexion des eigenen Sprachverhaltens Teil der professionellen Arbeit der Pädagoginnen und Pädagogen sein. Hilfreich sind dabei z.B. **Audioaufnahmen** von Kleingruppengesprächen oder Bilderbuchvermittlungen, die anhand folgender Fragen analysiert werden können:

- Wie häufig werden W-Fragen gestellt (wie, warum, woher)?
- Sind manche Sätze nur im Imperativ (Befehlsform) formuliert?
- Sind die Aussagen klar und für die Kinder verständlich?
- Werden manche Kinder besonders häufig angesprochen und gibt es vielleicht Unterschiede im Tonfall den Angesprochenen gegenüber?
- Dürfen alle Kinder mitreden oder werden die Äußerungen mancher Kinder abgeschnitten oder unterbrochen? Gibt es Aussagen der Kinder, die negiert oder umformuliert werden?

Erwachsenen, die Einblick in die **Struktur verschiedener Sprachen** haben, fällt es leichter, scheinbare „Fehler" der Kinder zu verstehen und deren sprachliche Leistungen zu schätzen. Kinder integrieren neue Informationen in bereits vorhandenes Wissen gemäß ihnen bereits bekannten Regeln. Wenn sie eine zweite Sprache erlernen, übertragen sie vorerst die Regeln der Erstsprache auf die noch neue, nicht so geläufige Sprache.

Als Beispiel kann die Unterscheidung von Geschlechtern bzw. der Einsatz von Artikeln in verschiedenen Sprachen dienen: Ebenso wie in der deutschen Sprache gibt es etwa in den slawischen Sprachen drei Geschlechter – weiblich, männlich, sächlich.

Hingegen sind in den romanischen Sprachen ebenso wie im Arabischen nur zwei Geschlechter bekannt. Viele Sprachen, wie z.B. Türkisch, Chinesisch, Persisch, Ungarisch oder Indonesisch, unterscheiden überhaupt kein grammatikalisches Geschlecht. Auch Artikel werden in unterschiedlicher Art und Weise oder überhaupt nicht verwendet (Klemenschitz, 2002).

Es ist daher nicht verwunderlich, wenn ein türkischsprachiges Kind in der deutschen Sprache keine Artikel benutzt und z.B. nur „Baum steht auf Wiese" sagt. Das Kind kennt die erforderlichen Vokabeln und wendet die ihm geläufigen Sprachregeln an. Hier wären weitere Lernimpulse zum Erlernen und zur richtigen Anwendung der deutschen Artikel notwendig. So können die Kinder gezielt bei der Weiterentwicklung ihrer Sprachfertigkeiten unterstützt werden.

Die **Dokumentation** der Lernfortschritte der Kinder ist wichtig für die Planung weiterer Bildungs- oder Förderangebote sowie als Unterlage für Elterngespräche. Tonbanddokumentationen sind nur eine Möglichkeit, sprachliches Handeln zu beobachten und festzuhalten. Beobachtungen durch Kolleginnen bzw. Kollegen oder das Führen von Sprachtagebüchern können Auskünfte über Fortschritte oder eventuelle Stagnationen in der sprachlichen Entwicklung der Kinder geben.

„Ich habe es mir zur Gewohnheit gemacht, für jedes Kind ein Entwicklungstagebuch zu führen. Ich versuche, wöchentlich einmal einen Eintrag für jedes Kind zu machen, je nachdem, welche Bereiche ich zurzeit besonders beobachtenswert finde. Bei Zweitsprachkindern sind es vorwiegend die Erfolge beim Spracherwerb: Welche Worte, Sprüche oder Gedichte die Kinder allein sprechen können, ob es ihnen gelungen ist, sich ohne fremde Hilfe nur mit Sprache mitzuteilen. Für mich sind diese Aufzeichnungen zwar zeitaufwändig, aber übers Jahr stellen sie auch ein gutes Feedback dar, denn viele Fortschritte würden mir sonst nicht auffallen. Auch die Kolleginnen, die zwischendurch in der Gruppe arbeiten, bemerken die Fortschritte einzelner Kinder oft mehr als ich, obwohl ich die Kinder täglich sehe."

(Zusammenfassung eines Gesprächs mit Maud Bukovics aus Lehen, Salzburg)

Für alle Kinder ist es wichtig, **Sprachenvielfalt** im Gruppenalltag zu erleben, z.B.:

- In wie vielen Sprachen können wir grüßen, zählen oder „Guten Appetit" wünschen?
- Wir sammeln Bilderbücher in möglichst vielen Sprachen – zumindest in allen Sprachen, die im Kindergarten vertreten sind – und lesen sie gemeinsam vor. Bilderbücher können darüber hinaus in verschiedenen Übersetzungen zur Verfügung stehen, z.B. Der Regenbogenfisch (Pfister, 1996), Kleiner Eisbär (de Beer, 2002), Willi Wiberg (al Muna, 2002) etc.
- Der Geburtstagsspruch kann in zwei Sprachen aufgesagt oder gesungen werden – auf Deutsch und in einer Sprache, die sich das Kind aussuchen darf. Dazu können bei Bedarf die Eltern oder Geschwister des Geburtstagskindes rechtzeitig um eine Übersetzung gebeten werden. Auch deutschsprechende Kinder wählen gerne ein Lied oder einen Spruch in einer anderen Sprache, vielleicht auf Englisch oder in der Sprache der besten Freundin bzw. des besten Freundes.
- Lieder, Abzählreime oder Singspiele in anderen Sprachen bereiten fast allen Kindern Spaß. Manchmal kann ein Dialekt wie eine zweite Sprache sein: Die Kinder einer Tiroler Kindergartenpädagogin in Wien lieben es z.B., Tiroler Begriffe zu übersetzen oder zu erraten.
- In manchen Gruppen gibt es Eltern, die sehr gerne in ihrer Erstsprache vorsingen oder erzählen. Eine gute Möglichkeit dazu bieten Familienfeste oder Spielnachmittage.

Das Ziel vorurteilsbewusster Bildung und Erziehung ist es, allen Kindern Erfahrungen und den Umgang mit individueller, sprachlicher und kultureller Vielfalt zu ermöglichen. Die dazu nötigen Grundhaltungen sind Respekt und Anerkennung der Individualität und Einmaligkeit des anderen. Kinder sollen erleben, dass Unterschiede eine Erweiterung und Bereicherung für alle darstellen und keine Trennung oder Abgrenzung bedeuten.

7.3.2
Die Rolle der Erwachsenen

Krause, Şıkcan und Wagner (2004) nennen als eine der wichtigsten Schlüsselkompetenzen pädagogischer Fachkräfte die systematische Reflexion pädagogischer Praxis. Diese umfasst die Analyse der praktischen Arbeit, Erkenntnisse aus den Beobachtungen der Kinder sowie die Auseinandersetzung mit eigenen Werten und Haltungen. Das Ziel ist keineswegs absolute Vorurteilsfreiheit! Es geht vielmehr darum, Vorurteile bewusst wahrzunehmen, Stellung zu beziehen und zu reagieren. Pädagoginnen und Pädagogen müssen sich ihrer eigenen kulturellen Prägung bewusst werden und darüber nachdenken, welchen Einfluss diese Erfahrungen auf ihr Handeln nehmen.

Kinder nehmen sehr bald die feinen Unterschiede zwischen ausgesprochenen Werten und Regeln und informellen, „heimlichen Konzepten" wahr. Krause, Şıkcan und Wagner meinen dazu: „Sie entnehmen es der Zusammensetzung des Personals, den Bildern an den Wänden, den Hauptpersonen in Geschichten, den Routinen im Alltag." Und weiter: „Sie entnehmen es auch dem, was fehlt: Gibt es hier keine Hinweise auf ihre Familie, auf ihre Sprachen, auf ihre besonderen Erfahrungen und Fähigkeiten, so kann das heißen, diese Einrichtung kommt auch ohne sie aus." (Krause, Şıkcan & Wagner, 2004, S. 21).

7.4
Interkulturelle Arbeit – ein Praxisbericht

Bericht aus dem Kindergarten Scherzhausen, Salzburg, von Ulrike Mayer-Gerschpacher.

In unserem Haus treffen Menschen aus verschiedenen Ländern und Kulturen aufeinander. Ihre Wertvorstellungen, Verhaltensweisen, Rollenverständnisse, Familienstrukturen und nicht zuletzt ihre Sprachen unterscheiden sich oft beträchtlich voneinander.

Unsere gesamte Arbeit ist deshalb von interkulturellen Aspekten geprägt. Wir sehen es als Herausforderung an, mit vielen Kindern zu arbeiten, die der deutschen Sprache nicht oder nur teilweise mächtig sind und völlig andere Kulturen in ihrer Herkunftsfamilie kennengelernt haben. Deshalb messen wir der Erstsprache der Kinder als so genannter Gefühlssprache einen hohen Stellenwert bei. Weiters muss auch den unterschiedlichen Kulturen der Kinder Beachtung geschenkt werden.

Beispiele für Angebote, die Eltern und Kindern gleichermaßen helfen, sich in einer neuen Lebenswelt wohlzufühlen:

- Regelmäßige Elternfrühstücke, um Kontakte zu knüpfen und Berührungsängste abzubauen.
- Besuche am Arbeitsplatz der Eltern, wie z.B. in einem indischen Restaurant: Wir haben bemerkt, wie stolz Eltern und Kinder sind, wenn sich die Pädagoginnen für ihre Lebenswelt interessieren.
- Wir bitten die Eltern, Geschichten, Lieder, Tänze, traditionelle Kinderspiele und Bilderbücher aus ihrer Heimat mitzubringen und den Kindern vorzustellen. Geschichten werden in der Erstsprache vorgelesen.
- Anlässlich eines multikulturellen Festes entschlossen wir uns, ein internationales Kochbuch herauszugeben. Unsere Kollegin Karin Eisl sammelte mit den Eltern die Lieblingsrezepte der Kinder. Die Rezepte konnten in der Erstsprache geschrieben werden, damit sich alle Eltern ohne Sprachbarrieren beteiligen konnten. Die Texte wurden dann übersetzt.
- Neben den christlichen Festen werden auch Feste aus anderen Ländern und Kulturen gefeiert, wie z.B. Şeker Bayramı oder Bajram (islamisches Opferfest) und indische Feste, wie Tivali (Lichterfest) und das Farbenfest.
- Aufbau einer „Internationalen Bibliothek" – Bilderbücher aus aller Welt.
- „Deutschunterricht" für nicht-deutschsprachige Mütter, indem die Mütter von den Pädagoginnen in Bildungsangebote miteinbezogen werden.
- Spiel-, Lied- und Spruchgutsammlung mit Hilfe der Eltern.
- Gestalten eines Märchenbuches mit Märchen aus aller Welt.
- Gezielte Sprachförderung und Entwicklung spezieller Sprachspiele, wie „Sprich mit uns" von Karin Eisl (vgl. unten).

Damit die Arbeit in multikulturellen Einrichtungen gut funktionieren kann, sind Schlüsselkompetenzen der Pädagoginnen notwendig. Wir nehmen die Lebenswelten der Kinder und ihrer Familien wahr und stellen diese in den Mittelpunkt der pädagogischen Arbeit. Jedes Kind findet Rahmenbedingungen vor, in denen es sich wiederfinden kann. Wir bringen der Sprache und der Kultur jedes Kindes Achtung und Wertschätzung entgegen, denn sie sind die Wurzeln und die Basis der Entwicklung. So kann jedes Kind eine positive Identität aufbauen.

Während unserer Arbeit und der Auseinandersetzung mit der Interkulturellen Erziehung stießen wir auf den „Anti-Bias-Approach" und fanden hier wichtige Hinweise für unsere weitere Arbeit. Bei so manchen Begegnungen mit Eltern, aber auch mit Kindern, zu denen wir nur schwer Zugang fanden, war uns dieser Ansatz sehr hilfreich.

Sprachförderung bei Kindern mit einer anderen Erstsprache als Deutsch

Sprachförderung ist in unserem Kindergarten ein wichtiger Schwerpunkt: Da wir versuchen, ideale Rahmenbedingungen für die Kinder zu schaffen, gelingt der Einstieg in die Zweitsprache Deutsch meist relativ leicht. Immer wieder vermitteln wir den Eltern bei Elternabenden und Elterngesprächen die Wichtigkeit der Erstsprache. Wir erklären ihnen, dass beim Zweitspracherwerb Vorerfahrungen aus dem Erstspracherwerb einfließen.

Wir haben ein Konzept der Sprachförderung entwickelt, das sich an den kindlichen Bedürfnissen orientiert: Wir bedienen uns bei der Sprachförderung einer Menge an Symbolen und der nonverbalen Kommunikation, um den Kindern unsere Anliegen verständlich zu machen und ihnen die Orientierung zu erleichtern. Während des Tagesablaufs findet die Sprachförderung in Alltagssituationen statt, wobei immer darauf geachtet wird, jedes Angebot durch geeignete Materialien so zu unterstützen, dass die Kinder wissen, worum es geht. So werden z.B. Lieder entweder mit Bildern oder anderen Materialien, etwa in Form eines Tischtheaters, begreifbar gemacht, damit Inhalte verstehbar und nachvollziehbar werden. Ebenso spielen Wiederholungen und Rhythmen eine wichtige Rolle, auch um die Metrik und Rhythmik der deutschen Sprache zu transportieren.

Wir nutzen das gesamte Spektrum der Bildungs- und Förderbereiche, wie Lieder, Geschichten, Musik, Bilderbücher, Bewegungsspiele, Reime, Fingerspiele, Rollenspiele, Tischspiele und Wahrnehmungsspiele, um differenzierte Sprachförderung in Kleingruppen anzubieten.

„Sprich mit uns!"

Im Rahmen eines „Interkulturellen Lehrgangs" entwickelte Karin Eisl ein Spiel zur Sprachförderung. Die Voraussetzungen dazu beschreibt sie folgendermaßen:

„In meiner täglichen Arbeit fiel mir auf, dass Kinder mit einer anderen Erstsprache als Deutsch riesigen Spaß hatten, wenn ich versuchte, Wörter aus ihrer Sprache nachzusprechen. So ergab sich die Gelegenheit, mit drei Buben türkischer Erstsprache, die unserer Einschätzung nach sehr schlecht Deutsch verstanden, UNO zu spielen.

In meiner Begeisterung und um den Buben eine Freude zu machen, lernte ich die Farbbegriffe auf Türkisch. Im Laufe des Spiels setzte ich immer wieder die türkischen Begriffe ein, was von den Kindern erst mit einem Lächeln, dann mit lautstarkem Lachen quittiert wurde, bis einer der Buben mich korrigierte und den deutschen Begriff verwendete. Zum ersten Mal war ein Dialog möglich, wobei ich die Lernende war. Die Sprechfreude der Kinder stieg und gleichermaßen auch ihr Interesse an deutschen Begriffen.

So entstand die Idee für das Spiel „Sprich mit uns", wobei das Interesse bei österreichischen Kindern und Kindern mit Migrationshintergrund gleich groß ist. Beim Spielen fiel uns auf, dass die Kinder manche Begriffe in ihrer Erstsprache nicht *kannten, also das Spiel auch dort eine Wortschatzerweiterung ermöglicht.*

Bei diesem Spiel können Begriffe mittels Bildkärtchen in verschiedenen Sprachen (Deutsch, Englisch, Bosnisch / Kroatisch / Serbisch und Türkisch) erlernt werden. Die Kinder sollen ihren Wortschatz auf lustvolle Art und Weise erweitern und andere Sprachen kennenlernen."

7.5

Do you speak English? Englisch im Kindergarten

„Jeder sollte drei Gemeinschaftssprachen beherrschen" lautet das allgemeine Ziel Nr. 4 im Weißbuch der Kommission der Europäischen Gemeinschaft (1996). Für viele Eltern, Pädagoginnen und Pädagogen ist selbstverständlich Englisch eine dieser Sprachen. Da Eltern vermehrt wünschen, dass ihre Kinder möglichst früh Erfahrungen mit der englischen Sprache sammeln können, gibt es dazu immer mehr Bildungsangebote im Kindergarten. Diese reichen vom gelegentlichen Anbieten einfacher Fingerspiele und Lieder bis zur zweisprachigen Gestaltung des Alltags. Grundsätzlich sollte „Englisch im Kindergarten als Chance gesehen werden, die Freude und das Interesse der Kinder an einer Fremdsprache zu wecken." (Faist, 2000, S. 135). Für sprachlich begabte Kinder bietet das Erlernen einer Fremdsprache zudem eine gute Möglichkeit, ihre sprachbezogenen Interessen und Fähigkeiten zu vertiefen.

Wenn Englisch Alltagssprache im Kindergarten ist, kann dadurch ein wichtiger Grundstein für einen echten Zweitspracherwerb gelegt werden. Um Kinder nachhaltig beim Erwerb einer weiteren Sprache zu unterstützen und ihnen optimale Lernmöglichkeiten zu bieten, gilt derzeit die Immersion oder das „Eintauchen" als erfolgreichste Methode. „Weil sie gründlich untersucht ist, sind Ängste unbegründet, ein Kind sei überfordert oder die Muttersprache leide." (Lommel, 2007, S. 24).

Immersion als Methode im Rahmen des Spracherwerbs ist somit als „Sprachbad" zu verstehen: Die zweite Sprache sollte während des ganzen Tages im Kindergarten nach dem Prinzip „eine Person – eine Sprache" gesprochen werden. Die Kinder verstehen sehr rasch aus dem Zusammenhang, worum es geht. Die Voraussetzungen für den Zweitspracherwerb sind, dass viel Zeit mit der Sprache verbracht wird, dass das Sprachangebot reichhaltig und anschaulich ist und dass Aktivitäten stattfinden, die für die Kinder bedeutsam sind. Dadurch werden die Kinder nicht überfordert und können ihr Lerntempo, die Lerninhalte und Methoden selbst bestimmen. Manche Kinder hören zu und beobachten, andere wiederum lernen durch unermüdliches Tun und Ausprobieren.

Damit die Nachhaltigkeit und der Erfolg des Spracherwerbs durch die Immersionsmethode gesichert sind, müssen nach Wode (2007, S. 14) folgende Kriterien erfüllt werden:

- Der Kontakt zur neuen Sprache muss über einen Zeitraum von sechs bis sieben Jahren kontinuierlich gegeben sein.
- Dieser Kontakt muss hinreichend intensiv sein – d.h. im Kindergarten während des ganzen Tages.
- Die Erfahrungen und Angebote müssen strukturell vielfältig sein, also möglichst alle Sachbereiche umfassen.

7.5.1

Englische Bilderbücher und Medien

In jeder Kindergartengruppe sollten Bilderbücher und andere Medien in englischer Sprache angeboten werden, wie z.B.:

- ☺ Spot Goes to School (Hill, 2001). Ein Beispiel aus der im Deutschen unter „Flecki" bekannten Klappbuchreihe.
- ☺ The Very Hungry Caterpillar (Carle, 2005). On Monday, he ate through one apple, but he was still very hungry ... Bald wird jedes Kind die englischen Zeilen genauso gut verstehen wie die deutschen.
- ☺ My first words. Erste englische Wörter (Spanner, 2003). Ein großformatiges Bilderbuch mit über 250 Bildern und den entsprechenden englischen Begriffen.
- ☺ PONS Wie sagst du dazu? Englisch. Türkisch. Bilder erkennen und benennen (Heyen, 2005). Große Fotos, darunter die entsprechenden „Vokabel", laden zum Betrachten, Vorlesen und Nachsprechen ein.
- My First Words with Maisy. Englisch lernen mit Mausi (Cousins, 2007). Über 300 einfache Begriffe in Wort und Bild. Mit vielen Klappen und Bildern.
- ☺ The last Noo-Noo (Murphy, 2006). Englische Ausgabe von: Der Lolli. Ullis allerletzter Schnuller (Murphy, 2002). Alle finden, dass Olli mit drei Jahren keinen Schnuller mehr braucht ...
- Lisa in the Kindergarten (Rettich, 2003). Mit bebildertem Vokabelteil und deutscher Übersetzung im Anhang. Der einfache englische Text erzählt von Lisa, ihrer Familie und ihrem erstem Tag im Kindergarten.
- ♪ Alles ganz einfach! Oder wie der kleine Rabe Socke Englisch lernt. Farben, Zahlen, Geburtstage. Mit Audio-CD (Proctor, 2005). Didaktisch gut aufgebautes Bilderbuch.
- ♪ My Bonnie is over the ocean (Holland, 2004). Englische Kinderlieder, Liederbuch mit Begleit-CD.
- ♪ Singlish Englisch (Pons, 2005). Kinderlieder zum Mitsingen auf Audio-CD. Textheft mit englischen und übersetzten Texten.
- Do you speak English? Spielerisch zum ersten Wortschatz. Spielesammlung aus memory®, Bingo und Quartett.
- First English. Spielerisch erste Worte hören, sprechen und verstehen. Ravensburger Spieleverlag. Die elektronische Sprachausgabe vermittelt englische Wörter und Sätze aus dem kindlichen Lebensumfeld. Durch Auflegen der ansprechenden Bildkarten bestimmen die Kinder eigenständig das Spiel.

7.5.2

Praxisberichte aus österreichischen Kindergärten

Englisch kennenlernen im Kindergarten Voglfeld

Bericht der Leiterin Monika Schönsgibl aus dem Kindergarten Voglfeld in Kitzbühel, Tirol:

Bei uns im Kindergarten Voglfeld ist Englisch in allen Gruppen präsent und ein fester Bestandteil unserer Bildungsarbeit – auch für Kinder, die noch nicht Deutsch sprechen.

Unser Ziel ist es, dass die Kinder mit dem Klang der Sprache vertraut werden und Interesse und Freude an anderen Sprachen entwickeln.

Die jüngeren Kinder nehmen den Sprachrhythmus und den Klang auf, die älteren Kinder auch den Inhalt und einzelne Wörter. Wir können immer wieder beobachten, dass jene Kinder, die noch Schwierigkeiten mit der deutschen Sprache haben, in den Englischgruppen viel selbstbewusster und freier agieren. Langfristig verhilft die Erfahrung mit einer fremden Sprache allen Kindern zu mehr Toleranz und Rücksichtnahme.

Wir bieten Englisch in unterschiedlichen Sozialformen an: In Kleingruppen, im Einzelgespräch oder in der Gesamtgruppe, wie es sich eben ergibt und wo es passt.

Grundsätzlich erarbeiten wir einmal wöchentlich in Kleingruppen neue Inhalte, Wörter und Themen, die in der darauf folgenden Woche vertieft werden. Die dabei eingesetzten Materialien können von den Kindern nach Bedarf und Interesse genutzt werden. Jede Gruppe verfügt über einen Englischbereich, in dem diese Materialien aufbewahrt werden und den Kindern zugänglich sind.

Wenn die Kinder in die Volksschule kommen, ist ihnen die englische Sprache bereits „im Ohr". Die Volksschullehrerin kann an Vorerfahrungen und ein wenig Grundwissen anknüpfen. Die Rückmeldungen aus der Volksschule sind durchwegs positiv.

Tägliches Englischangebot im Kindergarten

Andrea Gurdet berichtet über das Englischprojekt im Kindergarten Mürzhofen, Steiermark:

Ich gestalte jeden Tag im Kindergarten eine Einheit in Englisch. Nach meiner Erfahrung profitieren die Kinder vom Englischangebot deutlich mehr, wenn es täglich und nicht nur einmal pro Woche stattfindet.

Zu Beginn des Kindergartenjahres werden bei einem gemeinsamen Elternabend sowohl die Eltern als auch die Lehrerinnen und Lehrer der nahen Volksschule über das Englischangebot in unserem Kindergarten informiert. Dabei sprechen wir auch über die Bedeutung des Erlernens von Fremdsprachen. Bei den englischen Bildungsangeboten lege ich viel Wert auf korrekte Aussprache und Grammatik. Durch Urlaube und Bildungsreisen in englischsprachige Länder sowie Fortbildungen konnte ich meine Englischkenntnisse vertiefen und festigen.

Die Kinder erhalten bereits ab dem Kindergarteneintritt englische Bildungsangebote, die Teilnahme daran ist freiwillig. Das Lernen mit allen Sinnen ist auch beim Erlernen einer Sprache von großer Bedeutung, deshalb wird Englisch in unterschiedlichen Situationen vermittelt, etwa am Maltisch oder mit unterschiedlichen Materialien. Während eines englischen Bildungsangebotes wird ausschließlich Englisch gesprochen.

Auch Kinder mit einer anderen Erstsprache als Deutsch, die beim Kindergarteneintritt nur in ihrer Erstsprache kommunizieren können, profitieren vom Englischangebot. Sie erwerben viel Wissen über den Aufbau von Sprache und erlernen Englisch parallel zur deutschen Sprache.

Die Rückmeldungen aus der Volksschule sind durchwegs positiv, die Lehrerinnen und Lehrer sind von der Aussprache der Kinder und ihrem Wortschatz begeistert.

8

Literacy: Buch-, Erzähl- und Schriftkultur

Einige Kinder hatten lange an einem Bodenbild aus flachen Bausteinen in der Bauecke gearbeitet und wollten es am nächsten Tag vergrößern und fertig stellen. Wohl wissend, dass das Reinigungspersonal den Boden saugen möchte und dass am Nachmittag die Hortkinder auch bauen wollen, dachten die Kinder nach, wie sie ihren Wunsch realisieren könnten. Zuerst malten sie auf ein Blatt Papier das Bild eines Monsters, das andere vom Betreten der Bauecke abhalten sollte. Dann überlegten sie, dass die Reinigungsfrauen und auch die anderen Kinder nicht verstehen würden, was mit dem Bild gemeint sei. Schließlich baten sie die Pädagogin, „etwas dazu zu schreiben, das alle lesen können".

Diese Kinder haben offensichtlich Möglichkeiten erfahren, über die persönliche Präsenz hinaus wirksam zu sein. Sie wissen, dass das Medium Schrift die Kommunikation mit anderen Menschen über Zeit und Raum hinweg unterstützt. Darüber hinaus können sie sich als Verfasserinnen und Verfasser einer wichtigen Botschaft erleben. All dies sind erste Erkenntnisse im Zusammenhang mit Literacy.

Der aus dem Englischen kommende Begriff Literacy umfasst alle Erfahrungen und Grundfertig-

keiten, die Kinder im Umgang mit Buch-, Erzähl- und Schriftkultur vor dem eigentlichen Lesen- und Schreibenlernen machen.

Bis zum Eintritt in den Kindergarten oder in die Schule verfügen Kinder schon über sehr unterschiedliche Erfahrungen mit Büchern, Vorlesen oder Erzählen. Während in manchen Familien die Gute-Nacht-Geschichte zum täglichen Einschlafritual gehört, besitzen Kinder in anderen Familien nicht ein einziges Buch. Diese unterschiedlichen Vorerfahrungen müssen beim Erwerb von Literacy im Kindergarten berücksichtigt werden.

8.1

Entwicklung des Lesens und Schreibens

Der Erwerb der Schriftsprache ist ein wichtiger Teil der Sprachentwicklung. Zum Lesen- und Schreibenlernen sind grundlegende Kompetenzen des Sprachverstehens und der Sprachproduktion notwendig. Die Strukturen und der Entwicklungsablauf der einzelnen Teilbereiche des mündlichen Sprachgebrauchs, wie Lautbildung, Wortschatz, Sprachaufbau und Sprachgestaltung, lassen sich alle auf den Erwerb der Schriftsprache auf Buchstaben-, Wort-, Satz- und Textebene übertragen (Lettner, 2004).

Lesen und Schreiben sind ebenso wie Sprechen und Zuhören Bestandteile der menschlichen Kommunikation und müssen im Sinne einer ganzheitlichen Förderung im Kindergarten mitbedacht werden. Schriftsprachliche Kompetenzen sind eng an Lernprozesse im frühen Kindesalter gebunden.

Viele Fachkräfte vermeiden den Einsatz von Buchstaben und Zahlen aus Angst, den Kindergarten zu verschulen (Kammermeyer, 2000). Sie vergessen dabei häufig, dass der Erwerb von Schriftsprache nicht erst mit dem Schuleintritt beginnt, sondern ein Prozess ist, der seinen Anfang mit den ersten Lautäußerungen und dem Lernen der ersten Wörter nimmt. Daher erweisen sich die oft geäußerten Bedenken von Pädagoginnen und Pädagogen, der Schule nicht vorgreifen zu wollen, als unbegründet. Kinder, die mit entsprechenden Literacyerfahrungen in die Schule eintreten, haben weitaus bessere Erfolgschancen beim Schreiben- und Lesenlernen (Ulich, 2000b).

Das Kind ist auch im Bereich der Schriftsprache Akteur seiner Entwicklung. „Der Kindergarten ist der Ort, an dem die Kinder nach ihrem individuellen Entwicklungsstand und ihren Bedürfnissen und Interessen mit dem Lesen und Schreiben experimentieren und sich Basiskompetenzen aneignen können." (Blumenstock, 2004, S. 10).

Der Erwerb von Schriftkultur geht weit über das reine Schreibenlernen hinaus: Er umfasst z.B. das Interesse an Mustern, Spuren, Zeichen etc. Sprache wird durch

Schrift ebenso ausgedrückt wie durch Symbole, Zeichen und Bilder. Alle diese Formen und Mittel zur Kommunikation und Information sollten in einer bildungsanregenden Umgebung von Kindern präsent sein.

8.1.1

Entwicklungspsychologische Voraussetzungen

Die allererste Erfahrung auf dem Weg zum Schreiben ist das Erleben, eine Spur als sichtbares Zeichen einer Handlung zu hinterlassen: Das kann ein Strich auf einem Blatt Papier, ein Abdruck im Schnee oder die Rinne im Grießbrei sein, in der sich roter Saft sammelt. „Das Kind entdeckt, dass es Zeichen setzen kann. ... Es ist ein Bedürfnis [des Menschen], sich nicht nur in Worten, sondern auch in Bildern ausdrücken zu wollen und zu können!" (Seitz, 2006, S. 19).

Das Bestreben, etwas Sichtbares zu hinterlassen, ist der erste Schritt zum Schreiben: vom zufälligen Handabdruck zum bewusst gestalteten Ausdruck, etwa einem Muster im Sand oder einer Spirale aus nassen Fußabdrücken. Diese (Bild-)Sprache ermöglicht es uns, inneres Erleben sichtbar zu machen, festzuhalten und mit anderen zu teilen.

Der Erwerb der Bildsprache unterliegt – ebenso wie jener der Lautsprache – einem inneren Bauplan, der allen Kindern der Welt, unabhängig von Kultur und Bildung, eigen ist. Den ersten Kritzeleien, wie Schwungkritzeln, Hieb- und Zickzackkritzeln, folgen im Alter von etwa drei Jahren Kreiskritzeln und erste isolierte Zeichen wie Kreisformen, Striche und Kreuze.

„**Maria Montessori** nennt dieses Alter die ‚sensible Phase' zum Schreiben- und Lesenlernen." (Seitz, 2006, S. 14). Deshalb finden sich unter den von ihr entwickelten Arbeits- und Lernmaterialien für den Kindergarten auch Angebote zum Kennenlernen der Buchstaben sowie zum Form- und Schrifterfassen. Dazu zählen etwa Sandpapierbuchstaben zum Begreifen, Erfühlen, Benennen und Wiedererkennen von Großbuchstaben. Das bewegliche Alphabet dient dem Legen und Lesen erster Wörter und Sätze. Geometrische Formen können mit den Einsatzfiguren aus Metall erfasst werden. Diese Formen unterstützen u.a. die Auge-Hand-Koordination, wenn die Kinder die Umrisse der einzelnen Formen mit Stiften auf Papier nachziehen.

Eine Druckerei, ein Kunstatelier, Schreibmaschinen sowie vielfältige Materialien zum Stempeln, Drucken und Schreiben finden sich in Kindergärten, deren Arbeit auf dem Konzept von **Célestin Freinet** basiert. Wesentliches Merkmal dieses Ansatzes ist die Kindzentrierung: Die subjektive Wahrnehmung der Kinder wird respektiert und bildet die Grundlage aller pädagogischen Prozesse. Für literacybezogene Erfahrungen bedeutet dies, dass sich schon die Jüngsten etwas aufschreiben lassen oder selber mit unterschiedlichen Utensilien wie Stempelbuchstaben, Schreibmaschine, Stiften etc. schreiben. Den Kindern sind grundsätzlich alle Materialien zum selbstbestimmten Arbeiten zugänglich. Zusätzlich werden im Alltag viele „Schreibanlässe" angeboten, z.B. Tagebücher geführt, Bilder beschriftet, Rechnungen geschrieben oder Dinge mittels „Ausleihzetteln" entlehnt (Klein, 1999).

An der Erfassung verschiedener Formen, die zum Schreibenlernen wichtig sind, ist nicht nur der Sehsinn, sondern auch der Tast- und Bewegungssinn („Eigenbewegungssinn") beteiligt (Seitz, 2006). Die Augen folgen den Formen, die Hände tasten einen Schnurkreis ab. Die Beine balancieren z.B. auf einer Linie am Boden, Arme und Hände zeichnen große oder kleine Kreise in die Luft, in den Sand oder ins Wasser.

In der Natur finden sich ebenfalls die Grundmuster einfacher geometrischer Formen: Die Kreise, die ein ins Wasser geworfener Stein auslöst, die Spirale der Schnecke, die Vielecke in Kristallen, das Sechseck der Bienenwaben oder die Symmetrien in Blättern und Blüten. C.G. Jung (1987, 1990) spricht von so genannten Grundmustern bzw. Archetypen in den inneren und äußeren Bildern der Menschen. Diese Muster und Bilder finden sich z.B. in der Symbolsprache, in Träumen sowie in Kunst und Literatur. Auch viele Buchstaben und Piktogramme lassen sich auf diese Grundmuster und -formen zurückführen.

Ins Schreiben hinein. Kinder auf der Suche nach dem Sinn der Zeichen. Video mit Begleitheft (Elschenbroich & Schweitzer, 1999). Der Film behandelt verschiedene Aspekte des Schriftspracherwerbs im Kindergarten, wie Schrift in verschiedenen Kulturen, Bedeutung der Schrift etc.

8.1.2
Schreibenlernen

Bei der Entwicklung des Schreibens werden folgende Phasen beschrieben (Blumenstock, 2004; Brügelmann, 2006; Kammermeyer, 2000; Valtin, 1997):

1. Kritzelphase

Schreiben lässt sich im Gegensatz zum Lesen gut beobachten und so beginnen schon sehr junge Kinder „selbst zu schreiben", indem sie die Erwachsenen imitieren. In dieser Zeit des Kritzelns steht zwar die Freude am Hinterlassen von Spuren im Vordergrund, manche Kinder unterscheiden jedoch sehr bald zwischen schreiben und zeichnen, auch wenn die Betrachtenden eventuell keine Unterschiede erkennen können. Ein reichhaltiges Angebot an Schreibmaterialien sowie unterschiedlichen Papierstrukturen und -formaten vermittelt den Kindern Wertschätzung für ihr Tun.

Was steht denn da? (Kromhout, 2004). Das Ferkel lädt alle Tiere zu seinem Geburtstagsfest ein, doch leider können die Tiere nicht lesen …

2. Ganzheitliches Schreiben

Die Kinder „malen" – zum Teil ohne Kenntnis der Bedeutung der Buchstaben und des Geschriebenen – ganze Wörter oder Buchstabenfolgen ab. Insbesondere die Buchstaben des eigenen Namens gewinnen an Bedeutung.

3. Halb- oder teilphonetische Phase

Ältere Vorschulkinder widmen den Buchstaben an sich mehr Aufmerksamkeit. Der Zusammenhang zwischen Laut und Buchstabe wird ihnen nun immer bewusster. In dieser Zeit des Schreibens und Benennens von Lautelementen orientieren sie sich meist zuerst am Anfangsbuchstaben eines Wortes. Bekannte Wörter, wie z.B. ihren Namen oder Mama, Oma, Papa etc. schreiben die Kinder bereits richtig, andere Wörter werden noch nach „Gehör" und Kenntnis der Schreiberinnen und Schreiber festgehalten. Z.B. lautet der Wunsch einer Fünfjährigen ans Christkind: „OAING FUA THERESA" (Ohrring für Theresa).

4. Phonetische Phase

Nun erfolgt die Erkenntnis, dass alle Buchstaben und deren Position im Wort von Bedeutung sind und beachtet werden müssen. Die Kinder beginnen mit dem Sortieren und Ordnen von gesprochenen und geschriebenen Wörtern und Namen nach zahlreichen Kriterien: Welche Worte klingen gleich? Was reimt sich? Wo finden sich gleiche Laute oder Buchstaben im Text?

 📖 Eric Carles Tier-ABC. Mit Reimen zum Raten (Carle & Jacoby, 1999). Für jeden Buchstaben steht ein Tier, dessen Name erst am Ende des Verses verraten wird.

 📖 Zehn grüne Heringe (Erlbruch, 2001). „Zehn grüne Heringe, die schliefen in der Scheun'. Der eine kriegte Heuschnupfen, da waren's nur noch neun."

 📖 Trauriger Tiger toastet Tomaten. Ein ABC (Budde, 2006). „Lieber ein lila Laubfrosch mit Lollipop …"

 📖 ☺ Lieber Eisbär, hör gut zu! (Martin, 1997). „Liebes Zebra, hör gut zu! Sag mir, Zebra, was hörst du? Ich hör rascheln und dazwischen deutlich eine Schlange zischen …" Einfache Reime für die Jüngsten.

8.1.3

Lesenlernen

Das Lesenlernen folgt folgenden Entwicklungsphasen (Blumenstock, 2004; Brügelmann, 2006; Kammermeyer, 2000; Valtin, 1997):

1. Als-ob-Lesen oder präliterarisch-symbolische Phase

Kinder, die Erwachsene oder ältere Kinder beim Lesen beobachten, imitieren dieses Verhalten im Rollenspiel. Manche Kinder verlangen nach Zeitungen, Katalogen oder „richtigen" Büchern. Sie lesen ihren Puppenkindern vor oder schreiben eine SMS mit ihrem Spielzeughandy. Manchmal verändern sie Sprache und Tonfall, um zu betonen, dass sie jetzt nicht „normal" reden, sondern dass sie lesen. Sie verfügen bereits über eine Vorstellung davon, dass Buchstaben eine Bedeutung aufweisen und ähnlich wie Bilder interpretiert werden können.

2. Naiv-ganzheitliches oder logografisches Lesen

Beim naiv-ganzheitlichen Lesen greifen Kinder zur Deutung von Schrift auf den Kontext zurück. Das bedeutet, dass sie z.B. Logos wie McDonalds oder Coca Cola in direkte Beziehung zu bestimmten Objekten, wie Speisen oder Getränken setzen. Ohne eindeutig sichtbaren Bezug zum erwarteten Objekt, also etwa zum Getränk, erkennen sie das dazugehörende Schriftbild jedoch vorerst nicht (Brügelmann, 2006).

Später „lesen" Kinder ein Logo auch dann, wenn es sich nicht am Lokaleingang oder an einer Flasche befindet, sondern vielleicht in einer Zeitung. Im Zuge dieser Akkomodationsprozesse haben die Kinder gelernt, dass Schrift ihre Bedeutung unabhängig vom dazugehörenden Objekt behält. Wenn sie Kritzelbriefe verfassen oder Botschaften mit vereinzelten Buchstaben und Zeichen schreiben, verrät dies, dass sie durch Vergegenständlichung schöpferisch tätig sind.

Manchmal werden die Empfängerinnen und Empfänger von Kritzelbriefen aufgefordert: „Lies vor, was ich dir geschrieben habe!" Basierend auf der Beobachtung und dem Wissen, dass Erwachsene alles Geschriebene lesen können, ist das Kind nun selbst gespannt, was es „geschrieben" hat. Um diese Botschaften richtig lesen zu können, brauchen die Erwachsenen oft etwas Hilfe: „Du hast dir aber eine schwierige Schrift ausgedacht, hilf mir bitte beim Lesen …"

Manche Kinder merken sich sogar ganze Wörter oder Sätze – z.B. aus Bilderbüchern – und freuen sich, schon „richtig" (vor)lesen zu können. Bilder und Illustrationen helfen beim Merken, Erinnern und Wiedererkennen.

3. Benennen von Lautelementen

In dieser Phase wissen Kinder bereits um den Zusammenhang zwischen Lauten und Buchstaben. MAMA, MIMI, MARIE werden vorerst auf Grund des gemeinsamen Anfangsbuchstabens M als gleiche Wörter „gelesen". Ein Kind, das das Wort MAMA kennt, erkennt den Anfangsbuchstaben M und „liest" nun Wörter wie MIMI, MARIE oder MAUS auf Grund des gleichen Anfangsbuchstaben als MAMA. Unabhängig davon, ob dieses „Wissen" aus Sicht der Erwachsenen richtig ist, konstruiert das Kind aktiv neues Wissen, indem es entsprechend seinem Vorwissen neue Informationen in bereits vorhandenes Wissen integriert.

📖 Das Vogel ABC (Grobler, 2006). Jedes Vögelchen stellt lautmalerisch einen Buchstaben vor: H – Hatschi! T – Tock, tock …

4. Buchstabenweises Erlesen

In Vorlesesituationen oder bei der Beschäftigung mit geschriebener Sprache kommt es in der Folge immer häufiger zum buchstabenweisen Erlesen: Einzelne Buchstaben werden zu ganzen Wortbildern zusammengelautet – anfänglich noch ohne die genaue Wortbedeutung zu erfassen. Blumenstock (2004, S. 21) bezeichnet diesen Entwicklungsschritt als die Phase der Entdeckung der alphabetischen Strategie.

Viele Kinder wollen nun „richtig" schreiben und lesen lernen. Sie lassen sich einzelne Wörter oder Texte mit dem Ziel, die richtige Schreibweise kennenzulernen, vorlesen und vorschreiben. Oft werden Kinder in dieser Zeit auf das Lesen- und Schreibenlernen in der Schule vertröstet und es ist gut nachvollziehbar, dass dadurch ihr Interesse am Lesen und Schreiben erlahmt.

ABC-Bücher oder erste Wörterbücher können diese Aneignungsprozesse unterstützen, z.B.:

 📖 ☺ Das Nacht-ABC (Wolfsgruber, 2006). In der Nacht kann man viel entdecken, z.B. das A vom Abendstern, das H vom Himmelbett ...

5. Erfassen ganzer Wortteile und Wörter oder fortgeschrittenes Lesen

Fortgeschrittenes Lesen ist dann erreicht, wenn nicht mehr nur Einzelbuchstaben, sondern ganze Einheiten gelesen werden, z.B. mehrgliedrige Schriftzeichen wie das SCH. Einzelne Wörter werden durch ihr Wortbild erkannt. Oft betrifft dies zuerst den eigenen Namen und einfache Wörter wie IM, UND, DER etc.

Manche Kinder erreichen diese Fertigkeiten bereits im Vorschulalter und können beim Schuleintritt schon selbstständig lesen.

Wenn Vorschulkinder, die zu schreiben beginnen, nicht auf die richtige Rechtschreibung achten, befürchten viele Erwachsene, dass dadurch nachhaltig falsche Schreibweisen antrainiert werden. Untersuchungen zeigen jedoch, dass Kinder mit guten Lesekompetenzen weniger Probleme mit der Rechtschreibung haben. Der Schriftspracherwerb ist als Entwicklungsprozess zu verstehen, der bereits im Kindergarten beginnt (Kammermeyer, 2000). Je häufiger Kinder die Möglichkeit zur Erfahrung von Gesetzmäßigkeiten und regelhaften Mustern der Sprache erhalten, umso sicherer kann entsprechendes Wissen erworben werden.

Phase	Fähigkeiten & Einsichten	Lesen	Schreiben
1	Nachahmung äußerer Verhaltensweisen	‚Als-ob'-Vorlesen	Kritzeln
2	Kenntnis einzelner Buchstaben an Hand figurativer Merkmale	Erraten von Wörtern auf Grund visueller Merkmale von Buchstaben oder Buchstabenteilen (Firmenembleme benennen)	Malen von Buchstabenreihen, Malen des eigenen Namens
3	Beginnende Einsicht in den Buchstaben-Laut-Zusammenhang, Kenntnis einiger Buchstaben/Laute	Benennen von Lautelementen, häufig orientiert am Anfangsbuchstaben, Abhängigkeit vom Kontext	Schreiben von Lautelementen (Anlaut, prägnanter Laut zu Beginn des Wortes), ‚Skelettschreibungen'
4	Einsicht in die Buchstaben-Laut-Beziehung	Buchstabenweises Erlesen (Übersetzen von Buchstaben- und Lautreihen), gelegentlich ohne Sinnverständnis	Phonetische Schreibungen nach dem Prinzip ‚Schreibe, wie du sprichst'
5	Verwendung orthographischer bzw. sprachstruktureller Elemente	Fortgeschrittenes Lesen: Verwendung größerer Einheiten (z.B. mehrgliedrige Schriftzeichen, Silben, Endungen wie -en, -er)	Verwendung orthographischer Muster (z.B. -en, -er; Umlaute), gelegentlich auch falsche Generalisierungen
6	Automatisierung von Teilprozessen	Automatisiertes Worterkennen und Hypothesenbildung	Entfaltete orthographische Kenntnisse

Stufenmodell des Schriftspracherwerbs nach Valtin (1997)

8.1.4

Erste Begegnung mit Büchern

Von Lesesozialisation und Buchkultur ist meist nur unter dem Aspekt des Lesen- und Schreibenlernens und der damit verbundenen Bildungschancen die Rede.

Vergessen wird häufig auf die Qualität und Bedeutung des Lesens an sich. Für viele Menschen ist Lesen eine wichtige Dimension des Erlebens und Erfahrens. Erkenntnisse der Glücksforschung sprechen von einem so genannten „Flow, einer Erlebnisintensität, die den Menschen einerseits ganz zu sich selbst führt, ihn andererseits aber weit über sich hinaus führt. … Die Dimensionen Zeit und Raum sind aufgehoben, der Mensch verschmilzt mit der Tätigkeit, die ihn in den Bann zieht" (Lainer, 2003, S. 6). Lesen ist neben Sport und Musik eine der häufigsten legalen Tätigkeiten, die solch eine Erfahrung ermöglicht.

Für viele Kinder bietet der Kindergarten die erste Gelegenheit dazu. Bruno Bettelheim meint in seinem Werk „Kinder brauchen Bücher" (1982, S. 183): „Man darf annehmen, daß nur jemand, für den das Lesen schon frühzeitig visionäre Eigenschaften besaß, später zu einem gebildeten Menschen wird." Und, so muss ergänzt werden: Kinder brauchen Menschen, die ihnen den Weg in das Land der Bücher zeigen und sie auf dem ersten Stück des Weges begleiten.

Spätestens im Kindergarten erhalten alle Kinder die Möglichkeit, mit Schriftsprache und Büchern in Kontakt zu kommen. Im Idealfall wird täglich vorgelesen oder erzählt und es stehen eine große Auswahl verschiedener Bücher, vielfältiges sprachanregendes Material sowie elektronische Medien zur Verfügung (vgl. Kapitel 10).

Die Qualität regelmäßiger, individueller und vielfältiger Literacyerfahrungen ist u.a. an strukturelle Bedingungen wie Raumgröße, Kinderanzahl und Personalsituation im Kindergarten gebunden. Eine Möglichkeit der Unterstützung sind z.B. Vorlesepatenschaften von Eltern, Großeltern oder anderen Menschen, die gerne vorlesen und erzählen (vgl. Kapitel 15).

Gruppenübergreifendes Arbeiten und Änderungen im Tagesablauf können Freiräume für entsprechende Angebote schaffen. Denkbar ist zudem die Einführung einer Lesestunde nach dem Mittagessen, am Nachmittag oder in der Sammelzeit.

Eine **Kindergartenbibliothek** für Kinder und Eltern bietet mehrere Vorteile: Den Kindern sowie den Pädagoginnen und Pädagogen steht eine große Auswahl an Büchern zur Verfügung, die zusätzlich zum Angebot in der Gruppe ausgewählt werden können. Insbesondere in Wohngebieten, in denen es keine Kinderbücherei gibt, bietet sich Eltern auf einfachem Weg die Möglichkeit, gemeinsam mit ihren Kindern Bücher zu entlehnen und zu Hause vorzulesen. Hinweise zur Ausstattung finden sich in Kapitel 15.2.1.

8.1.5

Phonologische Bewusstheit

Phonologische Bewusstheit beschreibt die Fähigkeit, die strukturellen Aspekte der Sprache zu erfassen, wie z.B. gleiche Anfangsbuchstaben zu erkennen, einzelne Laute herauszuhören oder Wörter zu segmentieren.

Die phonologische Bewusstheit stellt eine wichtige Vorläuferkompetenz für das Lesen- und Schreibenlernen dar (Widmann-Rebay von Ehrenwiesen, 2007). Eine gezielte Förderung dieser auditiven Fähigkeit im Kindergarten erleichtert den Einstieg in die Welt der Schriftsprache und kann Lese-Rechtschreib-Schwäche vorbeugen.

Beim Zweitspracherwerb bedeutet phonologische Förderung zudem, auf eine korrekte, deutliche und vorbildhafte Aussprache der Erwachsenen zu achten. Während deutschsprachige Kinder den Sinn einer Aussage gegebenenfalls aus dem Kontext verstehen, haben zweisprachige Kinder mitunter Probleme beim Unterscheiden von Nadel und Nagel oder Kanne und Tanne. In der Folge können sie die Aussage eines Satzes möglicherweise nicht richtig verstehen. Undeutliche Aussprache und verschluckte Silben erschweren das Verstehen ebenso wie leises Sprechen oder unvollständige Sätze, wie z.B.: „Nimm's so und mach's dann so …" statt „Nimm die Spielfiguren und stelle sie hinter dieser Linie auf …". Auch die Sprechweise der Kinder untereinander beeinflusst, wie gut sie einander verstehen können.

Bei Übungen zur phonologischen Bewusstheit, wie z.B. dem Heraushören von Einzellauten und deren Verbindung mit den entsprechenden Buchstaben, sollte auf die phonologischen Merkmale der verwendeten Wörter geachtet werden: Ist ein bestimmter Laut in einem Wort auch tatsächlich zu hören? So hört man z.B. am Ende des Wortes HUND kein D, sondern ein T. Kommentierte Wortlisten zur Lautschulung geben Sicherheit bei der Auswahl der Übungsbeispiele.

📖 ↝ Kommentierte Wortlisten zur Lautschulung (Kalmár, 2006). Diese Liste enthält eine Fülle an Wörtern, die zur „korrekten" Lautschulung benutzt werden können.

Spiele und Materialien zur Förderung der phonologischen Bewusstheit

Im Kindergarten können Materialpakete und Förderprogramme zum Einsatz kommen. Sie sollten über einen längeren Zeitraum hinweg regelmäßig durchgeführt werden. Beispiele dafür sind das Würzburger Trainingsprogramm „Hören, lauschen, lernen" (Küspert & Schneider, 2002), das Übungsprogramm „Wuppis Abenteuer-Reise durch die phonologische Bewusstheit" (Christiansen, 2005) oder das Materialpaket „Zwergenmatz und der Riesenschatz" (Hausberg & Schreiner, 2006).

Ebenso gibt es eine Fülle an Spielen und CDs, die sich zur Förderung der phonologischen Bewusstheit eignen:

- Die freche Sprechhexe (o.A., 2005). Bildkärtchen mit den richtigen Reimwörtern (z.B. Kröte – Flöte) finden.
- Sprechdachs (Webstar & Zoch, 2005). 23 Sprach- und Erzählspiele. Mit Anlauttabelle, Förderung der Konzentration, des Gedächtnisses und der Phonetik.
- E wie Elefant (o.A., 2006). Laute hören und Buchstaben entdecken. Mit Anlauttabelle. Förderung des Wortschatzes und des genauen Hinhörens.
- ♪ Papperlapapp (Wrede, 2001). Mit Audio-CD. Sprechen, hören, fühlen. Geräusche erkennen.
- Schloss Silbenstein (Haferkamp, 2006). Zauberworte langsam und deutlich aussprechen. Zu jeder Silbe wird an das Schlosstor geklopft.
- ♪ Geräusche. Hören – erkennen – imitieren. Soundtrack-Spiel mit 30 Bildkarten (Preuß & Ruge, 2003). Geräusche aus dem Alltag hören, erkennen, benennen und zuordnen. CD mit Begleitheft.
- Detektiv Horch (Bruhns, 1987). Ein Spiel zur Lauterkennung.
- Aus 2 mach 1 (Bruhns, 1992). Zusammengesetzte Hauptwörter bilden.
- Kartenspiele von Lingoplay, wie „Initialo" und „L wie Löwe" zur Anlauterkennung sowie „Haus-Maus-Laus", ein Merkspiel mit Reimwörtern.

Das folgende Spiel von Karin Eisl aus dem Kindergarten Scherzhausen in Salzburg kann sowohl zur Förderung der phonologischen Bewusstheit als auch zur umfassenden Sprachförderung eingesetzt werden:

Ein Raster aus Quadraten (ca. 35 cm x 35 cm) wird auf den Boden geklebt. In diese Felder können nun Kärtchen oder kleine Gegenstände zum Visualisieren von Begriffen bzw. Wörtern aus unserer Wörterkiste gelegt werden. Folgende Spielvarianten sind möglich (und beliebig erweiterbar):

- *Die Gegenstände werden benannt und auf ein Feld gelegt. Nach einer kurzen Bewegungssequenz (Laufen, Musik, Tanz) werden die Begriffe noch einmal genannt, wieder gefunden, getauscht etc.*

- *Die Kinder finden gemeinsam Kategorien: Die Kärtchen oder Gegenstände werden nach Überbegriffen sortiert, wie z.B. Nahrung oder Tiere, aber auch gleiche Artikel, gleiche Farbe etc. Dabei ist es nicht nötig, dass alle Kinder alle Begriffe in deutscher Sprache kennen. Diese werden während des Spiels durch das Hantieren und Wiederholen geübt.*

- *Phonologische Förderung: Reimwörter oder Wörter mit gleichem Anlaut finden etc.: Die entsprechenden Gegenstände werden gemeinsam in ein Feld gelegt oder durch Hüpfen „verbunden".*

- *Neue Begriffe – z.B. zusammengesetzte Wörter – entstehen: Bildkärtchen und Gegenstände sind im Raster verteilt, wie z.B. ein Baum, ein Haus und eine Tür. Das Bild eines zusammengesetzten Wortes wird gezeigt, z.B.: Baumhaus. Die Kinder „erhüpfen" innerhalb des Rasters das neue Wort. Sie springen vom Feld mit dem Baum auf das Hausfeld. Dabei können auch Nonsenswörter kreiert werden.*

- *Nach diesem Prinzip lassen sich auch Sätze bilden: In den Rastern finden sich Bildkärtchen mit Zeitwörtern, z.B. laufen, schwimmen, springen, sowie*

Gegenstände, wie Ente, Kind, Ball. Verschiedenfarbige Wäscheklammern stehen für die unterschiedlichen Artikel. Nun werden kurze Sätze erhüpft und anschließend in eine Reihe gelegt, z.B.: „Die Ente schwimmt" oder „Das Kind schwimmt".

- *Zur Erweiterung werden Präpositionen, wie auf, unter, neben, in etc. visualisiert. Z.B.: IN einer durchsichtigen Schachtel liegt ein Stein; AUF der Schachtel liegt der Stein etc.*

Reimwörter finden:
Rose – Hose, Becher – Fächer …

Einfache Sätze legen und lesen

8.2

Schreiben und Lesen im Kindergarten

Durch die ganzheitliche und transaktionale Bildungsarbeit im Kindergarten können die Kinder differenzierte praktische Erfahrungen mit Schriftsprache sammeln und in vielfältigen Vergegenständlichungsprozessen eigene Produkte schaffen.

8.2.1

Erste Erfahrungen mit Zeichen und Formen

Die „innere Formbildung" stellt die Grundlage für das Erkennen und Wiedergeben unterschiedlicher Formen dar. Diese Fähigkeit kann durch möglichst vielfältige Erfahrungen mit allen Sinnen angeregt und unterstützt werden. Ein Kreis, der beim Laufen, beim Balancieren, beim Schwingen von Tüchern, beim großflächigen Malen und später beim Zeichnen auf Papier verinnerlicht wurde, kann jederzeit als Kreis und später als O erkannt und wiedergegeben werden. Beim Abschreiten eines Vierecks wird bewusst, dass die Ecken den Bewegungsfluss unterbrechen und dass darauf geachtet werden muss, den Ausgangspunkt durch Einbeziehung bestimmter geometrischer Regeln wieder zu erreichen. Das Legen einer geraden Linie mit Hilfe eines Seils, einer Kastanienkette oder mit Kieselsteinen fördert die Konzentration auf diese ganz spezielle Form. „Gesetzmäßigkeiten der Formen werden von den Kindern sinnlich erfasst, durch die konkrete Erfahrung bewusst gemacht und können nun abstrahiert werden." (Seitz, 2006, S. 25).

Je jünger ein Kind ist, umso mehr greift es auf konkrete Erfahrungen zurück: Ein Kreis *ist* die Sonne oder ein Kopf, ein Dreieck *ist* das Dach und eine Linie *ist* eine Straße. Ältere Kindergartenkinder beginnen zu vergleichen: Der Kreis ist *wie* ein Ball, das Viereck *wie* ein Buch und die Spirale *wie* eine Schnecke.

Damit wird ein großer Schritt in Richtung Abstraktion, Symbolverständnis und dadurch in Richtung Lesen möglich.

- Vom Formenzeichnen zum Schreibenlernen. Wahrnehmung, Bewegungskoordination, Feinmotorik und Konzentration (Seitz, 2006). Dieses ästhetisch sehr ansprechende Buch bietet eine Fülle origineller Vorschläge und Anregungen zum Formenzeichnen, Übungen zur Grafomotorik, zum Erleben von Symmetrie und zum beidhändigen Formenerfahren sowie Kopiervorlagen und eine umfangreiche Materialliste.

- Vom Zeichen zur Schrift. Begegnungen mit Schreiben und Lesen im Kindergarten. Ein Werkstattbuch (Zinke, Bostelmann & Metze, 2007). Eine ausführliche Darstellung der Wechselwirkung zwischen Angeboten und Beobachtungen durch die Erwachsenen und dem Konstruieren eigener Bildungsprozesse der Kinder. Das Buch wird vom Autorinnenteam folgendermaßen charakterisiert: „In diesem Buch beschreiben wir Begegnungen von Kindergartenkindern mit Schrift. Diese Begegnungen sind keine konstruierten Prozesse, sondern in der Praxis beobachtete reale Lernprozesse. Unserem Bild vom Lernen liegt die Theorie vom Konstruktivismus zugrunde ... (S. 12)"

- Spielerische Wege zur Schriftsprache im Kindergarten (Blumenstock, 2004). Ausgehend von der Beschreibung, wie Kinder lesen und schreiben lernen, bietet der Autor viele praktische Anregungen und Materialvorschläge zu wichtigen literacybezogenen Aspekten, wie z.B. Symbole, Buchstaben, Lauterfahrungen etc.

- ☺ Mein kleines ABC (Spanner, 2000). Einfache Bilder in Kombination mit Buchstaben. Pappbilderbuch.

- Der Buchstabenbaum (Lionni, 2005). Lionni zeichnet ein Gleichnis für die Macht der Buchstaben, wenn diese sich vereinen und dahin kommen, wo die Menschen sie brauchen. „Der Buchstabenbaum zeigt in Wort und Bild, was Lesefähigkeit wirklich bedeutet." (Bruno Bettelheim am Klappentext).

- Kurt (Kaip, 2003). Kurt ist eine Riesenschlange, die auf dem Ast eines Baumes liegt. Statt Blättern hängen Bücher von den Ästen.

Für das Lesen und Schreiben ist das Einhalten der Leserichtung Voraussetzung. „Dem Kind ist die Leserichtung unseres Kulturkreises nicht selbstverständlich. ... Kinder können ein Zeichen auch dann wiedererkennen, wenn es in seiner Lage verändert ist." (Feiner, 1995, S. 131). Das Auflegen der Bildkärtchen einer Bildgeschichte in der richtigen Reihenfolge – von links nach rechts – hilft den Kindern nicht nur als „Textvorlage" für das folgerichtige Erzählen, sondern unterstützt auch das Einhalten der Leserichtung. Besonders wichtig sind diese Erfahrungen für Kinder, in deren Kulturkreis die Leserichtung von rechts nach links oder von unten nach oben verläuft. Sobald die richtige Leserichtung verinnerlicht ist, kann dieses Wissen auf einer Metaebene bewusst gemacht werden. Zum Vergleich können z.B. Bücher in anderen Schriften und Leserichtungen herangezogen werden:

- Willi Wiberg und das Ungeheuer (al Muna, 2002). Die arabischen Ausgaben der Willi Wiberg-Bücher werden rechts aufgeklappt und von links nach rechts gelesen. Viele der Geschichten sind den Kindern in deutscher Sprache bekannt. Dadurch kann der Vergleich zwischen deutschen und arabischen Ausgaben noch interessanter und anschaulicher werden.

8.2.2

Ein Platz zum Schreiben und die passende Ausstattung

Ein zeitgemäßer Schreibplatz

Für viele Kinder sind Schreibtische älterer Geschwister oder ein Arbeitsplatz der Eltern mit Computer und Schreibutensilien ein vertrauter Anblick. Auch im Kindergarten sollte ein Schreibplatz für Kinder vorhanden sein. Er kann in den Bereichen für Familienspiel, Bildnerisches Gestalten oder Kreativität platziert sein. Das Angebot von Stiften und Papier allein ist zur Unterstützung von Literacyerfahrungen zu wenig. Kinder wollen auf ihrem Schreibtisch dieselben Utensilien wie Erwachsene – wie etwa im Büro der Kindergartenleitung – vorfinden, z.B.:

- Unterschiedliche Stifte, Bleistifte, Kugelschreiber, feine und dicke Filzstifte, Gelroller, Markerstifte, Füllfedern, Federn und Federhalter sowie Tinte, Gänsefedern und Holzkiele mit Papier, kleine Lappen zum Reinigen …

Buchstaben erkennen und ausschneiden

- Lineal, Radiergummi, Schere, Klammermaschine, Locher, verschiedene Klebematerialien, Zirkel und Formenlineale …

- Blöcke, Hefte, diverses Papier in verschiedenen Formaten, Farben, Oberflächenstrukturen, glatt, kariert, liniert, Löschpapier …

Impulse aus der Freinet-Pädagogik

- Stempel und Stempelkissen (einige Bildmotive, jedoch vorwiegend Buchstaben, Zahlen, Logos …)
- Briefpapier und Kuverts, Ansichtskarten, Bestellformulare, Listen, Karteikarten …
- Telefon, Kalender, Uhr, Sortierkörbe, Mappen, Ablagen …
- Schreibtischlampe, Papierkorb …
- Bürosessel, Sitzball …
- Wörterbücher, ABC-Bücher, Lexika …
- Eventuell eine mechanische Schreibmaschine, ein PC mit Drucker …

Die Materialien sollten übersichtlich, gut geordnet, in ausreichender Menge und in ansprechender Qualität vorhanden sein. Beim Hantieren mit diesen verschiedenen Materialien sammeln Kinder wichtige Erfahrungen, z.B. über die Qualität der Oberfläche, die Handhabung, den möglichen Verwendungszweck etc. Büromaterial animiert viele Kinder zum Sortieren und Ordnen. Trotzdem sollten Regeln zum Einhalten von Übersichtlichkeit und Ordnung vereinbart werden, dazu gehört u.a. das Aufräumen vor dem Verlassen des Arbeitsplatzes. Eine abwaschbare Schreibtischplatte ermöglicht den Kindern das Experimentieren ohne Angst vor dauerhaften Flecken. Eine abwechslungsreiche Gestaltung des Schreibplatzes oder des Schreibtisches fordert zum „Schreiben" auf. Dieser sollte die nötige Ruhe zum Arbeiten bieten und als fixe Einrichtung bei der Raumgestaltung mitbedacht werden.

Ein Postkasten oder eine Briefablage in der Nähe des Schreibplatzes kann eine Verbindung zum übrigen Gruppenraum herstellen und zu Rollenspielen anregen.

Lesen und Schreiben gehören zu unserem Alltag genauso wie Beruf, Schule, Essen, Kochen, Schlafen oder Körperpflege. Für fast alle diese Tätigkeiten gibt es Materialien und Accessoires im Rollenspielbereich. Selten jedoch findet sich ein Schreibtisch im Bereich für Familie und Wohnen oder etwa Material zur Ausstattung des Kaufladens als Papierfachgeschäft. Wie wäre es z.B. mit einem Büro oder einem Kaffeehaus, ausgestattet mit Zeitschriften und Katalogen zum Schmökern? Viele Kinder spielen gerne und ausdauernd Schule: Ausreichende und vielfältige Requisiten und das gelegentliche Mitspielen der Pädagogin bzw. des Pädagogen sind wichtige Impulse zur Erweiterung von Literacyerfahrungen.

Anregungen zum Selberschreiben können folgende Bilderbücher bieten:

📖 Post vom Erdmännchen (Gravett, 2007). Sunny, das Erdmännchen, besucht seine Verwandten in der ganzen Welt und von überall schickt es seinen daheim gebliebenen Brüdern und Schwestern Postkarten.

📖 Kurt (Kaip, 2003). Kurt ist eine Riesenschlange, die auf dem Ast eines Baumes liegt. Statt Blättern hängen Bücher von den Ästen.

📖 Was steht denn da? (Kromhout, 2004). Das Ferkel lädt alle Tiere zu seinem Geburtstagsfest ein, doch leider können die Tiere nicht lesen …

8.2.3

Praktische Anregungen zum Lesen und Schreiben im Kindergartenalltag

Unser Alltag ist ohne Lesen und Schreiben nicht vorstellbar. Es gibt kaum einen Bereich in unserem Leben, der frei von Symbolen, Piktogrammen oder Schrift ist. Die Erwachsenen im Kindergarten sind mit ständig steigender Bürokratisierung und zusätzlichem Schreibaufwand im Alltag beschäftigt. Selten jedoch bietet sich Kindern die Möglichkeit, sie bei diesen Tätigkeiten zu beobachten und nachzuahmen.

Im Alltag sollte den Kindern das „Schreiben" genauso wie das Malen, Zeichnen und Erzählen als selbstverständliche Form des Ausdrucks und der Kommunikation möglich und gegenwärtig sein.

Schreiben wird nur durch Nachahmung und aktives Selbertun erlernt. Durch seinen ganzheitlichen Ansatz bietet der Kindergarten optimale Bedingungen für erste Erfahrungen mit dieser wichtigen Kulturtechnik:

- Zu unterschiedlichsten Zwecken können Listen erstellt werden, etwa Geburtstagskalender oder die Auflistung diverser wiederkehrender „Dienste" oder Pflichten der Kinder. Das Festhalten der Körpergröße, der Größe von Händen und Füßen mittels Abdrücken, Namen der Kinder und entsprechendem Datum im Laufe der Kindergartenzeit bieten eine ideale Möglichkeit zum Kennenlernen von Zahlen in Verbindung mit Schrift.

- Dokumentationen unterschiedlicher Ereignisse, wie Temperatur, Wetter, Tagesaktivitäten, Ausgänge oder Gespräche, können in vielgestaltiger Form verfasst werden. Beispiele dafür sind freie Schilderungen, vorbereitete Tabellen und Raster oder andere, von den Kindern selbst entwickelte Systeme.

- Briefe und Nachrichten an andere Kinder, Gruppen oder Kindergärten, an die Eltern oder ehemalige Kindergartenkinder, Informationen für Eltern sowie Besucherinnen und Besucher etc.

 ♪ Weltbeste Briefe von Felix (Langen, 2003). Die Briefe von Felix, dem Kuschelhasen, gibt es mittlerweile auf CD, Video, im Kino und im Fernsehen. Felix, der kleine Hase, schreibt seiner Freundin Sophie von jeder seiner Reisen Briefe, in denen er von den Ländern erzählt, in die ihn seine Abenteuer führen. Auch als Audio-CD erhältlich.

- Protokolle von Gesprächskreisen oder Debatten helfen den Kindern, ihre Ideen und Ansichten für alle sichtbar dauerhaft festzuhalten. Sie erleben sich als Schöpferinnen und Schöpfer eines Produktes, das vorerst „nur in ihrem Kopf" war und nun für alle Menschen sichtbar wurde. Dies können etwa geplante Aktivitäten, vereinbarte Regeln oder besondere Gedanken und Ideen nach einem philosophischen Gespräch sein, die von der Pädagogin bzw. dem Pädagogen nach den Vorschlägen der Kinder aufgeschrieben wurden. Vereinbarungen erhalten mehr Verbindlichkeit, wenn sie für alle sichtbar aufgezeichnet sind.

◆ Hilfe und Unterstützung für bestimmte Tätigkeiten, wie Arbeitsanleitungen für einfache Werkarbeiten, Bauanleitungen, Kochrezepte, Beschriftungen von Aufbewahrungsbehältern etc. können den Kindern zur Verfügung gestellt oder von den Kindern selbst geschrieben bzw. gezeichnet werden. So erhalten Kinder die Möglichkeit, Produkte selbst herzustellen.

Wir gestalten eine Jause

Das Vereinbaren und Gestalten von Piktogrammen und Zeichen ermöglicht den Kindern, aktiv auf ihre Umwelt Einfluss zu nehmen und sie mitzugestalten. Räume oder Bereiche erhalten Schilder, die nach den Ideen der Kinder realisiert wurden und die alle „lesen" können, wie z.B. „Bitte nicht stören!", „Bauwerk bitte nicht zerstören!", „Mitspielerinnen und Mitspieler sind willkommen!"

◆ In manchen Spielsituationen können notwendige Accessoires von den Kindern nach eigenen Ideen und Erfahrungen hergestellt werden, wie etwa ein Führerschein für die Fahrzeuge, eine Ansichtskarte beim Familienspiel, ein Rezept fürs Arztspiel, Rechnungen für den Supermarkt oder Verkehrszeichen, um den Verkehr beim Kleine-Welt-Spiel oder im Garten zu regeln. Weitere Ideen sind Beschriftungen und Preisauszeichnungen für Obst und Gemüse, Werbeplakate für den Kaufladen oder das Kasperltheater, Preislisten für den Frisiersalon, die Autowerkstatt oder den Zoo. Ein Schatzplan für Piratinnen und Piraten, eine Landkarte für Forschende, eine Nachricht für Abwesende, Informationstafeln oder -schilder für Ausstellungsgegenstände, Bauwerke oder andere Objekte können ebenfalls ins Rollenspiel einbezogen werden.

◆ Erfahrungen mit Ziffern und Zahlen: Uhren mit unterschiedlichen Zifferblättern im Gruppenraum und in diversen Spielbereichen, Geldscheine, Münzen und Briefmarken auf dem Schreibplatz und beim Rollenspiel, das Kennenlernen von Maßeinheiten wie Zentimeter oder Meter in Verbindung mit Messen und Vergleichen von Größen oder Strecken, Zahlenwürfel etc.

📖 Eins, zwei, drei! (Ravishankar, Rao & Bai, 2006). Eine Ameise klettert auf einen Baum, dann kommen zwei fixe Eidechsen dazu, dann drei weitere Tiere usw. Mit Bildern der indischen Malerin Durga Bai.

- Manche Spielsituationen sind besonders dazu geeignet, Kinder zum Nachahmen und Erfinden von Schriftzeichen anzuregen: Als Archäologin oder Archäologe lassen sich im Rollenspiel z.B. die Schriften fremder Länder und Kulturen erforschen. Um Prozesse des Vergegenständlichens anzuregen, können den Kindern zusätzliche Informationen aus Büchern und Bildern sowie Anschauungsmaterial angeboten werden, wie etwa Bilder von ägyptischen Wandmalereien, chinesische oder japanische Schriftzeichen etc.

    📖 Lius Reise (Louis, 2006, mit Kalligrafien von Min). Liu möchte ihren Großvater besuchen. Figuren und Symbole zeigen ihr den Weg. Diese chinesischen Zeichen lassen nachempfinden, wie Zeichen zur Schrift werden und so Botschaften vermitteln können. Auf einem beigelegten Poster sind alle Schriftzeichen noch einmal zu finden.

- In vielen Gruppen gibt es Kinder, deren Eltern kyrillische, arabische oder andere „fremde" Schriften lesen und schreiben können. Diese Eltern schreiben sicher gerne Namen oder Wünsche, wie „Herzlich willkommen!", „Fröhliche Weihnachten" oder „Schöne Ferien" in ihrer Schrift auf. Es zeugt von Achtung und Wertschätzung gegenüber anderen Kulturen, wenn Begrüßungen oder Informationen in verschiedenen Sprachen und Schriften geschrieben werden und auf diese Weise die im Kindergarten vorhandene Vielfalt sichtbar wird.

- Schreiben und Lesen des eigenen Namens: Viele Kinder im Kindergartenalter können schon ihren Namen lesen und zumindest bruchstückhaft schreiben. Der eigene Name und der individuelle Schriftzug jedes Kindes unterstreichen seine Identität auf ganz besondere Weise. Es kann faszinierend sein, durch das Schreiben seines Namens unabhängig von der persönlichen Präsenz Besitz anzumelden oder zu markieren.

- Kunstwerke sind zumeist mit einer Signatur der Künstlerin oder des Künstlers versehen. Das Suchen und Betrachten der Unterschriften von Künstlerinnen und Künstlern könnte etwa der Schwerpunkt eines Besuchs im Museum oder einer Ausstellung sein. Was verrät uns die Unterschrift? Womit kann sie verglichen werden? Wie unterschiedlich sind Unterschriften? Basierend auf Erfahrungen mit dem eigenen Namen können Kinder Vergleiche mit den Namen von Menschen aus anderen Epochen oder Kulturen anstellen: Sie können z.B. versuchen zu erraten, welcher Name zu einer Frau oder zu einem Mann gehört oder was ein Beiname aussagt, wie etwa Alexander der Große oder Margaretha die Kluge.

- Beschriften von Zeichnungen oder Werkstücken: Manche Kinder haben das Bedürfnis, ihre Werke mit zusätzlichen Informationen zu versehen und bitten die Erwachsenen, diese Erklärungen und Geschichten dazuzuschreiben. Wurden einige solcher Bildergeschichten gesammelt, lassen sich daraus erste einfache Bücher herstellen.

- Das Schreiben und Empfangen von E-Mails ist mittlerweile fixer Bestandteil im Alltag vieler Menschen. Auch Kindergartenkinder freuen sich über neue Nachrichten und sind stolz, wenn sie Antworten auf ihre E-Mails erhalten. Immer mehr Kindergärten ermöglichen den Kindern Zugang zum Computer, wo sie mit Unterstützung kleine Botschaften schreiben und empfangen können.

- Im Gruppenraum kann Schrift zur besseren Orientierung und zum Einhalten von Ordnung dienen: Aufbewahrungsmöglichkeiten für Spiel- und Arbeitsmaterial können mit Symbolen und Schrift gekennzeichnet werden. Insbesondere beim Erwerb einer zweiten Sprache kann das Beschriften von Einrichtungsgegenständen in verschiedenen Sprachen hilfreich sein.

- Bei der Ausgestaltung des Gruppenraums sollte ganz bewusst auf Schrift, Zeichen und Symbole geachtet werden. Auch wenn die Kinder anfangs z.B. Wörter nicht lesen können, so erlernen sie rasch deren Bedeutung über das Schriftbild. Sie erkennen bald ihren Namenszug oder konkrete Begriffe aus dem Alltag, wie Teller, Messer und Gabel auf einer Anleitung zum Tischdecken oder Farbbezeichnungen an den Stiftbehältern.

- Alles, was uns im Alltag und in unserer Umgebung an Schrift und Text begegnet, wurde von Menschen erdacht und schriftlich festgehalten. Das Bilderbuch im Kindergarten, die Zeitung in der Straßenbahn, der Fahrplan oder das dicke Wörterbuch – alles wurde irgendwann einmal entweder mit der Hand oder am PC geschrieben. Durch Erzählungen von Autorinnen und Autoren können Kinder erfahren, dass es ein langer Weg von der ersten Idee bis zum fertigen Bilderbuch ist. Exkursionen und Ausgänge, z.B. in eine kleine Druckerei, in der noch von Hand gesetzt wird, zeigen anschaulich den Weg von den Lettern zum gedruckten Text. Vieles davon kann im Kindergarten durch das Anbieten diverser Materialien zum Schreiben, Drucken und Vervielfältigen nachvollzogen werden.

- Hochbegabte Kinder sowie Kinder im letzten Kindergartenjahr verfügen häufig über Zahlen- und Buchstabenkenntnisse oder können bereits lesen und / oder schreiben. Herausfordernde Angebote für diese Kinder umfassen z.B. Erstlesebücher, Geheimschriften, PC-Programme, die mit Schrift arbeiten etc.

📖 Cäcilie (Kaufmann, 2002). „Ich sitze nicht auf meinem Sessel und zeichne nicht. Und warum?" Angelika Kaufmann erzählt in diesem Bilderbuch, wie sie eine Geschichte schreibt und illustriert.

📖 Das runde Rot (Kamm, 2003). Ein Buch ohne Worte und doch voller Geschichten. Bei jedem neuerlichen Anschauen kann eine neue Geschichte erfunden werden.

📖 Antons Geheimnis. Ein Fertigmalbuch (Könnecke, 2007). Anton hat sich auf dem Weg zum Spielplatz verlaufen und sieht nun plötzlich lauter Ungeheuer ... Um die ganz individuellen Ungeheuer abbilden zu können, wurden im Buch einige Seiten frei gelassen, und so können die Kinder selbst an der Fertigstellung eines Buches mitwirken.

8.2.4

Erwachsene als Vorbilder

Im Kindergartenalltag sollte Kindern immer wieder die Möglichkeit geboten werden, die Erwachsenen beim Schreiben und Lesen zu beobachten.

Viele Routinetätigkeiten, wie z.B. das Ausfüllen von Listen oder das Schreiben von Notizen für die Kolleginnen und Kollegen, können gegebenenfalls im Beisein oder sogar mit den Kindern gemeinsam stattfinden. Das Nachschlagen im Wörterbuch oder im Lexikon lässt sich ebenfalls als Bildungsangebot nützen: Unklarheiten bezüglich Rechtschreibung, Fremdwörtern oder unbekannten Begriffen lassen sich so rasch klären. Sachbücher und erste Wörterbücher für Kinder sowie ein Duden können hier Verwendung finden.

☐ ☺ Erste Bilder. Erste Wörter (Spanner, 2001). Einfache Bilder in Kombination mit Buchstaben.

☐ Mein erstes Wörterbuch. Auf dem Bauernhof (Duden, 2000). Großformatige zeitgemäße Fotos, thematisch gegliedert und mit entsprechenden Untertiteln geben Sachinformationen rund um das Thema Bauernhof. Besonders die großen modernen Landmaschinen und Traktoren sprechen an Technik und Fahrzeugen interessierte Kinder an.

Lesungen von Autorinnen und Autoren bieten die Möglichkeit, die Beziehung zwischen Schöpferin bzw. Schöpfer und Produkt nachzuvollziehen. Hier kann erlebt und erfahren werden, dass Geschriebenes immer auf vorher Gedachtem oder Gesagtem von Menschen basiert.

Die fünfjährige Magdalena konnte einige Zeit nicht genug von Dichterlesungen und Illustratorenausstellungen bekommen. „Das Buch, das ich zu Hause habe, hat ein ‚wirklicher' Mensch geschrieben! Die Frau – gemeint war Angelika Kaufmann – hat mir ins Buch ihren Namen geschrieben, sie hat sich alle Bilder ausgedacht und gezeichnet." Diese faszinierende Erfahrung, dass Bücher von „wirklichen" Menschen geschrieben werden, wollte sie immer wieder neu erleben. Noch heute, zehn Jahre später, zeigt sie stolz die Bilderbücher mit den Autogrammen.

Der Besuch einer Redaktion oder Druckerei vermittelt den Kindern, dass auch die Texte einer Zeitung von Menschen geschrieben werden.

☐ Vom Büchermachen. Wie Ötzi ins Buch kam (Sulzenbacher, 2006). Viele Menschen sind an der Entstehung eines Buches beteiligt. Die Kinder erfahren z.B.: Was ist ein Verlag? Wer korrigiert den Text? Wer verkauft die Bücher? Dieses Sachbuch richtet sich zwar in erster Linie an Schulkinder, die vielen Bilder helfen bei der Vermittlung des Buches an jüngere Kinder und bieten auch für Erwachsene fundierte und interessante Informationen.

☐ Die Gletschermumie. Mit „Ötzi" auf Entdeckungsreise in die Jungsteinzeit (Sulzenbacher, 2000). Auf die Herstellung dieses Buches bezieht sich der zuvor genannte Titel.

In vielen Familien ist es üblich, auch die Kleinsten schon Gruß- oder Glück-wunschkarten „unterschreiben" zu lassen. Darüber hinaus sollte Eltern bewusst gemacht werden, wie bedeutsam ihr schreibendes und lesendes Vorbild im Alltag ist. Für jene Kinder, deren Eltern diese Vorbildwirkung nicht bieten (können), muss der Kindergarten diese Aufgabe übernehmen.

8.3
Praxisberichte aus österreichischen Kindergärten

Die folgenden Praxisberichte wurden von Kolleginnen aus verschiedenen österreichischen Bundesländern zur Verfügung gestellt.

8.3.1
„Bücherkiste für Lesewürmer"

Der folgende Bericht beruht auf Auszügen aus der Dokumentation „Bücherkiste für Lesewürmer" des Landeskindergartens Europaplatz in Wiener Neudorf, Niederösterreich, von Silvia Schneider.

„Von den vielen Welten, die der Mensch nicht von der Natur geschenkt bekam, sondern sich aus dem eigenen Geiste erschaffen hat, ist die Welt der Bücher die größte."

Dieses Wort von Hermann Hesse scheint gegenwärtig bedenkenswerter denn je zu sein. Besonders durch die Konkurrenz des Fernsehens und des Computers bedarf die Einführung in die Welt des Lesens gerade für Kinder verstärkter Bemühungen. In den meisten Familien nimmt das Medium Fernsehen einen viel größeren Raum ein als Bücher. So werden die Kinder zwar mit vielen Bildern und mit Sprache konfrontiert, diese Eindrücke sind aber flüchtig.

Bilderbücher mit pädagogischem und gesellschaftlichem Anspruch zeichnen sich durch künstlerische Originalität aus und regen dazu an, zum Dargestellten Stellung zu nehmen.

Damit Eltern mit ihren Kindern viele pädagogisch wertvolle und kindgerechte Bilderbücher betrachten und lesen können, wurde die Idee der Einrichtung einer Kinderbibliothek geboren. Seit dem Kindergartenjahr 1995/96 können die Kinder nun regelmäßig im Kindergarten Europaplatz Bücher aus der „Bücherkiste für Lesewürmer" borgen. Dieses Buchprojekt kam mit Unterstützung der Eltern zustande: Fast alle Eltern des Kindergartens beteiligten sich an unserem Projekt, sodass ein über Jahre kontinuierlicher Aufbau der Kinderbuchbibliothek möglich war.

Unser Modell:

- ◆ Gemeinsam mit dem Elternbeirat wurde beschlossen, dass jede Familie, die die Bücherkiste in Anspruch nehmen möchte, während der gesamten Kindergartenzeit des Kindes einen einmaligen Beitrag bezahlt, der ungefähr dem Wert eines guten Kinderbuches entspricht. Die Akzeptanz dieses Modells ist sehr hoch, erst eine der bisher rund 300 Familien hat nicht daran teilgenommen.

- ◆ Gegen eine geringe Leihgebühr kann jede Woche ein anderes Buch geliehen werden. Seit dem zweiten Jahr des Bestehens der Bücherkiste können immer zwei Bücher zugleich ausgeborgt werden.

- Um die Auswahl der Bücher nach pädagogischen Gesichtspunkten zu gewährleisten, wurde von den Pädagoginnen eine Liste von Büchern erstellt, die den Grundstock der Bücherei bildete.

- Bei der Wahl der Bücher wurde unter anderem auf Kinder- und Elternwünsche sowie auf aktuelle Bildungsinhalte in den einzelnen Gruppen Rücksicht genommen, sodass ein Wechsel im Angebot der Bücher stattfinden kann. Derzeit beinhaltet die „Bücherkiste" fast 1000 Bücher und 200 Medien für die Elternbücherei. Durch die Einnahmen aus der Leihgebühr wird das Angebot ständig erweitert.

- Für jede Gruppe ist ein immer gleichbleibender Wochentag für den Büchertausch vorgesehen. Der Transport der Bücher erfolgt in Stofftaschen, auf die mit Kartoffelstempeln in der jeweiligen Gruppenfarbe „Lesewürmer" gedruckt ist. Diese Taschen sind ausschließlich für die Beförderung der Bilderbücher vorgesehen. So werden die Bücher nicht beschädigt und die Kinder lernen, sorgsam mit den Büchern umzugehen. Der Vorgang des Büchertauschens wird im Rahmen der Bildungsarbeit von der Pädagogin mit den Kindern durchgeführt.

- Im zweiten Jahr des Bestehens wurden auch die ersten Bücher für eine Elternbücherei angekauft. Fachbücher zum Thema Erziehung oder Bastelbücher mit Anregungen für Kinder und Eltern bildeten den Grundstock einer mittlerweile 130 Titel umfassenden Elternbücherei. Einige Bilderbücher, die sich mit speziellen Problemsituationen, wie z.B. Scheidung der Eltern oder dem Thema Tod, befassen, können ebenfalls von den Erwachsenen ausgeborgt werden.

Nicht nur die Kinder und Eltern profitieren von der Einrichtung „Bücherkiste". Auch die Bildungsarbeit im Kindergarten wurde durch die große Zahl an Bilderbüchern, auf die wir nun zurückgreifen können, sehr bereichert!

8.3.2

„Bücher wachsen nicht auf Bäumen – Bücher selbst gestalten"

Bericht aus dem Städtischen Kindergarten Dreiheiligen in Innsbruck von Dagmar Harpf, Kindergartenleiterin, und ihrem Team: Elisabeth Margreiter, Brigitte Steidl, Gerlinde Noack sowie Assistentinnen.

Während einiger Besprechungen zu unserem Jahresthema: „Bücher wachsen nicht auf Bäumen" kam uns die Idee, mit jedem Kind ein ganz persönliches Bilderbuch zu gestalten. Mitentscheidend war die Beobachtung, dass die Kinder wenig Erfahrung mit Büchern hatten und viele Kinder keine oder nur sehr wenige eigene Bücher besaßen.

Nach intensiver Vorbereitung mit Zielausgängen und entsprechenden Bildungsangeboten, wie z.B. dem Schwerpunkt Papier, Altpapier, Papierherstellung usw., begannen wir im zweiten Halbjahr mit der Arbeit an den Bilderbüchern der Kinder.

Unser Vorhaben wurde mit den Kindern besprochen, um ihnen Zeit zu geben, sich eine Geschichte für ihr Buch zu überlegen.

Nach einiger Zeit notierten wir uns die Ideen und die Geschichten der einzelnen Kinder. Natürlich gab es auch Kinder, die keine eigenen Einfälle hatten und so fanden wir die Möglichkeit, Gedichte, Fingerspiele, Lieder oder bereits bekannte Geschichten zu gestalten. Einige Kinder wollten auch Filme oder Fernsehsendungen zu Papier bringen. Alles war recht, denn es waren ja ihre eigenen Ideen!

Nach umfassender Planung, wie viele Buchseiten, welche Technik, welches Format, welche Farben für die Gestaltung der Geschichten benötigt würden, ging es ans Arbeiten. Es wurde mit großem Eifer gemalt, gezeichnet, gestempelt, geschnitten und gerissen.

In dieser Zeit kam es zu einem sehr intensiven und positiven Kontakt zwischen den Kindern und den Kindergartenpädagoginnen.

Nach Fertigstellung der einzelnen Buchseiten und nach dem Trocknen wurden die Seiten geordnet und zusammengeklebt. Danach mussten der Einbandkarton und der Rückseitenkarton aufgeklebt werden. Nun konnte das Buch mit Buchrückenbändern gebunden werden. Das Buch kam in die „Presse", damit es sich nicht wellt. Alle Arbeitsvorgänge führten die Kinder mit Hilfe der Pädagoginnen selbstständig durch.

Die drei Ponys

Die drei Ponys sind allein zu Hause.
Sie gehen in den Wald spielen,

doch – oh Schreck – sie haben sich verlaufen!

Die Ponys schreien lauf um Hilfe.
Der Jäger hört die Hilfeschreie –

und bringt die drei Ponys wieder
nach Hause zurück.

Zuletzt verfasste noch jedes Kind seinen Text, der von uns Pädagoginnen in die Bücher geschrieben wurde. Die fertigen Bilderbücher wurden Meisterwerke! Sie waren vielfältig, bunt, kreativ, fantasievoll und wunderschön anzusehen. Wir waren alle stolz darauf und wollten andere an unserer Freude teilhaben lassen. Der Höhepunkt in diesem Jahr waren die Ausstellung der selbst gestalteten Bilderbücher und die großartige Präsentation der Bilderbuchgeschichte „Sonne, Mond und Sterne" als Schwarzes Theater!

Einige Ziele unseres Jahresprojektes

- *Zugang zu Büchern bekommen,*
- *Anregung, Bücher zu betrachten, zu lesen, auszuleihen, zu kaufen, zu verschenken, selbst zu gestalten,*
- *Bücher als etwas sehr Wertvolles erkennen: Fantasieanregung, Unterhaltung, Sprachförderung, Wissenserweiterung, Kreativitätsförderung etc.,*
- *Motivation der Eltern, gemeinsam mit ihren Kindern ein Buch zu lesen.*

Daraus ergaben sich folgende Schwerpunkte

- *Woher kommen das Papier und die verschiedenen Papiersorten?*
- *Der Baum und seine Umwelt, Papierherstellung und -verwertung,*
- *Kennenlernen verschiedener Bücher, unterschiedlicher Inhalte, Gestaltungsformen, Techniken,*
- *Lieblingsbilderbücher vorstellen.*

Veranstaltungen

- *Bilderbuchausstellung im Kindergarten als Möglichkeit, mit den Eltern Bücher anzuschauen und eventuell zu kaufen,*
- *Exkursionen: Wald, Botanischer Garten, Buchbinderei, Buchhandlung, Leihbücherei, Post, Zeitung etc.,*
- *Ausgang in die Ausstellung „Madagaskar" und in den Botanischen Garten, um uns u.a. über Papyrusstauden zu informieren, Papier schöpfen,*
- *Besuch der Bilderbuchautorin Brigitte Weninger, Lesung aus einem ihrer Bücher, Berichte über ihre Idee, Bücher zu schreiben, von ihren Ausstellungen und vom Verkauf in der Buchhandlung,*
- *Einrichtung einer von den Kindern selbst verwalteten Leihbücherei im Kindergarten.*

Bildungsangebote mit Bezug zu Büchern

- *Im sprachlichen Bereich: v.a. das Erzählen des Lieblingsbilderbuches, eine eigene Geschichte erfinden, ein eigenes Buch präsentieren,*
- *im kreativen Bereich: viele Techniken ausprobieren, Gestalten des eigenen Buches, ein Geschenk herstellen (Backbuch),*
- *im musikalisch-rhythmischen Bereich: besondere Bilderbuchgeschichten musikalisch darstellen,*
- *in der Bewegungserziehung: Geschichten mit dem eigenen Körper interpretieren,*
- *im sozial-emotionalen Bereich: intensives gegenseitiges Kennenlernen durch das Erzählen und das Vorstellen der Lieblingsbilderbücher in der Gruppe,*
- *religiöses Erleben: das Buch der Bücher – die Bibel, andere Religionen achten und einbeziehen.*

8.3.3

„Sprach- und Literacyförderung im interkulturellen Kontext"

Bericht aus dem Städtischen Kindergarten Bad Radkersburg, Steiermark, von Larissa Pock und Maria-Luise Ranftl:

Unser Kindergarten befindet sich unmittelbar an der Grenze zu Slowenien und wir haben eine enge Partnerschaft zum benachbarten Kindergarten in Slowenien. Zudem besuchen immer mehr slowenische Kinder unsere Einrichtung. Einmal wöchentlich „tauschen" einige österreichische Kinder mit slowenischen Kindern den Kindergarten, d.h. die Kinder fahren mit einem Kleinbus, begleitet von einer Pädagogin, über die Grenze in den jeweils anderen Kindergarten und verbringen den Vormittag dort. Wir Pädagoginnen arbeiten an diesem Tag partnerschaftlich in den beiden Gruppen. Aus diesem Grund kommt der Sprach- und Literacyförderung im interkulturellen Kontext besondere Bedeutung zu.

Beispiele aus dem Kindergartenalltag

- *Beschriftung der Laden und Zeichen der Kinder mit ihren Namen auf Deutsch sowie auf Mazedonisch in kyrillischer Schrift,*
- *mehrsprachig geschriebene Begrüßung im Eingangsbereich,*
- *Zählen in mehreren Sprachen (z.B. bei Geburtstagsfeiern, aber auch in alltäglichen Situationen, wie etwa beim Mittagessen),*
- *Kindergartenkonzeption in drei Sprachen (Deutsch, Slowenisch, Englisch),*
- *Gedichte, Lieder, Fingerspiele in den vorherrschenden Sprachen (im vergangenen Jahr Mazedonisch, Slowenisch, Kroatisch und Englisch),*
- *Gesellschaftsspiele mit interkulturellem Hintergrund,*
- *Geschichten mit Simultanübersetzung durch eine Pädagogin (Slowenisch und Kroatisch),*
- *slowenisches Puppentheater, gespielt von slowenischen Kolleginnen,*
- *Bücher und Kinderzeitschriften in slowenischer Sprache,*
- *Bücher über verschiedene Länder und Kulturen,*
- *ein interkultureller Bereich im Gruppenraum mit mehrsprachigen CDs, Landkarten mit Beschriftung etc.*

Literacyerfahrungen im Umgang mit Buch-, Erzähl- und Schriftkultur

- *Beschriften des Mobiliars mit Groß- und Kleinbuchstaben (z.B. steht auf dem Sessel: SESSEL und Sessel),*
- *Tagesplan in Schrift und Bild (die Kinder sehen in Schrift und Bild, welche Aktivitäten am jeweiligen Tag stattfinden, und am Abbild der Uhr, zu welcher Uhrzeit sie angeboten werden),*
- *Jahreszeiten-, Monats- und Stehkalender in Schrift und Bild,*
- *Buchstaben zum Legen,*
- *Beschriftung der Stiegen mit Zahlen,*
- *Zahlen zum Fühlen und Sehen,*

Viel Platz zum Schreiben

Ganzheitliches Erfassen von Begriffen

Buchstaben zum Aufessen

Zweisprachige Suppennudeln

„Körpersprache"

Buchstaben aus dem Meer

- *Längenmaß zum Feststellen der Größe der Kinder,*
- *WC-Beschriftung,*
- *Beschäftigung mit der Braille-Schrift bzw. dem Gebärdenalphabet,*
- *Vorlesen von Märchen und Geschichten während der Ruhephase nach dem Mittagessen.*

In den oben angeführten Praxismodellen wird der transaktionale Ansatz besonders deutlich: Überall sind die Kinder als gleichwertige Partnerinnen und Partner eingebunden, ihre Ideen werden respektiert und mit Sachinformationen und technischen Hilfen der Pädagoginnen in die Praxis umgesetzt. Die Eltern werden in die transaktionalen Wechselbeziehungen eingebunden und die Bildungsarbeit wird für die Öffentlichkeit sichtbar. Durch die Berücksichtigung verschiedener Erstsprachen der Kinder kommt die Wertschätzung für andere Kulturen zum Ausdruck, die für Kinder beim Spracherwerb sehr wichtig ist.

9

Kommunikation – Austauschprozesse mit Kindern und Erwachsenen

Und was ist das?
reden
reden
reden
reden
hören

(Erwachsener spricht mit Kind)

reden und hören
reden und hören
hören und reden
hören und reden

(Vernünftiger Erwachsener spricht mit Kind)

Hans Manz (1995, S. 127)

Kommunikation ist mehr als Zuhören und miteinander Reden. Kommunikation ist ein transaktionaler Prozess und umfasst den soziokulturellen Austausch und den täglichen Umgang miteinander.

Wenn Menschen miteinander kommunizieren, geht das weit über die Worte, die gewechselt werden, hinaus: „Nur 7–10% des Inhalts werden kognitiv aufgenommen, dagegen transportiert unsere Stimme über Lautstärke und Satzmodulation circa 35% und unsere Körpersprache mehr als 50% unserer Botschaft" (Klaus, 2007, S. 38).

9.1

Sprachkompetenz als Basis für Kommunikationskompetenz

Kommunikationsprozesse laufen auf mehreren Ebenen zugleich ab: auf der sprachlichen, der emotionalen, der sozialen sowie der körpersprachlichen Ebene. Deshalb sind beim Kommunizieren nicht nur Worte, sondern auch andere Signale, wie etwa der Tonfall, die Körperhaltung oder der Blickkontakt, bedeutsam. Ausreichende Sprachkompetenzen fördern aber den zirkulären Prozess der Kommunikation und tragen dazu bei, diesen aufrecht zu erhalten.

Insbesondere sehr junge Kinder und Kinder mit einer anderen Erstsprache als Deutsch müssen im Kindergarten dabei unterstützt werden, ihr Sprachvermögen, ihren Wortschatz und ihre Wortwahl weiter zu entwickeln. Denn es ist nicht immer leicht, die richtigen Worte zu finden. Dies gilt vor allem dann, wenn Emotionen kommuniziert werden sollen. Das Spiegeln der Gefühle, die die Kinder empfinden, hilft ihnen, sich ernst genommen zu fühlen und sich so auszudrücken, dass andere sie verstehen können. Spiegeln in der Kommunikation bedeutet, das Gehörte in der Antwort noch einmal zusammenzufassen, damit das Kind erfahren kann, ob seine Botschaft in beabsichtigter Weise angekommen ist. Die Gefühle, die in den Mitteilungen der Kinder mitschwingen, sollten formuliert werden. Dadurch besteht die Chance, eine Aussage gegebenenfalls zu ergänzen oder zu berichtigen.

Die Erfahrung, dass Emotionen wie Enttäuschung, Wut oder Zorn verbalisiert und kommuniziert werden können, ist eine wesentliche Grundlage zum konstruktiven Umgang mit Konflikten.

Neben der korrekten Wortwahl und Grammatik können in die gespiegelten Antworten neue Begriffe zur Wortschatzerweiterung einfließen.

- 📖 ↪ Das können wir klären. Wie man Konflikte friedlich und wirksam lösen kann (Rosenberg, 2004).
- 📖 ↪ Wie Kinder kommunizieren. Daniel Sterns Entwicklungspsychologie in Krippe und Kindergarten (Brodin & Hylander, 2002).

Die bewusste Wahrnehmung und die Fähigkeit, über Gefühle zu sprechen, werden auch durch die intensive Auseinandersetzung mit Bilderbüchern angeregt und unterstützt:

- 📖 ☺ Papa schmust mit mir (LeSaux, 2000). Einfache Geschichte über einen zärtlichen Vater.
- 📖 ☺ Kleiner Bär, wie geht es dir? (Cuno, 2007c). Gefühle, wie Freude, Angst, Wut und Schmerz, werden thematisiert. Puzzleteile mit verschiedenen Gesichtsausdrücken regen zur ersten Auseinandersetzung mit Mimik an.
- 📖 ☺ Kleiner Clown. Nein, Nein, Nein! (Friot, 2007). Manchmal vergisst man vor lauter Neinsagen auf das Ja.
- 📖 Bist du mein Schatz? (Bunge, 2006). Daniela fühlt sich ausgeschlossen, wenn ihre Eltern einander zärtlich Schatz nennen und macht sich auf die Suche nach einem eigenen Schatz.
- 📖 Keine Lust. Auf nichts! (Zeller, 2006). Mäxchen ist nicht krank und nicht traurig. Er möchte einfach seine Ruhe haben ...
- 📖 Das kleine Wutmonster (Schwarz, 2004). Jedes Kind hat Erfahrungen mit dem Wütendwerden und so kann dieses Buch anregen, darüber zu reden.
- 📖 Fühl mal, was du siehst. Das Mitmachbuch der Sinne (Binder, 2007). Mit Geschichten, Gedichten, Liedern und Aktivitäten zur Sinneserfahrung.
- 📖 Kleiner Drache – große Wut (Robberecht, 2004). „Nein heißt nein", sagt Mama, und dann kommt die Wut, groß und mächtig wie ein Drache. Aber Papas und Mamas Liebe kann den Drachen besiegen.

9.2

Prinzipien der Kommunikation

Ebenso wie die Sprache ist auch die Fähigkeit, erfolgreich zu kommunizieren, abhängig vom Erwerb abstrakter und meist nicht bewusster Regeln und Strukturen. In Anlehnung an Watzlawick und Beavin (1997) lassen sich für Kommunikations- und Sprachförderungsprozesse folgende Prinzipien formulieren:

Man kann nicht nicht kommunizieren

Jedes menschliche Verhalten trägt eine Botschaft an das Gegenüber in sich. Es ist unmöglich, nicht auf andere Menschen zu wirken. Die Wirkung auf andere kann nur zum Teil bewusst beeinflusst werden. Zum Erwerb guter Kommunikationsfähigkeiten sind deshalb viele Möglichkeiten, soziale Austauschprozesse zu beobachten und zu üben, notwendig.

Jede Kommunikation hat einen Inhaltsaspekt und einen Beziehungsaspekt, der den ersteren beeinflusst

Die Inhaltsaspekte eines kommunikativen Austauschprozesses beziehen sich darauf, WAS mitgeteilt wird. Der Inhalt einer Botschaft kann mit Worten beschrieben und vermittelt werden. Beziehungsaspekte hingegen bestimmen, WIE eine Mitteilung kommuniziert wird. Sie werden vornehmlich nonverbal, mittels Gestik, Mimik, Augenbewegungen, Tonfall, Tonhöhe etc. übermittelt. Dadurch bilden sie die Basis jeder Art von Kommunikation und Dialog.

Eine stabile Beziehung, die den Kindern Sicherheit vermittelt, ist die wichtigste Grundlage des kindlichen Spracherwerbs. Doppeldeutige Botschaften – so genannte „double binds" – irritieren und verunsichern. Im Zweifelsfall orientieren sich Kinder in diesen Situationen an der Körpersprache der Erwachsenen. Wenn die verbale Botschaft z.B. lautet: „Bitte unterlass das!", die körpersprachlichen und emotionalen Anteile aber Gleichgültigkeit oder Desinteresse signalisieren, so ist dies für Kinder widersprüchlich.

Die Übereinstimmung, also die Kongruenz, zwischen dem Inhalt einer Botschaft und den Gefühlen, die mitschwingen, ist deshalb so wichtig, da Emotionen in einem Kommunikationsprozess kaum „versteckt" und ausgeklammert werden können.

Jede Kommunikation ist zirkulär

Jede Aussage oder Botschaft und die Art und Weise, wie sie vermittelt wird, wirkt auf die Empfängerin oder den Empfänger und löst eine Reaktion aus, wie etwa Zustimmung, Freude oder Ablehnung. Im Sinne eines transaktionalen Austauschprozesses beeinflussen diese Gefühle wiederum die Antwort oder neuerliche Botschaft.

Zum „Gelingen" von Kommunikationsprozessen tragen mehrere Faktoren bei: Dazu zählen die Fähigkeit, Botschaften so zu formulieren, dass sie von der Empfängerin bzw. vom Empfänger angenommen werden können, sowie die Bereitschaft und Fähigkeit der Kommunikationspartnerin bzw. des -partners, Informationen anzunehmen, zu verstehen, zu verarbeiten und darauf zu antworten.

Dass es mitunter sogar sehr schwierig sein kann, mit anderen Menschen zu kommunizieren, lässt sich am Beispiel Gehörloser aufzeigen: Viele Kinder haben wahrscheinlich schon einmal Menschen gesehen, die mittels Gebärdensprache miteinander sprechen. Sie haben jedoch wohl kaum die Tragweite dieser Beobachtung realisiert.

📖 Ina hört anders. Vom Hören mit Hörgeräten (May-Gurtner, 2007). Ina besucht eine Kindergruppe, in der alle schlecht hören. Sie muss regelmäßig zum Audiologen und lernt die Gebärdensprache. Ein Begleitheft bietet Sachinformationen für Erwachsene.

📖 Wir sprechen mit den Händen (Huainigg, 2005a). Eingebettet in eine Geschichte rund um die gehörlose Lisa bietet das Buch Informationen zum Thema Gehörlosigkeit, zum internationalen Fingeralphabet und zur Gebärdensprache.

Blinde Menschen hören zwar ihre Gesprächspartnerinnen oder -partner, müssen aber auf alle visuellen Botschaften und Informationen verzichten.

📖 Wir verstehen uns blind (Huainigg, 2005b). Ausgerechnet der blinde Matthias hilft Katharina, ihre Eltern im Kaufhaus wieder zu finden.

📖 Schwarze Augen (Tibo, 2005). Matthieu ist von Geburt an blind, deshalb erlebt er die Welt anders – mit all seinen Sinnen.

Im Rollenspiel können die Kinder Informationen, die sie aus Bilder- und Sachbüchern erhalten, umsetzen und erproben, wie z.B. die Kommunikation ohne akustische oder visuelle Eindrücke.

9.3

Körpersprache – Kommunikation ohne Worte

Ein Großteil unserer Emotionen, unserer Haltungen und Einstellungen spiegelt sich in der Körperhaltung, in der Mimik und Gestik wider. Die Körpersprache ist das älteste und universellste Kommunikationsmittel der Welt. Sie stellt von Geburt an die Grundlage jeder menschlichen Kommunikation dar.

Insbesondere bei sehr jungen Kindern und Kindern mit einer anderen Erstsprache als Deutsch erfolgt die Kommunikation zu einem großen Teil über die Körpersprache. Mit Hilfe von Gestik und Mimik kann auch mit Kindern, die noch über geringe Sprachkompetenzen verfügen, rasch Kontakt aufgenommen und Interesse signalisiert werden: „Ich bin für dich da, du bist willkommen, ich verstehe dich – auch ohne Worte". Der Kontext eines Gesprächs und passende Anschauungsmaterialien helfen zusätzlich beim Verstehen. Beim Hantieren mit Werk- oder Arbeitsmaterial, beim Tischdecken oder beim Anziehen kann ein Kind Zuwendung und Aufmerksamkeit erleben und zugleich seinen Wortschatz in Verbindung mit dem konkreten Tun erweitern.

Körpersprache oder Mimik werden im Kindergarten auf vielfältige Weise thematisiert:

♦ Beim Rollenspiel können die Kinder zum Nachspielen und Ausprobieren unterschiedlicher Körperhaltungen aufgefordert werden.

♦ Utensilien und Anregungen zum pantomimischen Darstellen von Wörtern oder Szenen helfen Kindern, die sprachlich ungeübt oder gehemmt sind.

♦ Fotos und Darstellungen, z.B. von Skulpturen, fordern zum Nachahmen und zur Diskussion auf. In diesem Zusammenhang besteht zudem die Möglichkeit, „geschlechtstypische" Körperhaltungen und Posen, etwa auf Zeitungs- oder Werbefotos, mit den Kindern zu betrachten und zu besprechen (vgl. Kapitel 11).

 Geschlecht bewusst gemacht. Körpersprachliche Inszenierungen (Mühlen Achs, 1998). An Hand vieler Bilder und Beispiele quer durch alle Medien werden die meist rollentypischen Darstellungen von Frauen und Männern auf ihre Aussagekraft und Wirkung kritisch hinterfragt.

 Mein Körper kann sprechen: Nonverbale Kommunikation (Sinowatz, Wallner & Kerschbaumer, 2003). Portraitfotos von Gesichtsausdrücken.

Viele Körpersignale, wie z.B. die Gesichtsausdrücke für Glück, Trauer, Ärger, Wut, Furcht, Ekel, Überraschung oder Neugier, sind auf der ganzen Welt gleich und werden ohne Probleme verstanden. Bereits Säuglinge zeigen auf diese Art und Weise Emotionen und Empfindungen (Ekman, 2007).

- 📖 ☺ Baby strahlt, Baby weint (Ellwand, 1997). Schwarz-weiße Portraits von Babys in zahlreichen Stimmungslagen laden zum Betrachten und Erzählen ein.
- 📖 Ein Dino zeigt Gefühle (Löffel, 2001). Mit Begleitbuch und Kopiervorlage. Durch seine Körperhaltung und seinen Gesichtsausdruck kann der liebenswerte Dinosaurier die vielfältigsten Gefühle ausdrücken.

Aktivitäten und Spiele, die die eigene Mimik und Körpersprache bewusst machen und zur Auseinandersetzung mit diesem Thema auffordern, tragen zum Erwerb von Kommunikationskompetenzen bei:

- ♦ Die eigene Mimik, Grimassen oder Körperhaltungen können in verschieden großen Spiegeln beobachtet und ausprobiert werden. Die bewusste Wahrnehmung des eigenen Körpers unterstützt die Entwicklung von Körperbewusstsein und stärkt somit das Selbstbewusstsein. Kinder mit diesen Erfahrungen werden zudem in ihrer Kommunikationskompetenz sicherer und erfolgreicher.
- ♦ MIMWÜRFEL – Würfel, deren Seiten einfache Gesichtsausdrücke, wie Erstaunen, Freude, Zorn etc. zeigen – können in unterschiedlichsten Situationen zum Einsatz kommen. Anregungen dazu bietet das Mimwürfelbuch (Bücken, 2000).

Kinder sind bei der Entwicklung ihrer Körpersprache ebenso wie beim gesamten Spracherwerb auf das Vorbild und das Feedback ihrer Bezugspersonen angewiesen. Nur so können sie sicher sein, dass ihre Signale, Botschaften und Aussagen richtig verstanden wurden und dass sie über ausreichende Fertigkeiten für gelingende Kommunikation verfügen.

Das Thema Körpersprache muss auch im *interkulturellen Kontext* gesehen werden. Manche Signale, wie z.B. Blickkontakt, das Grüßen oder die Kommunikation zwischen Eltern und Kindern bzw. Männern und Frauen sind kulturspezifisch geprägt und können in der interkulturellen Begegnung zu Missverständnissen führen. Mehrsprachige Fachkräfte können v.a. bei der Kommunikation mit Eltern aus anderen Kulturen einen wichtigen Beitrag zum besseren Verstehen leisten.

9.4

Kommunikation als Voraussetzung der Bildungspartnerschaft mit den Eltern

Prinzipien der Kommunikation sowie die Wirkung von Tonfall und Körpersprache müssen bei Kommunikationsprozessen mit Eltern und anderen Erwachsenen ebenso berücksichtigt werden wie beim täglichen Umgang mit den Kindern im Kindergarten.

Der regelmäßige Austausch über die Erwartungen der Eltern sowie über das pädagogische Konzept und die Schwerpunkte des Kindergartens bildet die Grundlage einer guten Bildungspartnerschaft zwischen Familie und Kindergarten.

Zu den Schwerpunkten der Bildungspartnerschaft zählen u.a. folgende:

- Eltern sollen sich wohl und willkommen fühlen: Das kann etwa durch gemütliche Sitzgelegenheiten im Eingangsbereich, durch die Begrüßung der Eltern mit Namen oder durch Interesse für ihren kulturellen Hintergrund signalisiert werden.

- Information der Eltern über die Bedeutung der Bildungsinhalte, die im Kindergarten umgesetzt werden: z.B. frühe Literacyerfahrungen, den Umgang mit Medien und die Auswirkungen von Medienmissbrauch oder die interkulturelle Bildungsarbeit. Für Eltern mit einer anderen Erstsprache als Deutsch sollten Unterlagen in ihren Sprachen verfügbar sein. Informationen können mit Grafiken, Fotos oder Videos angereichert sein, um für Eltern mit mangelhaften Sprachkenntnissen das Verständnis zu erleichtern.

- Wissen der Pädagoginnen und Pädagogen über den sprachlichen und kulturellen Hintergrund der Kinder und Berücksichtigung der Sprachkompetenzen der Eltern: Können sie die Elterninformation des Kindergartens überhaupt verstehen? Sind sie imstande, ihre Kinder beim Erlernen der deutschen Sprache zu unterstützen? Diese Informationen sind wiederum wichtige Grundlagen für die Planung der Bildungsarbeit im Kindergarten.

- Ressourcen der Eltern nützen: Eltern, die andere Sprachen oder Schriften beherrschen, können die Bildungsarbeit bereichern, indem sie vorlesen, Geschichten erzählen, Theater spielen oder mit den Kindern singen. Eltern können darüber hinaus bei der Herstellung von Spiel- und Arbeitsmitteln helfen, z.B. Buchstaben aus verschiedenen Materialien formen etc.

- Beratung der Eltern über die Sprachentwicklung von Kindern, über eventuelle Verzögerungen oder andere Auffälligkeiten der Sprachentwicklung ihres Kindes. Als Grundlage dienen eine ausführliche Beobachtung der Kinder sowie die Dokumentation ihrer Entwicklungsfortschritte, Informationen über Entwicklungsdiagnostik, logopädische Therapie etc.

- Partizipation der Eltern als Elternvertretung, Elternbeirat etc.

Diese Ziele können mit vielfältigen Methoden erreicht werden, wie z.B. durch Einzelgespräche, Elternabende, Elternbriefe, Aushänge im Kindergarten, Werknachmittage, Einladungen in den Gruppenalltag, Vorträge von Expertinnen und Experten, Feste und vieles mehr. Folgende Arbeitsunterlagen enthalten praxisgerechte Hinweise zur Kommunikation mit Eltern:

- 📖 ↪ Mit Eltern im Dialog. Interkulturelle Elterngespräche. Gesprächshilfen für Erzieherinnen in Kindergarten und Hort (Knisel-Scheuring, 2002).
- 📖 ↪ Gesprächskultur mit Eltern (Huth, 2006).
- 📖 ↪ 12 Prinzipien für eine erfolgreiche Zusammenarbeit von Erzieherinnen und Eltern (Prott & Hautumm, 2004).

9.4.1

Bildungspartnerschaft im interkulturellen Kontext

Für das Wohlbefinden der Kinder ist es wichtig, dass sich die Eltern ebenfalls wertgeschätzt, willkommen und ausreichend informiert fühlen.

Im Rahmen der interkulturellen Bildungsarbeit sind Dialogbereitschaft, Transparenz, Zuhören und Rücksichtnahme auf die sprachlichen Kompetenzen der Eltern wichtige Eckpfeiler einer qualitätsvollen Bildungspartnerschaft.

Dazu zählt auch eine ausführliche Information der Eltern über die Bedeutung der Erst- oder Familiensprache. Diese ist nicht nur für das Leben innerhalb der Familie und deren kulturellem Umfeld von wesentlicher Bedeutung. Eine gut entwickelte Erstsprache ist die wichtigste Voraussetzung für den Erwerb einer zweiten oder dritten Sprache. Eltern sollten ihr Kind daher weiterhin in der Entwicklung der Erstsprache unterstützen, auch wenn es im Kindergarten die deutsche Sprache erlernen soll.

Zweisprachigkeit wird oft nicht als zusätzliche Ressource oder Kompetenz erfahren und bewertet, sondern als Defizit aus Sicht einer Umwelt, die an Einsprachigkeit orientiert ist. Diese Erfahrung, die viele Eltern und auch Kinder schon vor dem Eintritt in den Kindergarten gemacht haben, sollte bei den ersten Elterngesprächen mitbedacht werden. Durch eine wertschätzende und unterstützende Haltung des Kindergartenteams kann Eltern und vor allem Kindern – gleichgültig welcher Erstsprache – die Gleichwertigkeit aller Sprachen vermittelt werden.

Allein die Begrüßung des Kindes und der Eltern in deren Sprache ist ein unschätzbarer Beitrag zum Aufbau positiver Beziehungen. Obwohl es für viele ausländische Namen deutsche Übersetzungen gibt, hat jedes Kind das Recht, im Kindergarten mit seinem gewohnten und vertrauten Namen angesprochen und gerufen zu werden. Das Nachfragen bei den Eltern nach der richtigen Aussprache des Namens verdeutlicht das ehrliche Interesse und Bemühen von Seiten der Fachkräfte und stellt eine gute Möglichkeit dar, mit den Eltern ins Gespräch zu kommen. Dem Kind und seinen Eltern wird vermittelt: „Ich achte dich bzw. euch in deiner bzw. eurer Subjektivität und Einzigartigkeit."

> Wie lernt mein Kind 2 Sprachen, Deutsch und die Familiensprache? (Ulich, 2004a). Dieser Elternbrief ist in 15 Sprachen im Internet unter www.ifp-bayern.de zu finden.

9.4.2

Praxisberichte zur Bildungspartnerschaft

Interkulturelle Mitarbeiterinnen in Niederösterreich

Zusammenfassung eines Gesprächs mit Marianne Erasimus, pädagogische Beraterin für interkulturelle Pädagogik des Landes NÖ:

Die 36 Interkulturellen Mitarbeiterinnen (IKM) des Landes Niederösterreich unterstützen derzeit 150 Kindergartenteams ein- bis zweimal pro Woche. Sie verfügen selbst über Migrationshintergrund. Sie sind mehrsprachig und speziell für ihren Aufgabenbereich ausgebildet. Dazu zählen z.B. die Unterstützung bei Kommunikationsproblemen im Zuge der Kindergarten- oder Schuleinschreibung, Hilfe bei der Feststellung des Entwicklungsstandes der Kinder, Unterstützung bei der Eingewöhnung etc. IKM fungieren als Übersetzerinnen bei Elternabenden und bei Elterninformationen. Sie unterstützen und fördern ganz wesentlich die Kommunikation zwischen Fachkräften und Eltern.

Eine ihrer wichtigsten Aufgaben ist es, die Ressourcen von Eltern und anderen Bezugspersonen zu nützen, um die Bildungsarbeit im Kindergarten zu unterstützen. Eltern können z.B. in verschiedenen Sprachen vorlesen, Spiele und Lieder aus anderen Ländern anbieten oder bei Ausflügen begleiten. Unser Anliegen ist es, alle Sprachen, die in unseren Kindergärten vertreten sind, lebendig werden zu lassen.

Dafür brauchen wir die Eltern!

Besonders, wenn Eltern auf Grund ihrer Kultur andere Erwartungen an die Institution Kindergarten haben, ist es wichtig, diese zu kommunizieren und Informationsarbeit zu leisten. Ursachen vieler Missverständnisse sind die oft völlig unterschiedlichen Auffassungen über die Aufgabe des Kindergartens oder über die Art und Weise einer Erziehungspartnerschaft zwischen Eltern und Fachkräften. Wenn die Pädagoginnen Informationen über den kulturellen Hintergrund der Familien bekommen, können sie z.B. leichter verstehen, warum sich manche Eltern – scheinbar – nicht für die Arbeit im Kindergarten interessieren. Diese Haltung entspringt vielfach dem aus ihrer Heimat übernommenen Bild vom Kindergarten: „Ich vertraue darauf, dass der Kindergarten seine Aufgabe erfüllen wird, ich mische mich nicht ein. Hier sind Fachkräfte, die ihre Aufgabe gelernt haben und die wissen, was sie tun. Sie brauchen meine Hilfe nicht ..."

Bildungspartnerschaft im Kindergarten Groemerweg

Zusammenfassung eines Gesprächs mit Heidi Achreiner, Kindergarten Groemerweg in Wörgl in Tirol:

Wenn wir bei der Sprachförderung erfolgreich sein wollen, sind wir auf eine gute Erziehungspartnerschaft mit den Eltern angewiesen – egal, ob es um den Erwerb einer zweiten Sprache geht, um die Förderung von Kindern mit Sprachproblemen oder um die „ganz normale" Bildungsarbeit im Kindergarten. Die Kinder kommen mit unterschiedlichen sprachlichen Vorerfahrungen zu uns: Manche sind vom Elternhaus gut gefördert, bei anderen beginnen der eigentliche Spracherwerb und Wortschatzaufbau erst bei uns im Kindergarten. Für Kinder, die daheim nur Dialekt sprechen, ist die Hochsprache fast so wie eine zweite Sprache.

Wir tauschen uns schon beim Einschreiben mit den Eltern darüber aus, was sie vom Kindergarten erwarten und wie unsere Arbeit aussieht. Besonders Eltern mit Migrationshintergrund müssen informiert werden, wie wir im Kindergarten arbeiten, dass Kinder über das Spielen lernen und dass es zu Beginn ganz wichtig ist, eine gute und tragfähige Bindung zu den Kindern aufzubauen. Manche Eltern erwarten, dass ihre Kinder so rasch wie möglich Deutsch lernen, damit sie sich dadurch gut integrieren können. Aber ohne eine gute Beziehung zu den Kindern ist die Bildungsarbeit nicht möglich – schon gar nicht, wenn es um Sprache oder Kommunikation geht.

Wir streben aber nicht nur bei „Zweitsprachkindern" eine tragfähige Bildungspartnerschaft mit den Eltern an. Für unsere Arbeit ist die Unterstützung aller Eltern wichtig. Wenn sie uns ihre Kinder gerne anvertrauen, gelingt die Eingewöhnung viel leichter und auch alle anderen Bildungsangebote fallen auf fruchtbareren Boden. Wenn die Eltern Anteil nehmen und Interesse zeigen, weil sie z.B. wissen, was wir hier im Kindergarten tun, und dann auch mit ihren Kindern darüber reden, wirkt dies verstärkend für unsere Bildungsangebote. Da wir sehr viel mit den Eltern reden und sie laufend über die Bildungsarbeit in den Gruppen aufklären, können sie auch unsere Arbeit mehr schätzen und sehen die Fortschritte ihrer Kinder bewusster.

Heute müssen wir verstärkt auch den interkulturellen Aspekt beachten. Wir versuchen, schon bei den Einschreibungen und später bei den Elternabenden dafür zu sorgen, dass wir Übersetzerinnen oder Übersetzer dabei haben, die bei Fragen oder Verständnisschwierigkeiten helfen können. Meist ist die Kommunikation der Eltern untereinander sehr gut. Jene, die besser Deutsch sprechen oder schon länger im Kindergarten sind, helfen den Neulingen – auch wenn Organisatorisches weiterzugeben ist. Wir verfassen aber auch die wichtigsten schriftlichen Informationen in verschiedenen Sprachen. Die Gestaltung der Feste hat sich dahingehend verändert, dass wir versuchen, alle Eltern einzubeziehen. Wir betonen z.B. verstärkt jene Aspekte, die in allen Religionen wichtig sind, wie die Achtung vor der Schöpfung oder die Liebe der Menschen zueinander.

Wir betrachten die Eltern als Brücke zu den Kindern, ihre unterstützende Haltung uns Pädagoginnen gegenüber ist eine wichtige Grundlage für unsere Arbeit – ohne Eltern geht es nicht!

10

Literatur und elektronische Medien

„Medien helfen, die Welt der Dinge und die soziale Welt der Menschen zu ordnen, zu deuten und zu bewerten" (Bachmair, 2006, S. 180). Dazu ist der Erwerb von Medienkompetenz notwendig: Die Kinder sollen zu einem kompetenten Umgang mit der komplexen Medienlandschaft, die sie umgibt, befähigt werden.

Ein Beispiel dafür, wie sehr Kinder in all ihren Lebensbereichen mit unterschiedlichen Medien konfrontiert werden, stellt das Ineinandergreifen von Medienangeboten – die Medienkonvergenz – dar: Bis vor wenigen Jahren wurden z.B. Bücher nur vertont oder verfilmt. Heute hingegen findet eine „Story" mit ihren Protagonistinnen und Protagonisten in allen Printmedien, in Film und Fernsehen, auf CD, DVD, via PC, Handy sowie Spielkonsolen innerhalb kürzester Zeit Verbreitung. Zusätzlich kann eine Fülle an Merchandisingprodukten, wie Plastik- oder Plüschfiguren, bedruckte Kleidungsstücke oder Gebrauchsartikel, erworben werden.

Beispiele für Produkte, die im Medienverbund angeboten werden, sind u.a. Bilderbücher, die auch als Filme, Spiele, Tonträger, Puzzles etc. auf den Markt kommen:

- 📖 Die Königin der Farben (Bauer, 2005a). Malwida ist die Königin der Farben Blau, Rot und Gelb. Als Folge eines Streites vermischen sich diese Farben, bis nur noch Grau da ist.
- ✋ Die Königin der Farben (Bauer, 2007). Memo-Spiel zu Formen und Farben.
- 🎵 Die Königin der Farben (Bauer, 2005b). CD oder Kassette mit der musikalisch erzählten Geschichte des gleichnamigen Bilderbuches.
- 🎧 Kleiner Dodo. Bester Freund (Romanelli, 2007). Durch den Urwald, in dem der kleine Affe Dodo mit seinen Freundinnen und Freunden lebt, soll eine Straße gebaut werden. Die Geschichte zum Hören kann via Internet heruntergeladen werden.
- 📼 Dodo ist auch im Deutschen Kinderfernsehen auf KIKA in der „Sendung mit der Maus" zu sehen. Im Winter 2007 startete der Film „Kleiner Dodo. Bester Freund" im Kino.

10.1

Sprachförderung durch Literatur

Sprachliche Defizite bei Vorschulkindern haben in den letzten Jahren drastisch zugenommen: Ein Viertel der Kinder in Deutschland, deren Erstsprache Deutsch ist, zeigen im vierten und fünften Lebensjahr klinisch auffällige Sprachentwicklungsstörungen (Ring, 2004). Lettner (2004) beschreibt bei 30% aller oberösterreichischen Schulanfängerinnen und -anfänger leicht- bis mittelgradige Sprachauffälligkeiten. Eine Ursache für diese sprachliche Verarmung ist die Tatsache, dass in immer mehr Familien Zeit und Wertschätzung für bewusst erlebte Sprache fehlen. So wird z.B. immer seltener vorgelesen. Wenn die Kinder in den Kindergarten kommen, verfügen sie kaum über altersadäquate Erfahrungen mit Büchern, Erzählen und Zuhören. Aus diesem Grund muss im Kindergarten ausreichend Zeit und Möglichkeit für solche Bildungssituationen vorhanden sein.

> **„Bilderbuchbetrachtung ist nachweisbar eine der effektivsten Formen der Sprachförderung in der frühen Kindheit." (Näger, 2005, S. 48).**

Spätere schulische Leistungen werden wesentlich vom Interesse, der Geduld und der Fähigkeit, sprachlich vermittelte Inhalte zu verstehen und zu interpretieren, mitbestimmt. Bilderbücher dienen jedoch nicht nur der Sprachförderung. Die Auseinandersetzung mit Literatur stimuliert die Kreativität der Kinder, regt ihre emotionale sowie ihre kognitive Entwicklung an und vermittelt Werte und Normen. Nicht zuletzt bereiten das Lesen und Betrachten von Büchern Spaß und Freude. Dadurch wird die Nachhaltigkeit dieser Bildungssituation betont, da positive Emotionen eine der wichtigsten Grundlagen für erfolgreiches Lernen darstellen.

10.2 Bilderbuchvermittlung

Für Kinder ist das Besondere an Bilderbüchern, dass zumeist die Vermittlung durch Erwachsene notwendig ist. Fast alle Kinder genießen die intensive Zuwendung einer vertrauten Bezugsperson beim Vorlesen.

Die Beschäftigung mit Büchern sollte ein selbstverständlicher Teil des kindlichen Alltags sein. Eine Gedichtesammlung von Josef Guggenmos kann etwa die Fahrt im Autobus verkürzen, ein Sachbuch über Wolken oder Käfer beim Ausflug zum Vergleichen und Beobachten anregen. Stimmungsvolle Illustrationen motivieren zum Malen und Gestalten.

Kinder, die vor dem Kindergarteneintritt kaum Erfahrungen mit Bilderbüchern sammeln konnten, brauchen vorerst Zeit und Zuwendung, um mit diesem Medium vertraut zu werden. Anders als beim Fernsehen ist beim Rezipieren von Büchern eine aktive Auseinandersetzung mit Text, Bild und Inhalt notwendig. Kinder müssen an die Buchbetrachtung durch gemeinsames Schauen, Vorlesen und Wiederholen herangeführt werden. Wichtig ist der Austausch über das Gesehene und Gehörte. Kinder, die bislang kaum Bücher rezipiert, aber bereits Fernsehgewohnheiten entwickelt haben, übertragen ihr bisher erlerntes Rezeptionsverhalten häufig auf den Umgang mit Büchern. Es bereitet ihnen oft Mühe, ein Buch auszuwählen, sie „zappen" von Buch zu Buch, nehmen eines kurz zur Hand, blättern es durch und legen es wieder weg.

Bilderbuchkinos können an die Schaugewohnheiten dieser Kinder anknüpfen und ihnen so den Zugang zur Literatur erleichtern (vgl. Kapitel 10.4).

Mitunter können Themen, die sonst kaum zur Sprache kommen, das Interesse von Kindern an Büchern wecken:

- So ein Kack. Das Kinderbuch von eben dem (Stalfelt, 2005). Witzig und trotzdem sachlich wird dieses für viele Kinder interessante Thema bearbeitet.
- Das Buch vom Müssen und Machen (Davies, 2007). Jedes Lebewesen muss „machen", also warum nicht darüber reden?

10.2.1

Grundsätzliche Überlegungen zur Bilderbuchbetrachtung

Die Vermittlung von Bilderbüchern kann auf vielfältige Art und Weise gestaltet werden. Folgende grundsätzliche Überlegungen sollten dabei berücksichtigt werden:

- Je jünger und unerfahrener Kinder im Umgang mit Büchern sind, umso mehr sind sie auf die intensive persönliche Zuwendung beim Bilderbuchbetrachten und Vorlesen angewiesen. Kinder benötigen den Austausch mit einer vertrauten Bezugsperson, um bei Bedarf Körper- und Blickkontakt herzustellen und sich in Geborgenheit zu entspannen. So können sie in Ruhe zuhören und gegebenenfalls nachfragen.

- Gemeinsam mit den Kindern sollten einige Regeln für die Vorlesesituation vereinbart werden. Es stört den Rezeptionsprozess, wenn das Einhalten von Regeln, wie z.B. das Vermeiden von Störungen, während der Buchbetrachtung eingefordert werden muss.

- Ein kleines, immer wiederkehrendes Ritual, das die Erzähl- oder Vorlesesituation einrahmt, hilft mit, sich auf das Kommende einzustimmen und ruhig zu werden.

- Manche Kinder, die vom Inhalt einer Geschichte sehr bewegt sind, brauchen die Möglichkeit, Spannungen schon während des Vorlesens abzubauen: Sie laufen z.B. kurz weg, spielen mit den Fingern, wippen beim Sitzen oder nesteln an ihrer Kleidung. Auch wenn es für die Pädagogin bzw. den Pädagogen mitunter nicht leicht ist, solche „Störungen" zu tolerieren, sollte darauf geachtet werden, dass genau diesen Kindern der Zugang zu Literatur nicht durch allzu einengende Verhaltensvorschriften erschwert wird.

- Kindern sollte die Möglichkeit geboten werden, an einer Buchbetrachtung „unverbindlich" teilzunehmen. Manche Kinder sitzen scheinbar unbeteiligt am Rande einer Gruppe, schauen kurz vorbei oder sind in Hörweite mit einer Zeichnung oder einem Spiel beschäftigt. Dennoch nehmen sie den Inhalt des Buches interessiert auf. Wichtig ist einerseits, dass das Prinzip der Freiwilligkeit eingehalten wird, andererseits dass von außen nicht gestört werden darf.

- Vorerfahrungen der Kinder in Bezug auf die Bilderbuchbetrachtung und das Erzählen müssen bei der Buchauswahl mit berücksichtigt werden. Ungeübte Kinder sollten nicht durch zu lange Geschichten oder allzu ungewohnte Illustrationen überfordert werden. Günstig ist es, wenn die Kinder eigene Lieblingsbücher mitbringen oder sich in einer Bibliothek selbst aussuchen können.

- Sehr wichtig ist es, Bilderbücher in Kleingruppen mit höchstens zwei oder drei Kindern anzuschauen. Dadurch wird die Möglichkeit geboten, sensibel und anteilnehmend auf die Kinder einzugehen und sich ihrem Tempo, ihrer Gefühlslage und ihren Interessen anzupassen.

- Kinder, deren Erstsprache nicht Deutsch ist, brauchen eine sprachintensive Buchbetrachtung zum Erwerb literacybezogener Kompetenzen ganz besonders.
- Eine Besonderheit des Bilderbuches ist es, dass Inhalte nicht ausschließlich durch den Text vermittelt werden. Illustrationen tragen zum besseren Verständnis des Textes bei, unterstreichen das Geschriebene, ergänzen oder hinterfragen es. Die Abbildungen können von den Kindern völlig individuell interpretiert und „gelesen" werden. Sie greifen beim Verstehen und Deuten der Inhalte auf ihre Erfahrungen und ihr Vorwissen zurück.
- Beim Betrachten und „Lesen" von Büchern ohne Text werden dennoch sprachliche Fähigkeiten gefördert: Die Kinder müssen eigene Wörter für das Gesehene finden, die Szenen in logischer Abfolge verstehen und miteinander in Beziehung setzen. Dabei ist es gleichgültig, in welcher „Sprache" ein Buch gelesen wird: Wichtig für das Verständnis sind ein ausreichend gut entwickelter Grundwortschatz und Erfahrungen im Entschlüsseln von Bildern.

📖 Was war hier bloß los? Ein geheimnisvoller Spaziergang (Müller, 2000). Zu sehen sind nur die Spuren verschiedener Tiere.

📖 Notizen von Käptn's Dinner (Schweitzer, 2004). Ohne Worte und doch sehr detailliert erzählt ein altes Notizbuch von einem Dinner auf einem Schiff.

📖 Strandgut (Wiesner, 2007). In detailreichen Bildern erzählt der Autor von einem Jungen, der am Strand eine alte Kamera findet und den Film entwickeln lässt. Ein anspruchsvolles Bilderbuch zum gemeinsamen Entdecken mit Erwachsenen.

- Insbesondere schwierige und längere Texte bedürfen einer sorgfältigen Einführung und vorausschauenden Planung. Es muss genügend Zeit vorhanden sein, damit sich die Kinder konzentriert und ungestört auf das Angebot einlassen können.

📖 ♪ Peter und der Wolf (Prokofjew, 2007). Das bekannte musikalische Märchen wird von Loriot humorvoll erzählt.

📖 Die Prinzessin (Schönberg, 2006). Diese Geschichte einer Prinzessin, die sich beim Tennisspielen blaue Flecken holt und nun von ihrem ungeschickten Diener gepflegt werden soll, hat sich Arnold Schönberg für seine Kinder ausgedacht.

📖 ♪ Die Schöpfung (Heine, 2006). Die Schöpfung für Kinder in Bildern, Worten und Tönen.

📖 Lian (Jianghong, 2007). Chinesisches Märchen mit farbenprächtigen Illustrationen.

Bevor den Kindern ein neues Buch vorgestellt wird, sollte sich die Pädagogin bzw. der Pädagoge selbst mit dem Buch, seinem Inhalt und den Illustrationen auseinandersetzen. Folgende Fragen können die Vorbereitung erleichtern:

- Warum wurde gerade dieses Buch ausgewählt? Sollen gezielt Sachinformationen vermittelt werden? Dient das Buch dem Kennenlernen neuer Verhaltensformen, Werte oder Normen? Sind ästhetische Kriterien für die Auswahl ausschlaggebend oder soll das Buch „nur" Spaß bereiten und zur Unterhaltung beitragen?
- Wurde dieses Buch für ein bestimmtes Kind oder eine bestimmte Kinder-

gruppe ausgewählt? Wann sind diese Kinder besonders gut ansprechbar? Vielleicht gleich nach dem Verabschieden von den Eltern, wenn intensive Zuwendung benötigt wird oder am Nachmittag, wenn nur wenige Kinder da sind? Gibt es Gründe, dieses Buch nur einem bestimmten Kind oder einer kleinen Gruppe anzubieten? Beispiele wären etwa eine bevorstehende Reise ins Ausland oder Scheidung der Eltern.

- Eignen sich dieses Buch und dessen Inhalt als Bilderbuchkino, um so von einer größeren Kindergruppe gemeinsam betrachtet zu werden? Durch diese Art der Vermittlung können z.B. Bücher ohne Text auch von Kindern mit eingeschränkten Sprachkenntnissen gemeinsam mit den anderen Kindern rezipiert werden (vgl. Kapitel 10.4).

- Bieten sich andere Bücher zur Ergänzung oder Erweiterung eines Themas bzw. eines Bildungsangebots an? Ein Inhalt kann in der Literatur auf mannigfache Art und Weise dargestellt werden, z.B. in realistischer, fantastischer oder gleichnishafter Erzählweise. Zur Illustration dienen u.a. Fotos, Zeichnungen, Malereien oder Collagen. Die sprachliche Gestaltung reicht vom Reim bis zur sachlichen Beschreibung.

- Welche Bildungsangebote eignen sich zur Vertiefung des Buchinhaltes? Beispiele sind Gespräche, Lieder, Sprüche, Ausgänge, Anschauungsmaterialien, kreative oder musikalische Angebote, Bilder, Poster, audiovisuelle Medien u.v.m.

10.2.2

Anregungen zur Gesprächsgestaltung

Ergänzend zum Text eines Buches können den Kindern „Lesehilfen" für die Bildbetrachtung und mögliche Interpretationen angeboten werden. Vorsichtige Fragen regen die Kinder zum genauen Schauen und zum Formulieren eigener Überlegungen an. Im Folgenden einige Hinweise zur Gesprächsgestaltung:

- Die Pädagogin bzw. der Pädagoge sollte einige wenige grundlegende Fragen vorbereiten. Dabei ist auf offene Formulierungen zu achten, um den Kindern möglichst viel Freiraum zum Entwickeln eigener Ideen zu lassen. Sachwissen sollte allerdings korrekt weitergegeben und übernommen werden.

- Zusätzlich können ergänzende oder provozierende Fragen das Gespräch unterstützen und in Gang halten.

- Gibt es Bilder, die der besonderen Erklärung bedürfen oder die zum Fragen und Erzählen auffordern?

- Ist für einzelne Wörter, Textpassagen oder Formulierungen eine Erklärung oder „Übersetzung" notwendig? Manchmal kann es sinnvoll sein, andere Ausdrücke zu verwenden: So können Begriffe, die v.a. in Deutschland verwendet werden, wie z.B. Blumenkohl oder Metzger, durch österreichische ergänzt werden.

- Gespräche eignen sich dazu, nach Gefühlen und Fantasien zu fragen. Dazu kann z.B. ein passendes, besonders eindrucksvolles Bild ausgewählt werden.

- Erwachsene sollten den Kindern Anregungen bieten, miteinander Gespräche zu führen. Kinder benötigen dabei Zeit zum Überlegen und Antworten. Die Fachkräfte können die Aussagen einzelner Kinder betonen, als Input für den weiteren Gesprächsverlauf nützen und Zusammenfassungen formulieren.

- Insbesondere bei der Bildbetrachtung sollte den Kindern genügend Raum für eigene Gedanken und Mutmaßungen zur Verfügung stehen. Manche Bilder lassen sich nicht eindeutig erklären oder „verstehen", daher müssen verschiedene Betrachtungsweisen zugelassen und gefördert werden. Auch die Erwachsenen können eigene Unschlüssigkeiten zugeben und gemeinsam mit den Kindern staunen und rätseln.

- Schon vor dem Gespräch sollte überlegt werden, ob und in welcher Form die Erkenntnisse, Ideen und Aussagen der Kinder dokumentiert werden sollen, etwa in Form eines Posters, eines Berichts für die Eltern oder auf der Homepage des Kindergartens. Vielleicht kann ein eigenes Buch nach den Ideen der Kinder gestaltet werden. So erinnern sich die Kinder immer wieder an ein bestimmtes Bildungsangebot und haben Gelegenheit, ihre Dokumentationen gemeinsam zu betrachten.

10.3

Lyrik – ein unverzichtbarer Bestandteil der Sprachförderung

„Sobald Kinder sprechen, spielen sie mit der Sprache. Sie drehen und wenden die Silben, Wörter und Sätze" (Näger, 2002, S. 1). Durch das Experimentieren werden sie mit den Eigenheiten der Sprache vertraut. Insbesondere der Wunsch junger Kinder nach Wiederholung – nach „noch einmal" – wird durch Fingerspiele, Kniereiterliedchen, einfache Lieder, Sprüche und Reime erfüllt. Diese kleinen Rituale vermitteln den Kindern Sicherheit und Geborgenheit durch die persönliche Zuwendung und Aufmerksamkeit ihrer Bezugspersonen. Denn: Je jünger die Kinder sind, umso mehr wird ihre Sprachentwicklung durch emotionale Faktoren, wie die Gefühle von Sicherheit und Angenommensein, beeinflusst.

Durch den Rhythmus, die häufigen Wiederholungen und den einfachen Inhalt von Fingerspielen, Kniereiterliedchen und Reimen werden die Klangmerkmale der Sprache, ihre Lautmelodie und ihre Akzentuierung betont. Reime stellen deshalb eine wichtige Grundlage der Sprachförderung dar.

Auch beim Zweitspracherwerb ist Lyrik nicht wegzudenken. Reim und Rhythmus helfen beim Erinnern und Wiedergeben.

Einfache Lebensprinzipien oder Regeln werden oft heute noch in Spruchform weitergegeben, wie z.B.: „Erst links, dann rechts, dann gradeaus, so kommst du sicher gut nach Haus."

Habt ihr den Wolkenesel gesehen?
Er will und will nicht weitergehen,
bleibt einfach so am Himmel stehen!

Heinz Janisch (1999, S. 14)

10.3.1

Aktive Auseinandersetzung mit Lyrik

Die meisten Kinder lieben gereimte Texte oder Geschichten. Sie wollen sie immer wieder hören und sprechen bald einzelne Passagen mit. Diese ersten Erfahrungen mit Lyrik als einer wichtigen sprachlichen Ausdrucksform werden von vielen Kindern in ihr Spiel und ihre Sprache übernommen. Aus Wörtern wie Haus, Maus, aus oder Sand, Wand, Hand bzw. gekannt, verrannt, gebrannt etc. können eigene Reimereien oder Nonsensgedichte entstehen. Insbesondere in Verbindung mit anderen Ausdrucksformen wie Malen, Zeichnen und Rollenspiel oder begleitet durch Musik und Bewegung werden diese Spracherfahrungen vertieft. Nicht selten sind einzelne Wortkombinationen oder Verszeilen beim Experimentieren mit Sprache, bei Sprachspielen oder bei motorischen Aktivitäten, wie z.B. Schaukeln oder Schnurspringen, wieder zu hören. Diese Laut- und Wortspielereien sollten im Sinne transaktionaler Bildungsprozesse aufgegriffen und durch verschiedene weiterführende Angebote gefördert werden.

Der Alltag bietet viele Möglichkeiten, Reime und Verse einzubringen:

10.3.2

Kindgerechte Lyrik

Lyrik im Vorschulalter nur auf Fingerspiele oder Auszählreime zu beschränken, hieße, auf einen wesentlichen Aspekt sprachlicher Bildung im Kindergarten zu verzichten. Es gibt kaum ein Thema, das sich nicht in der Lyrik wiederfindet. Anthologien von Gedichten, Sprachspielen und Rätseln sollten daher fixer Bestandteil jeder Kindergartenbibliothek sein.

- Hör zu, es ist kein Tier so klein, das nicht von dir ein Bruder könnte sein. Gedichte und Bilder (Abmeier, 2006). Zahlreiche Gedichte von verschiedenen Autorinnen und Autoren.

- Heute will ich langsam sein (Janisch, 2005). Kurze Texte animieren zum Nachdenken und Schmunzeln.

- Groß ist die Welt. Die schönsten Gedichte (Guggenmos, 2006).

- Zauberwort. Die schönsten Gedichte für Kinder aus vier Jahrhunderten (Harenski, 2004). Gedichte u.a. von Goethe, Brentano, Rilke, Morgenstern und Jandl.

- Überall und neben dir. Gedichte für Kinder in sieben Abteilungen (Gelberg, 1995).

- ♪ Schnipp, Schnapp, Schnorum mit Begleit-CD. Lieder und Reime für Große und Kleine (Helfrich, 2006).

- Minitheater. Fingerspiele – Spielgedichte für Kindergarten, Schule und zu Hause (Hofbauer, 2004). Fingerspiele und Reime in liebevoller und kindgerechter Sprache.

Die Rezeption von Gedichten kann z.B. durch Illustrationen unterstützt werden. Auch ergänzende Texte oder Fragen fördern den Zugang zu Gedichten und regen die Kinder zu eigenen Deutungen an.

- ♪ Lieblich klingt der Gartenschlauch. Ein Buch zum Lesen, Singen, Zaubern, Blödeln, Spielen. Mit CD (Auer, 2002).

In vielen bekannten Bilderbüchern wird eine Geschichte in Reimen erzählt:

- Für Hund und Katz ist auch noch Platz (Donaldson, 2006). Die Hexe und ihre Katze nehmen bei einem Ausritt auf dem Hexenbesen einen Hund, einen Frosch und andere Tiere mit und besiegen gemeinsam einen Drachen.
- Valerie und die Gute-Nacht-Schaukel (Lobe, 1981).
- Das kleine Ich bin Ich (Lobe, 1982).
- Die Geggis (Lobe, 1990).
- ☺ Die Affenmutter liebt ihr Kind (Carle & Christen, 2000).
- ☺ Brauner Bär, wen siehst denn du? (Carle, 2002).
- ☺ Lieber Eisbär, hör gut zu! (Carle, 2007).

Auch „klassische" Gedichte, etwa von Goethe, Schiller, Rilke, Ringelnatz oder Jandl, können durchaus im Kindergarten rezipiert werden und fordern insbesondere sprachlich begabte Kinder heraus:

- Das Hexeneinmaleins (Goethe, 2007). Goethes Gedicht von Wolf Erlbruch mit fantastischen Tieren, Hexen und Zahlen illustriert.
- Gefunden (Goethe, 2003). Ohne erhobenen Zeigefinger wird für den rücksichtsvollen Umgang mit der Natur plädiert.
- Der Handschuh (Schiller, 2005). Trotz ungewohnter Sprache kann dieses klassische Gedicht von Kindern schon verstanden werden.
- Die Mausefalle (Morgenstern, 2006). Herr Palmström möchte gewaltlos eine Maus loswerden, aber er weiß nicht so recht, wie.
- Morgennatz und Ringelstern (Janisch, 2005). Obwohl fast hundert Jahre alt, sind die ausgewählten Gedichte kindgerecht, modern in der Sprache und voller Humor.
- Fünfter sein (Jandl, 2007). tür auf/einer rein/tagherrdoktor ... Fünf Spielzeuge warten darauf, wiederhergestellt zu werden. Dieses Buch ist auch als Bilderbuchkino erhältlich (http://www.Matthiasfilm.de).
- ↝ Mit schöner Sprache durch das Jahr (Fischer-Olm, 2003). 40 Gedichte zur Sprachförderung mit weiterführenden Fördervorschlägen für Kindergarten und Grundstufe.

10.4

Bilderbuchkino – eine besondere Art des Bilderbucherlebens

„Bilderbuch-Kino, das ist das gemeinsame Miterleben von Geschichten, die Möglichkeit, in dunkler Kino-Atmosphäre zusammensitzend in Bilder eintauchen zu können" (Näger, 1998, S. 24). Bilderbuchgeschichten, die großflächig auf eine Wand projiziert und gemeinsam mit anderen rezipiert werden, beeindrucken selbst medienverwöhnte Kinder. Durch die Vergrößerung der fotografierten Bilderbuchillustrationen wirken diese besonders eindrücklich. Die Farben werden leuchtender, die Darstellungen gewinnen an Intensität.

Das gemeinsame Betrachten und Zuhören im Dunkeln lässt eine besondere Erlebnisqualität entstehen und hebt diese Art der Buchrezeption aus dem Alltag heraus.

Ein großer Vorteil des Bilderbuchkinos ist, dass viele Kinder gemeinsam die Illustrationen eines Buches in Ruhe ansehen und darüber kommunizieren oder philosophieren können.

Kindern, die leicht ablenkbar oder eher unkonzentriert sind, hilft die Dunkelheit, sich zu entspannen und ihre Aufmerksamkeit auf die Bilder zu fokussieren.

Durch die Vergrößerungen können Details und einzelne Szenen gezielt betrachtet und miteinander besprochen werden. Besonders in unserer bildgeprägten Umwelt müssen Kinder richtiges „Sehen", genaues Hinschauen und kritisches Betrachten lernen. „Bilderbücher sind wesentliche Elemente in der ‚Schule des Sehens'. Denn Kinder müssen sehen lernen, so wie sie auch sprechen lernen müssen" (Näger, 1998, S. 25). Dies ist die Grundlage dafür, dass sie sich in der immer größer werdenden Bilderflut des Alltags zurechtfinden und sich eine eigene Meinung bilden können.

Das Bilderbuchkino kann im Rahmen eines Elternabends, eines Festes, als Einstieg oder Abschluss eines Projekts oder zur besonderen Vertiefung eines Bildungsangebots eingesetzt werden. Die projizierten Geschichten können von einer Pädagogin bzw. einem Pädagogen alleine oder gemeinsam mit anderen mit verteilten Rollen erzählt oder vorgelesen werden. Die Geschichten lassen sich auch akustisch untermalen.

Als ein Aspekt der Medienerziehung, der Bilderbuchrezeption oder der Sprachförderung kann dieses ästhetische Erlebnis Impulse für weitere Aktivitäten bieten:

- ◆ Erfahrungen mit Licht und Schatten in Form verschiedener Schattentheater.
- ◆ Herstellen eigener Bilderbuchkinos durch die Kinder: Fotos von Zeichnungen, Malereien oder Collagen können zur Illustration eigener Texte oder Berichte genützt werden.
- ◆ Zwischen die beiden Glasplättchen eines Diarahmens lassen sich Blätter, Blüten, Federn, Transparentpapier oder Farbtupfer positionieren, die an die Wand projiziert werden.
- ◆ Die Glasplättchen können auch direkt bemalt werden: Die Vergrößerungen dieser winzigen Malflächen zeigen immer wieder neue, überraschende Ergebnisse.

(Näger, 1998; Nössing-Obkircher & Stecher, 2007).

Die technische Ausrüstung, die zur Präsentation eine Bilderbuchkinos notwendig ist, umfasst folgende Bestandteile:

- ◆ Diaprojektor, entsprechende Kabel,
- ◆ ausreichende Anzahl von Magazinen und leeren Diarähmchen,
- ◆ Projektionsfläche, wie eine weiße Wand, ein glattes weißes Leintuch oder eine mobile Projektionsleinwand,
- ◆ Taschenlampe zum Vorlesen, ev. auch als „Zeigestab" und zur Orientierung im Dunkeln,
- ◆ Bilderbuch in Originalform und in projizierbarer Form.

Zur Präsentation ist ein Raum nötig, der sich gut verdunkeln lässt.

Bilderbuchkinos können gekauft, entliehen oder selbst hergestellt werden (vgl. Anhang). Auf dieses „methodisch interessante Instrument zur literarischen und ästhetischen Bildung von Kindern sollte im Kindergarten nicht verzichtet werden" (Näger, 1998, S. 25).

10.5

Elektronische Medien im Kindergarten

Während Bücher und Tonträger selbstverständliche Angebote im Kindergartenalltag darstellen, sind Kinder in Bezug auf den Umgang mit elektronischen Medien, wie Fernsehen oder Computer, oft auf das Vorbild und die Unterstützung der Familie angewiesen. Der Kindergarten sollte daher in diesem Bereich vermehrt seine begleitende oder familienergänzende Bildungsfunktion wahrnehmen.

10.5.1

Medienkonsum und Medienmissbrauch

Erste Medienerfahrungen sammeln fast alle Kinder mit audiovisuellen Medien, wie Fernsehen, Video oder DVD. Den meisten Kindern ist ebenso der Umgang mit Hörmedien, wie Kassetten oder CDs, vertraut. Der Kontakt mit dem PC, z.B. mittels Computerspielen oder CD-ROMs, ist auch bei jungen Kindern im Zunehmen begriffen. So konsumieren zwei- bis fünfjährige Kinder durchschnittlich 160 Minuten täglich verschiedene Medien, wobei das Fernsehen daran den weitaus größten Anteil hat (Feierabend & Mohl, 2004).

Die Studienergebnisse einer Würzburger Arbeitsgruppe zeigen die negativen Auswirkungen der Fernsehdauer im Vorschulalter auf die schulischen Leistungen in der Volksschule auf (Spitzer, 2006): Die Fernsehdauer im Kindergartenalter bestimmt die Lesekompetenz in der ersten Klasse. „Vielseherinnen bzw. Vielseher" – das sind Kinder, die zwei und mehr Stunden täglich vor dem Bildschirm verbringen – zeigen eindeutig mehr Aufmerksamkeitsstörungen sowie eine verminderte Leseleistung in der Volksschule. Die negativen Auswirkungen übermäßigen Fernsehens sind bei Kindern aus sozial privilegierten Familien besonders deutlich nachzuweisen. Kinder mit unterdurchschnittlicher Intelligenz zeigen noch zusätzlich schlechtere Leistungen, etwa den Wortschatz betreffend.

Die Kenntnis und die Berücksichtigung dieser Zusammenhänge sind wesentliche Voraussetzungen für die professionelle Medienarbeit im Kindergarten.

10.5.2

Medienpädagogik

Anliegen der Medienerziehung ist es nicht, elektronische Medien aus dem kindlichen Umfeld zu verbannen, sondern Kinder und Eltern im verantwortungsvollen Umgang damit zu unterstützen (Weininger, 2007). Tatsache ist, dass viele Erwachsene nicht auf eine eigene Medienkindheit und diesbezügliche Erziehungserfahrung zurückgreifen können. Daher sind sie hinsichtlich der Medienerziehung häufig selbst Lernende.

Der Einbezug der Eltern in die Förderung der Medienkompetenz garantiert die Nachhaltigkeit, denn viele Eltern sind unsicher, wie Medienerziehung im Familienalltag praktiziert werden sollte. Dies ist umso wichtiger, da die Kinder den Umgang mit Medien zuallererst durch das Vorbild innerhalb der Familie erlernen.

📖 Ich will so bleiben wie ich bin (Stellmacher, 2007). Ente Erna glaubt alles, was sie im Fernsehen sieht, und ärgert damit alle anderen Tiere am Bauerhof.

Der aktive Umgang der Kinder mit elektronischen Medien erfordert vielfältige sprachliche und kommunikative Fähigkeiten. Die Kinder müssen sich über Vorgehensweise und Ziele einer Aktivität einigen. Sie üben z.B. freies, deutliches Sprechen und bewusstes Agieren vor dem Mikrofon oder der Kamera.

Folgende Medien können in jedem Kindergarten angeboten werden:

Sorgfältig ausgewählte **Tonträger**, wie Kassetten oder CDs, werden von Kindern weitgehend selbstständig benutzt. Voraussetzungen dazu sind die Kenntnis der Handhabung, eine ausreichende technische Ausrüstung mit stabilen, kindersicheren Abspielgeräten, gut passenden Kopfhörern mit großen Ohrschalen, Batterien mit Auflademöglichkeit und ein übersichtlicher Platz zur Aufbewahrung der gesamten Ausrüstung. Gemeinsam müssen Vereinbarungen erarbeitet werden, die die Auswahl der Tonträger und die Dauer des Hörens regeln. Die Kinder können in die Auswahl und Gestaltung eines gemütlichen Platzes zum ungestörten Rückzug einbezogen werden. Die Kombination des Medienangebotes mit einer Ausstattung zum Zeichnen und Malen ermöglicht den Kindern, Emotionen unmittelbar auszudrücken: Manche Kinder lieben z.B. das Malen von Mandalas beim Hören, andere wollen das Gehörte sofort in Bildern festhalten und weiterspinnen.

Aufnahmegeräte wie Diktafone oder Kassettenrekorder können für vielfältige Aktivitäten, vor allem zur Sprachförderung, genützt werden. Schon die Erfahrung, dass die eigene Stimme vom Tonträger so ganz anders klingt, ist ein erster Schritt zur Erkenntnis, dass Medien die Realität nicht unverändert wiedergeben.

Digitale Fotoapparate oder Filmkameras eignen sich auf Grund ihrer einfachen Handhabung und der Möglichkeit, die Bilder zu bearbeiten, ideal für erste kindliche Medienerfahrungen. Dabei erleben die Kinder, dass die Bilder oder Aufnahmen immer nur Teil oder Ausschnitt eines Ganzen sind und recht einfach verändert werden können, etwa durch Hinzufügen, Abdecken, Veränderung der Größe oder Perspektive. Moderne Techniken bieten ein weiteres großes Spektrum an Bearbeitungsmöglichkeiten (Näger, 2000).

Spieltelefone und -handys dürfen in keinem Rollenspielbereich – egal ob für Familienspiel, Postamt, Büro, Feuerwehr etc. – fehlen. Fast jedes Kind verändert seine Sprache und Ausdrucksweise, wenn es „telefoniert", und somit bieten diese Geräte ebenfalls wichtige Impulse zur Sprach- und Kommunikationsförderung.

10.5.3

Anregungen zum Umgang mit Tonträgern

Für die Auswahl und den Einsatz von **Tonträgern** im Kindergarten sind folgende Aspekte von Bedeutung:

- Kassetten, CDs etc. sollen nicht den ganzen Tag „nebenbei" mitlaufen.
- Audiomedien unterstützen und ergänzen das Erzählen, Vorlesen oder Singen, sie dienen nicht als Ersatz!
- Für jüngere Kinder sind Tonträger mit einfachen kurzen Dialogen, mit wenig Geräusch- und Musikkulisse sowie mit Hörrätseln und Liedern empfehlenswert. Ältere sowie begabtere Kinder können einer längeren Geschichte oder Sachinformation folgen. Sparsame Hintergrundgeräusche und Musikuntermalung, nur wenige Sprecherinnen und Sprecher sowie angemessenes Sprechtempo entsprechen guter Qualität.
- Die emotionale Wirkung auf die Kinder ist ebenfalls von Bedeutung: Wie wird eine bestimmte Stimmung erzeugt? Können die Musikuntermalung oder die Geräuschkulisse Kinder ängstigen oder verunsichern? Beruhigende Tonlagen oder Stimmen tragen zu Entspannung und Konzentration der Kinder bei.
- Da Tonträger wiederholt angehört werden und als Sprachvorbild dienen, ist auf eine korrekte Sprache, Wortwahl und Diktion zu achten.
- Kopfhörer haben den Vorteil, dass andere Kinder bei ihren Aktivitäten nicht beeinträchtigt werden. Außerdem erfolgt durch die Anzahl an Kopfhörern automatisch eine Beschränkung der teilnehmenden Kinder. Gute Kopfhörer lassen sich leicht auf Kinderkopfgröße einstellen, rutschen nicht und die Ohrschalen bedecken das ganze Ohr. Knopfhörer sind unhygienisch und können bei falscher Handhabung zu Hörbeeinträchtigungen führen.
- Kinder neigen dazu, eine zu hohe Lautstärke zu wählen, insbesondere dann, wenn die Lautstärke der Tonträger sehr stark zwischen laut und leise wechselt oder wenn die Umgebung sehr unruhig ist. Bewährt hat sich eine Markierung am Abspielgerät, die die richtige Lautstärke anzeigt.

Beim Experimentieren mit **Aufnahmegeräten** sammeln Kinder vielfältige Erfahrungen, wie gut verständliche und brauchbare Ergebnisse zustande kommen. Der Abstand des Mikrofons oder der Kamera muss beachtet werden, Hintergrundgeräusche sollten vermieden werden, eine deutliche Sprache ist notwendig etc.

Ideen zum Aufnehmen sind z.B.:

- Wir sammeln Stimmen (tiefe, hohe, leise, Männer-, Frauen-, Kinder- oder Tierstimmen ...).
- Wir nehmen alle Sprachen auf, die es in unserem Kindergarten gibt, und gestalten daraus ein Hörrätsel.

- Wir gestalten einen akustischen Bericht oder ein Rätselspiel über unseren Tagesablauf mit immer wiederkehrenden Geräuschen.
- Wie klingt Stille? Wann ist es wirklich ganz still?

 📖 Sei doch mal still (Johansen, 2001). „Sei doch mal still. Warum soll ich still sein? Ich will was hören." So werden Kinder zum Hören aufgefordert.

 📖 Frag mich! 108 Fragen an Kinder, um miteinander ins Gespräch zu kommen (Damm, 2006a). Zu jeder ihrer – scheinbar – einfachen Fragen, wie z.B. „Wo möchtest du einmal wohnen?" findet die Autorin ein passendes Bild. Dadurch ergeben sich Anregungen für eigene Interviews.

Ähnlich wie mit Tonaufnahmen kann mit **Fotos** oder **Filmen** umgegangen werden. Eltern erhalten durch Fotos oder Filme die Chance, am Kindergartenalltag teilzunehmen und die Entwicklung ihrer Kinder nachzuvollziehen. Das gemeinsame Betrachten von Fotos, sei es im Album, Portfolio oder am PC, bietet immer wieder Anlässe zum Erzählen und Kommunizieren. Via Kindergarten-Homepage haben die Kinder die Möglichkeit, aktiv an der Öffentlichkeitsarbeit mitzuwirken, indem sie fotografieren, eigene Schwerpunkte in der Berichterstattung setzen und Bildunterschriften oder Texte formulieren.

Fotobilderbücher können als Vorbild und Anregung zur Gestaltung eigener Bücher dienen:

 📖 Das Bilder-Buch der Gegensätze. FotoBilderBuch (Fordacq & Girard, 2006). Gegensätze, wie oben – unten, schwarz – weiß, Kind – Erwachsener werden fotografisch dargestellt.

 📖 In gleicher Ausführung ebenfalls erhältlich: Das Farben-Bilder-Buch (Houblon, 2005a), Das Zahlen-Bilder-Buch (Houblon, 2005b) und Das Formen-Bilder-Buch (Houblon, 2006).

10.5.4
Computer als ergänzendes Bildungsangebot

Immer mehr Kindern ist der Umgang mit dem PC bereits ebenso vertraut wie der Umgang mit Büchern oder Tonträgern. Ihren Neigungen und Interessen entsprechend können sich Kinder mit diesem Medium in explorativer Art und Weise auseinandersetzen und dadurch Medienkompetenz erwerben.

Prinzipien der Computernutzung

Die technische Ausstattung sollte in einwandfreiem Zustand und auf die Bedürfnisse der Kinder abgestimmt sein: Dazu zählen etwa kindgerechte Größe der Maus und der Tastatur, passende Sitzhöhe, gute Regelung der Lautstärke sowie der Bildschirmeinstellungen etc.

Bei der Arbeit mit dem Computer ist die Begleitung durch Erwachsene besonders wichtig. Zunächst einmal müssen die Kinder mit den technischen Details vertraut werden: Das betrifft den Einstieg in das Programm, die Auswahl bestimmter Spiele, den Umgang mit der Maus, die Deutung von Symbolen und die Reaktion darauf etc.

In der Folge sind die Pädagoginnen und Pädagogen an der Computernutzung nicht mehr unmittelbar beteiligt. Sie wissen aber Bescheid, welches Kind sich mit welchem Programm beschäftigt und bieten bei Schwierigkeiten oder Fragen jederzeit Unterstützung an. Hosp-Hermann (2006) betont, dass Kindern ausreichend Gelegenheit geboten werden soll, sich miteinander und mit ihren Bezugspersonen über ihre Erfahrungen auszutauschen. Zusätzliche Spiel- und Materialangebote geben den Kindern die Möglichkeit, „das virtuell Erlebte zu verinnerlichen und kreativ umzusetzen" (S. 200).

Es hat sich bewährt, für die Computernutzung einen zeitlichen Rahmen von etwa 20 bis 30 Minuten täglich zu vereinbaren (Hosp-Hermann, 2006; Pils & Pils, 2006). Eirich (o.J.) betont in diesem Zusammenhang allerdings die Fähigkeit von Kindern, aktiv aus dem Informationsangebot ihrer Lebenswelt auszuwählen und ihre Aufmerksamkeit jenen Dingen zuzuwenden, die von Bedeutung für ihre Bildung und Entwicklung sind. Deshalb sind Regeln, die sich ausschließlich an zeitlichen Limits orientieren, wenig sinnvoll. Kinder werden im Rahmen der Medienerziehung vielmehr befähigt, elektronische Medien verantwortungsvoll und kritisch zu nutzen.

„Schlaumäuse – Kinder entdecken Sprache"

Spezielle Lernprogramme bieten vielfältige Möglichkeiten zum Erwerb der nötigen Kompetenzen im Umgang mit dem Computer. Unter anderem enthalten sie Anregungen zur Sprachförderung. „Das Projekt ‚Schlaumäuse – Kinder entdecken Sprache' verfolgt das Ziel der Sprachförderung von Kindern im Alter von vier bis sechs Jahren in Kindertageseinrichtungen. Ein Förderschwerpunkt ist die vorschulische Anbahnung des Schriftspracherwerbs" (Kochan & Schröter, 2005, S. 135). Mittels einer speziell entwickelten Software und entsprechender technischer Ausstattung können Kinder die Schrift – auch die, die sie selbst eintippen – hören. So gibt es Spiele zum Erlernen von Buchstaben-Lautbeziehungen, zum Erkennen von Strukturen, zum Erlernen von Präpositionen und Adjektiven sowie zur Silbenerkennung etc. Die phonologische Bewusstheit wird unter anderem mittels Hörmemorys (Paarbildung durch Reimwörter) gefördert. Dabei kann jedes Kind auf seinem persönlichen Niveau beginnen und Fortschritte machen.

Erste Erfahrungen und Rückmeldungen aus der Praxis zeigen, dass die Kinder – auch wenn ihre Erstsprache nicht Deutsch ist – selbstbestimmt und spielerisch lernen. Sie benötigen wenig Unterweisung von Seiten der Erwachsenen und entwickeln vermehrt Interesse an der Schriftsprache (Kochan & Schröter, 2005).

Folgende Computerspiele dienen hauptsächlich der Sprachförderung:

- Ich sehe was – die große Schatzkiste. Ziel dieses Spiels ist es, durch verschiedene Fingerzeige zum Piratenschatz zu gelangen. Die Aufgabenstellungen sind mündlich und schriftlich, zur Lösung der Aufgaben ist kein Zeitlimit vorgesehen.
- Klein Adlerauge (Hans W. Hunizker.comp). Spiel zur Förderung der Objekt- und Gesichtswahrnehmung sowie zur Sprachförderung.
- Mit wem spielst du, Willi Wiberg? Einfaches Spiel mit Willi Wiberg als Spielfigur.

10.5.5
Praxisbericht zu PC und Internet

Der folgende Bericht von Andrea Gurdet aus dem Kindergarten Mürzhofen in der Steiermark kann als Modell für den Umgang mit Medien im Kindergarten dienen:

Begonnen hat es eigentlich mit einem Storchennest vor unserem Kindergarten. Heuer installierte der Tourismusverband eine Kamera, sodass das Geschehen im Nest via Internet beobachtet werden kann. Diese Möglichkeit zum Einstieg in das Thema Medienerziehung wollte ich nutzen, zumal mir auffiel, dass die Kinder vermehrt Inhalte aus Computerspielen oder aus dem Fernsehen in den Kindergarten brachten. Diese beeinflussten zunehmend das Sprach- und Spielverhalten der Kinder (Spielinhalte und Redewendungen wurden übernommen etc.).

Zu Beginn setzte ich mich mit Fachliteratur auseinander und lud die Eltern zu einem Elternabend zum Thema „Medien" ein. Das Interesse war sehr groß und im Laufe des Jahres erfolgte durch diesen Schwerpunkt viel Aufklärung und Information für die Eltern. Es gab viele intensive Gespräche und Diskussionen und ich gewann den Eindruck, dass dies eine Unterstützung und Hilfe für die Eltern war. Mein Hauptanliegen war die Auseinandersetzung mit dem Missbrauch des Fernsehens bei jungen Kindern: zu langes Schauen, falsche Inhalte und die reduzierte Sprache. Die Eltern waren erstaunt, wo überall Gewalt – auch in Kinderfilmen und vor allem in Zeichentrickfilmen – gezeigt wird und wie reduziert die Sprache zum Teil ist. Für die Eltern war auch wichtig zu hören, wie lange Kinder sich überhaupt konzentrieren können und welche körperlichen und geistigen Beeinträchtigungen Kinder, die viel fernsehen, langfristig zu erwarten haben. Das Buch „Vorsicht Bildschirm" von Manfred Spitzer (2006) war dazu eine sehr gute Grundlage.

Der Computer wurde von mir eingeführt, um das Storchennest zu beobachten. Gemeinsam suchten wir danach möglichst viele Informationen zum Storch aus dem Internet: Wie und wo er lebt, was er frisst, wo es Störche in anderen Ländern gibt etc. Wir sammelten auch Fotos und die Kinder konnten sich diese Informationen immer wieder selbstständig ansehen. So ergaben sich wiederholt viele Gespräche. Wir beobachteten das Storchennest das ganze Jahr über. Die Kinder hatten dadurch immer etwas, das sie zu Hause erzählen konnten.

11

Geschlechtergerechte Sprache als Herausforderung

„Stellen Sie sich eine Werkstatt vor, die Werkstatt eines Erfinders. Stellen Sie sich den Raum vor, überlegen Sie, wie die Einrichtung aussieht, welches Werkzeug am Tisch oder im Raum zu sehen ist, welches Material Verwendung findet. Was mag in dieser Werkstatt wohl entstehen? Was wird hier wohl erfunden?" (Policzer, 2005).

Ehe Sie nun weiterlesen, machen Sie doch bei diesem kleinen Gedankenspiel mit, schließen Sie die Augen, lassen Sie den Text noch einmal Revue passieren und fantasieren Sie einfach drauf los ... Wie sehen Ihre Fantasiewerkstätte, die Einrichtung und die darin erzeugten Produkte aus? Wem gehört diese Werkstatt? Und nun die wichtigste Frage: Welches Geschlecht hat Ihre imaginierte Person? Dachten Sie vor allem an einen männlichen Erfind**er**? Klar, es war ja auch nur von einem **ErfindER** die Rede!

Dieses Beispiel zeigt auf sehr eindrucksvolle Weise, welch machtvolles, mitunter auch manipulierendes Instrument unsere Sprache sein kann. Es zeigt, wie sehr Sprache unser Denken und Handeln bestimmt – und umgekehrt, wie sehr unsere Sprache von Vorstellungen und Haltungen beeinflusst wird.

Solange von einem Erfinder die Rede ist, werden nur wenige Zuhörerinnen und Zuhörer z.B. an Marie Curie denken.

Sprache ist nicht nur Mittel zur Kommunikation, sondern transportiert Werte und Normen. Sie kann sowohl Macht verleihen als auch Minderheiten bilden. Sprache ist ein Abbild der Wirklichkeit, sie kann aber auch neue Realitäten schaffen.

11.1

Sprache beschreibt und produziert Wirklichkeiten

„In der Sprache kommen gesellschaftliche Norm- und Wertvorstellungen sowie Machtprinzipien zum Ausdruck. Was in einer Sprache nicht benannt wird, wofür es keine Ausdrücke gibt, das hat auch keine Funktion in der Gesellschaft, und damit keinen gesellschaftlichen Wert." (Schneider, o.J., S. 35).

Die erste Wahrnehmung beim Kennenlernen eines Menschen ist seine Geschlechtszugehörigkeit. Wir sind nachhaltig irritiert, wenn wir nicht sofort wissen, ob unser Gegenüber ein Mann oder eine Frau, ein Bub oder ein Mädchen ist. „Doing gender" meint die ständige Konstruktion dessen, was in einer Gesellschaft als „geschlechtstypisch" bezeichnet wird (Schneider, o.J.).

Die kritische Auseinandersetzung mit dem Begriff „doing gender" hat sich im Bereich der geschlechtssensiblen, geschlechtergerechten oder gleichstellungsorientierten Pädagogik bereits etabliert. In allen Bildungsplänen für elementare Bildungseinrichtungen finden sich Aussagen zur geschlechtssensiblen Pädagogik, zum Erfahren der Gleichwertigkeit beider Geschlechter sowie zum Hinterfragen und Reflektieren von Rollenklischees und Haltungen. Veränderungen im Raumkonzept und bewusste, geschlechtergerechte Auswahl des Spiel- und Arbeitsmaterials werden angeregt und der Einsatz von mehr Pädagogen wird gefordert.

„Speaking gender" spielt meist nur im Rahmen der Diskussion um weibliche Formulierungen im schriftlichen und öffentlichen Bereich eine Rolle und sollte vermehrt Eingang in die Alltagssprache finden.

Die Bedeutung der Sprache als wichtiges Medium bei der Vermittlung von gesellschaftlichen Realitäten und Forderungen wird z.B. im Bildungsplan der Stadt Wien betont: „Für ein Bekenntnis zur Gleichstellung der Geschlechter ist das gleichwertige und symmetrische Benennen der Frauen und Männer / Mädchen und Buben wesentlich." (MA 10, 2006, S. 47).

Häufig erfolgen Einteilungen oder Zuordnungen im Kindergartenalltag der Einfachheit halber nach der Geschlechtszugehörigkeit: „Die Mädchen gehen sich anziehen", „Die Buben sammeln die Stifte ein" etc. Kleine Pflichten und Aufgaben des Alltags werden zwar fast immer unabhängig vom Geschlecht des Kindes aufgetragen, nach der Ausführung kann es allerdings schon passieren, dass die Pädagogin bzw. der Pädagoge meint: „Ich bin schon damit zufrieden, dass Max überhaupt den Tisch abräumt, so sauber wie nach den Mädchen ist der Tisch dann zwar nicht, aber ..."

Das, was wahrgenommen und wie darüber kommuniziert wird, hängt immer von bewussten und vor allem von unbewussten Norm- und Wertvorstellungen ab.

Durch Formulierungen wie: „Lasst doch **auch** die Mädchen in die Bauecke." oder „Super, wie du dich verkleidet hast, du schaust jetzt aus wie ein **richtiger** Mann!" werden implizit traditionelle Rollenbilder weitergegeben und gefestigt.

Oft klingen Klagen der Kinder „Die Mädchen stören uns", oder „Die Buben lassen uns nicht mitspielen" durch den Gruppenraum. Die Antwort darauf lautet häufig: „Sagt **den** Mädchen ... oder sagt **den** Buben ..." Diese Pauschalierungen tragen dazu bei, dass bestimmte Verhaltensweisen weiterhin einem Geschlecht zugeschrieben und dadurch Vorurteile bestärkt und tradiert werden. **Die** Buben und **die** Mädchen werden dadurch als einheitliche Gruppen und nicht als Individuen mit völlig unterschiedlichen Eigenschaften und Fähigkeiten wahrgenommen (Pfohl-Chalaupek, 2007a).

Hingegen würde die Gegenfrage „**Wer** stört dich und **was** hat er oder sie gemacht?" den Kindern verdeutlichen, dass nicht alle Mitglieder einer Gruppe gleich agieren. Durch gezielte Beobachtung kann festgestellt werden, dass es in der Gruppe sowohl technisch begabte Mädchen als auch tüchtige Hausmänner gibt. Eine wichtige Aufgabe der Pädagoginnen und Pädagogen ist es, solch „geschlechtsuntypisches" Verhalten positiv zu verstärken und dadurch zu einer Aufwertung nicht rollenkonformer Verhaltensweisen beizutragen.

> **Eine geschlechtergerechte Sprache unterstreicht die Werte und Normen einer demokratisch orientierten Gesellschaftsform. Wenn Frauen in der Sprache Präsenz erhalten, wird dadurch gesellschaftliches Bewusstsein verändert und die oft zitierte Chancengleichheit ein Stück mehr zur Realität.**

11.2

Wahrnehmung, Selbstbeobachtung und Feedback – erste Schritte zu Veränderungen

Gezielte Selbstbeobachtung und Feedback durch eine Kollegin oder einen Kollegen können helfen, eigenes Verhalten und eigene Sprachgewohnheiten zu überdenken sowie Veränderungsprozesse zu initiieren. Mögliche Fragestellungen wären z.B.:

- Wird allen Kindern in der gleichen Stimmlage geantwortet?
- Welche Adjektive werden in Gesprächen mit Buben und welche in Gesprächen mit Mädchen verwendet?
- Wie oft werden weibliche Personenbezeichnungen verwendet?
- Wird das Geschlecht des Kindes im Gespräch mitbedacht? Z.B.: „Du bist eine gute Baumeisterin!" „Wer möchte der Lokomotivführer oder die Lokomotivführerin sein?"

Da im Vorschulbereich nur wenige Männer arbeiten, sind Pädagoginnen mehr denn je zum Reflektieren ihrer Rolle als Frau und Kindergartenpädagogin aufgefordert.

Schneider (o.J.) beschreibt drei Schritte bei der Auseinandersetzung mit geschlechtergerechter Bildungsarbeit:

- Auseinandersetzung mit Theorien und Erkenntnissen der Genderforschung: Damit ist die Reflexion bisheriger eigener theoretischer Annahmen über Rollenbilder und deren Entstehung verbunden.
- Bewusste Wahrnehmung und Beobachtung der eigenen Lebenswelt, der Lebenswelt des Kindergartens und der Kinder: Die Selbstreflexion darüber, welche Bilder von Frauen und Männern dem eigenen Handeln zu Grunde liegen, kann der erste Schritt zu einer Werteänderung sein. „Ich sehe nur, was ich weiß." (Schneider, o.J., S. 10). Beobachtung und Wahrnehmung sind jedoch immer selektiv und werden von verinnerlichten Normen mitbestimmt.
- Veränderungen in die Realität umsetzen: etwa durch eine andere Raumgestaltung, durch Einführung neuer Regeln, durch bewusstes Sprachverhalten und Sprachvorbild, durch kritische Betrachtung von Bildungsmitteln und -inhalten etc.

Ziel einer reflektierten Haltung im Umgang mit Buben und Mädchen ist eine differenzierte Beachtung dessen, was das jeweilige Kind unabhängig seiner Geschlechtszugehörigkeit zu seiner Entwicklung braucht. Dabei geht

es um die Ermöglichung gleicher Lern- und Entwicklungschancen für beide Geschlechter.

Beobachtungen ergaben, dass sogar die Art und Weise, wie Kindern Informationen gegeben werden, vom Geschlecht abhängig sein kann. Buben erhalten z.B. tendenziell ausführlichere Sachinformationen und Lob für konkrete Leistungen. Mädchen hingegen werden nach wie vor eher für ihr Aussehen oder frauenspezifisches Verhalten, wie für Bereitschaft zu Kooperation oder Friedfertigkeit, gelobt (Blank-Mathieu, 2006).

11.3

Impulse für das Rollenspiel

Wie Erfahrungen zeigen, kann die Gestaltung des Gruppenraumes – insbesondere die Unterteilung in einzelne Spielbereiche wie z.B. Bau- oder Familienbereich – wesentlich zur Tradierung vorherrschender Geschlechterrollen beitragen (Orner, 2000).

Eine gezielte Erweiterung des Inventars im Bau- bzw. Familienbereich, beim Kleine-Welt-Spiel oder im Verkleidungsbereich regt zum Ausprobieren neuen Verhaltens an. Im Baubereich können zusätzliche Materialien wie Tücher, Polster oder Verkleidungen angeboten werden, der Familienbereich kann um Werkzeug erweitert werden.

Neue Impulse und Spielideen können ebenso von Büchern und Geschichten ausgehen. Wenn in einem Bilderbuch etwa von einer Kapitänin oder einer Piratin erzählt wird und entsprechende Accessoires und Kleidungsstücke zur Verfügung stehen, können die Kinder diese Impulse in ihr Spiel und ihre Sprache integrieren.

TAUSCHEN
Ich bin heute du, Annette.
Du bist ich, der Klaus.
So mit deiner Armbandkette
Seh' ich echt fast aus.
Lange Haare hab'n wir beide,
schön sind wir, wir zwei.
Du in Hosen, ich im Kleide,
was ist schon dabei?

Michael Kumpe (1995, S. 64)

11.4

Bücher, Bilder und Texte durch die „Genderbrille" gesehen

Bücher, Bilder, Poster, Plakate und Zeitungen sind neben elektronischen Medien die wichtigsten Instrumente zur Vermittlung gesellschaftlicher Realitäten. Insbesondere für Kinder soll das Buch – im Kindergarten meist das Bilderbuch – seine Umwelt widerspiegeln. Es soll jedoch darüber hinaus Perspektiven und Möglichkeiten zeigen, die vielleicht noch nicht Realität sind.

Bilderbücher können einen wesentlichen Beitrag zur Rollenerweiterung leisten, indem sie Identifikationsfiguren anbieten, die eine Erweiterung des eigenen Handlungsrepertoires anregen und gewohnte Klischees in Frage stellen (Schneider, 1999; Hartmann & Hartmann, 1998). Das Rollenspiel ermöglicht es Kindern, Figuren oder Szenen aus Büchern nachzuspielen.

11.4.1

Genderspezifische Kriterien zur Beurteilung von Illustrationen

Die Illustrationen von Bilderbüchern, Sprüchen, Reimen, Gedichten und Geschichten können bezüglich ihrer „Gendertauglichkeit" nach folgenden Kriterien überprüft werden:

- Wie sind Mädchen, Buben, Männer und Frauen im Buch, auf dem Bild oder Poster dargestellt? Welche Kleidung, Frisuren, Accessoires tragen sie? Woran ist das Geschlecht der Menschen erkennbar?
- Wie ausgewogen ist die Anzahl männlicher und weiblicher Personen? Wie viele Mädchen und Buben klettern z.B. auf dem Klettergerüst des Spielplatzes? Ist die Anzahl der Mütter bzw. Väter, die ihre Kinder in den Kindergarten oder auf den Spielplatz begleiten, annähernd ausgewogen?
- Welchen Eindruck vermittelt das Cover eines Buches, eine CD-Hülle etc.? Sind mehr männliche oder weibliche Personen zu sehen, wer ist die Hauptperson? Entsprechen die Darstellungen gängigen Rollenerwartungen oder gibt es „untypische" Frauen- und Männerdarstellungen?
- Bei welchen Tätigkeiten, Berufen oder Spielen sind die Dargestellten zu sehen? Gibt es z.B. Männer als Reinigungskräfte oder fährt die Bäuerin mit dem Traktor? Welche Situationen können die Kinder wiedererkennen? Gibt es Szenen, die nicht so vertraut sind und zum Innehalten, Fragen oder Nachahmen anregen?
- Wer steht aktiv und voll Initiative im Mittelpunkt einer Szene und wer beobachtend am Rand?
- Hantieren Frauen z.B. mit Werkzeug, zeigen Buben auch Zärtlichkeit und Gefühle? Was tut die Mutter, während der Vater mit den Kindern spielt?
- Wer bietet sich durch seine attraktive Darstellung als Identifikationsfigur an? Wer ist der „Anführer" bzw. „die Anführerin" und erntet Bewunderung? Wer fordert zum „Mitleiden" und Trösten heraus?
- In welcher Umgebung oder mit welchen Gegenständen sind Mädchen bzw. Buben abgebildet? Bleibt das altbekannte Klischee „Mädchen mit Puppenwagen" und „Buben mit Roller und Fußball" aufrecht oder gibt es vielleicht Mädchen als Fahrerinnen eines Feuerwehrautos und Buben beim Lesen und Zeichnen?
- Werden verschiedene Familienformen, Arbeitsplätze, Wohn- und Lebenssituationen in zeitgemäßer Rollenaufteilung gezeigt?
- Sind bei Darstellungen in Sachbüchern und Lexika auch Frauen mitbedacht? Z.B.: Frauen in Raumschiffen, Frauen als LKW-Fahrerinnen oder Forscherinnen etc.
- Wenn Mädchen oder Buben in nicht rollenkonformer Art und Weise gezeigt werden, wirken die Darstellungen „künstlich überzogen" oder fügen sie sich selbstverständlich ins Geschehen ein?

- Wie werden Männer und Frauen aus anderen Ländern und Kulturen dargestellt? Wie werden sie in ihrer Heimat gezeigt?
- In welcher Beziehung steht die Illustration zum Text? Unterstreichen und betonen die Bilder das Anliegen des Buches oder stehen sie in – vielleicht beabsichtigtem – Widerspruch zu Inhalt und Text?
- Werden in gleichnishaften Erzählungen Tiere zur Tradierung von Werten und Normen herangezogen, wie z.B. die dumme Gans, die mütterliche Glucke, der starke Löwe etc.?

Engagierte Bilderbücher sollten nicht ausschließlich die Welt von heute widerspiegeln, sondern auch Zukunftsperspektiven und wünschenswerte gesellschaftliche Veränderungen darstellen.

11.4.2

Genderbezogene Fragen zu Texten

Zur Beurteilung von Inhalten und Texten können folgende Fragen gestellt werden:

- Wer sind die handelnden Personen, welche Aufgaben haben sie? Wer ist initiativ, hat die zündende Idee? Wer ist aktiv, wer passiv? Gibt es Anführerinnen?
- Dient der Text als Sprachvorbild? Können die Kinder Ausdrucksweise und Formulierungen in ihre Alltagssprache übernehmen?
- Wird im Text auf geschlechtsbezogene Sprache geachtet, werden z.B. weibliche Endungen, weibliche Bezeichnungen, wie „die Fahrerin" oder „jede Mitspielerin und jeder Mitspieler" etc. verwendet?
- Werden geschlechtsspezifisch besetzte Formulierungen wie Heulsuse, das starke Geschlecht, echte Kerle, tüchtige Puppenmutti, richtige Männer, liebes Mädchen etc. unreflektiert verwendet?
- Werden Menschen in klischeehafter Art und Weise beschrieben? Z.B. die grauhaarige Oma im Lehnstuhl, der gütige, verständnisvolle Großvater, wilde, selbstbewusste Mädchen mit roten Haaren, blonde, liebe Buben, schwarzhaarige Draufgänger oder Bösewichte etc.
- Wer sind die Heldinnen oder Helden eines Abenteuers? Insbesondere in fantastischen Erzählungen sind mehr männliche Hauptpersonen zu finden, in problemorientierten Büchern hingegen mehr weibliche. Gibt es für Buben und Mädchen Identifikationsfiguren, die – unabhängig von ihrem Geschlecht – auf Grund ihrer Leistung und ihrer Persönlichkeit Erfolg haben und bei anderen beliebt sind?
- Können in Reimen und Sprüchen männliche Formen durch neutrale bzw. weibliche Ausdrücke oder den Namen des Kindes ersetzt werden? Z.B.: Statt zehn kleine Zappelzwerge – Zehn kleine Zappelfinger; steigt die Steffi auf den Baum etc.

- Reime, Sprüche oder Lieder mit diskriminierenden Ausdrücken oder Formulierungen, wie z.B. „Spannenlanger Hansel, nudeldicke Dirn" oder „Eine kleine Dickmadam", müssen durch zeitgerechte Lieder und Sprüche ersetzt werden.

- Im Kindergarten sollten auch Feste, in deren Mittelpunkt Frauen stehen, gefeiert werden, wie z.B. Lucia-Fest statt oder zusätzlich zum Nikolaus.

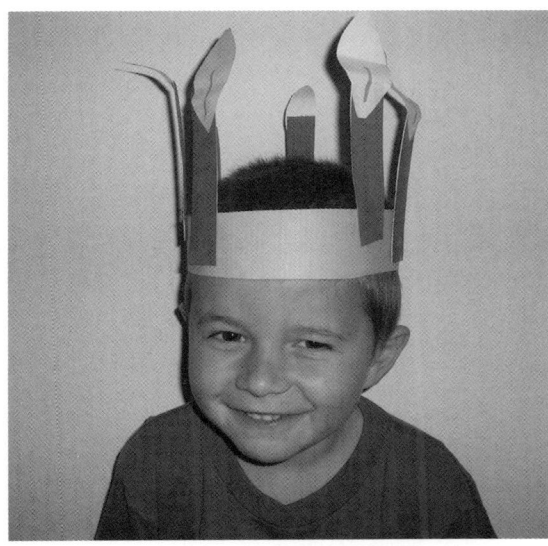

Johannes beim Lucia-Fest

11.4.3

Innovative Bilderbücher für Mädchen und Buben

Viele der so genannten „neuen Bücher für starke Mädchen und Buben" greifen Elemente des Märchens oder bekannter Heldenrollen auf und setzen sie zu einem neuen Prinzessinnen- oder Heldenbild zusammen. Damit Kinder die Botschaften verstehen und richtig interpretieren können, müssen sie allerdings mit der Sprache und Symbolik von Märchen vertraut sein.

„Oberflächlich betrachtet könnten Märchen aus geschlechtssensibler Sicht vielleicht abgelehnt werden. Das Bild der schönen Prinzessin, die vom starken Prinzen erlöst oder gerettet wird, steht scheinbar sehr im Vordergrund. Dies wird vor allem durch die Gestaltung der zahlreichen Disney-Verfilmungen permanent bestätigt. Genauer betrachtet bieten Märchen jedoch ein weitaus größeres Handlungsspektrum für Mädchen und Buben:

Frauen sind im Märchen in sehr unterschiedlichen Gestalten zu finden und nehmen durchwegs tragende, starke Rollen ein. Als Feen, Hexen und Zauberinnen besitzen sie magische Kräfte, sind Mittlerinnen zwischen Diesseits und Jenseits, haben guten oder bösen Charakter, sind autonom und mutig, bieten also eine Menge Identifikationsmöglichkeiten für Mädchen. Männer dürfen im Märchen auch traurig sein, können Hilfe und Ratschläge annehmen (sogar von weiblichen Wesen), sie müssen nicht immer ‚Herr der Lage' sein, sondern gelangen auch durch Demut und Ehrlichkeit oder Witz zum Ziel." (Policzer, 2000, S. 40).

Empfohlene Bilderbücher

- Manege frei für Katharina (Anger-Schmidt, 2001). Jede kann etwas Besonderes – auch ein Nilpferdmädchen in der Zirkusmanege.
- Die kleine Piratin und die neuen 13 (Blume, 2004). Die 13 Piraten wollen nicht von einer Kapitänin angeführt werden und meutern …

- Rosannas großer Bruder (Funke, 2005). Rosannas Bruder entspricht nicht ganz dem Bild vom großen, starken Bruder – ob da Professor Salomon Schwindelfrei helfen kann?
- Käpten Knitterbart und seine Bande (Funke, 2003). Alle Piraten der Weltmeere fürchten sich vor Käpten Knitterbart – außer Molly …
- Überall und neben dir. Gedichte für Kinder in sieben Abteilungen (Gelberg, 1995).
- Was machen die Jungs (Heidelbach, 2000a).
- Was machen die Mädchen (Heidelbach, 2000b). In diesen ABC-Büchern stehen jeweils die Buben bzw. die Mädchen mit ihren Eigenheiten im Mittelpunkt.
- Morgen kommt die Weihnachtsfrau (Ives, 1993). Weihnachtsmann und Weihnachtsfrau sind ein ganz normales Ehepaar und als der Mann krank wird, teilt seine Frau die Geschenke aus.
- Her mit den Prinzen (Janisch, 2002). Wer den Drachen besiegt, kriegt die Prinzessin – aber was tun, wenn es keine Drachen und keine Prinzen gibt?
- Der Prinz im Pyjama (Janisch, 2004). Wie besiegt ein Prinz, der lieber einen weichen gemütlichen Pyjama als eine quietschende und scheppernde Rüstung trägt, Räuber und Drachen?
- Die Prinzessin auf dem Kürbis (Janisch, 1998). „Ich will eine Prinzessin, die etwas aushält", meint der Prinz – und was will eine selbstbewusste Prinzessin?
- Als Mama noch ein braves Mädchen war (Larrondo, 2003) Mama war das bravste Mädchen der Welt!!! Die Illustrationen des Buches erzählen aber eine ganz andere Geschichte …
- Pelle Filius das Zirkuskind (Lembcke, 2006). Pelles Vater ist der Zirkusdirektor und Pelle kann nichts, er ist zu dick und zu langsam. Aber eines Tages in der Manege …
- Franziska und die Wölfe (Lindenbaum, 2002). Nicht immer sind die Wölfe böse und das Mädchen naiv und hilflos.
- Valerie und die Gute-Nacht-Schaukel (Lobe, 1981). Geduldig spielt der Vater mit, als Valerie immer neue Geschichten erfindet, um noch nicht ins Bett gehen zu müssen.
- Echte Kerle (Otten, 2006). Zwei Buben unterhalten sich darüber, wie „echte Kerle" und wie die Mädchen so sind …
- Die allerbeste Prinzessin (Poznanski, 2005). Jede der drei Prinzessinnen möchte die beste sein, um den Prinzen zu bekommen. Deshalb laufen, klettern, tauchen sie um die Wette …
- Wie ich Papa die Angst vor Fremden nahm (Rafik, 2003). Die Tochter hilft ihrem Vater, seine Angst vor den fremden Menschen aus Afrika zu überwinden.
- Das geht doch nicht! (Schär, 2002). Sie – den Illustrationen kann entnommen werden, dass sie ein kleines Mädchen ist – hat lange gesägt und gehämmert und am Weihnachtsabend steht ein riesengroßes Schiff im Wohnzimmer …
- Rosalies allergrößter Schatz (Schneider, 2006). Rosalie findet eine Schatzkarte und so macht sich die kleine Piratin auf die Suche.
- Prinzessin Rosamund, die Starke (Wadell, 2007). Eigentlich wünscht sich der König einen reichen Prinzen für seine Tochter, doch Prinzessin Rosamund ist groß, stark, frech und zieht selbst in die Welt, um den passenden Prinzen zu finden.
- Prinzessin Horst. Revue Spezialausgabe (Wenniges, 2007). Weil König Helmut eigentlich einen Sohn wollte, gibt er seiner Tochter den Namen Horst und bald folgen seine Untertanen diesem neuen Trend.
- Kleopatra (Zünd, 2005). Im Laufe der Geschichte gab es nicht nur Könige und Kaiser – hier wird die Lebensgeschichte einer der mächtigsten Herrscherinnen aller Zeiten erzählt.
- ☺ Alle dürfen mit (Tidholm, 2005). Die kleine Lastwagenfahrerin nimmt alle mit: den kleinen frierenden Hund, den Wichtel, der alleine ist etc.
- ☺ Fridolin, der Super-Papa? (Cuno, 2007b). Fridolin Frosch und seine Freunde haben ein Ei gefunden. Unter dem Kommando von Fridolin sorgen sie nun für den ausgeschlüpften kleinen Pieps. Weiters erhältlich: „Spiel mit Fridolin Frosch": 5 Fingerpuppen zum Nach- und Mitspielen der Geschichten von Fridolin dem Frosch.
- ☺ Der kleine Klo-König (Grimm, 2006b). Auf dem Klo sitzend, fällt dem Jungen so einiges ein – bis er endlich mit dem Pipimachen fertig ist.

11.5

Praxisbericht „Am Anfang war das Wort"

Praxisbericht von Jutta Policzer, Leiterin des Kindergartens Kugelfanggasse in Wien.

Am Anfang war das Wort ...

... und meine Erkenntnis, dass unsere Sprache Mädchen und Buben nicht in gleicher Weise gerecht wird. Sprache ist die unmittelbarste Kommunikationsform, das Transportmittel für das, was wir vermitteln wollen und ein wesentlicher Ausdruck unserer Persönlichkeit. Auch das Denken ist nur verbal möglich. Bei der sprachlichen Förderung im Kindergarten steht daher das sprachliche Vorbild an erster Stelle!

Mädchen und Frauen sind in unserem Sprachgebrauch oft „unhörbar" oder diskriminiert. Viele männliche Formen und Redewendungen haben einen elitären oder hierarchischen Charakter: „Mannschaft, Herrschaft, Herr im Haus, Not am Mann, alle Menschen werden Brüder etc." Für diese Ausdrücke gibt es keine weiblichen Entsprechungen. Im Gegensatz dazu stehen diskriminierende Bezeichnungen wie Tratschgans, Heulsuse, Mannweib, die in männlicher Form nicht existieren.

Der allgemeine Sprachgebrauch ist männlich dominiert: „Jeder von uns", „Wer hat, der hat!" etc. Frauen werden oft nicht mitgesprochen, sondern nur „mitgemeint" – sie sind also im wahrsten Sinn des Wortes „nicht der Rede wert"!

Die Zusammenhänge

Bereits zum Zeitpunkt des Spracherwerbs wird Mädchen die persönliche Ansprache vorenthalten. Fingerspiele, Reime oder Lieder für die Kleinsten sind geschlechtsneutral oder männlich gehalten: z.B. „Hoppa Reiter", „Steigt ein Büblein auf den Baum".

Da die Sprache mit all ihren Nuancen von Kindern unreflektiert und ganzheitlich aufgenommen wird, sind die durch Sprache geprägten (Rollen-)Bilder bald verinnerlicht und werden bis ins Erwachsenenalter kaum mehr in Frage gestellt.

Konkrete Ziele

Ich wollte erreichen, dass Mädchen sich als eigene Persönlichkeiten wahrnehmen und stolz darauf sind, Mädchen zu sein bzw. Frauen zu werden. Mutige, starke, selbstbewusste Identifikationsfiguren in Geschichten, Bilderbüchern und Spielen sollten ihr Handlungsspektrum erweitern, ihnen eine Vorstellung davon geben, was Mädchen und Frauen sich zutrauen dürfen. Gleichzeitig wollte ich eine Sprache vermitteln, die Mädchen nicht „mitmeint", sondern persönlich anspricht.

Buben dürfen dadurch nicht benachteiligt werden. Auch sie sollten ihr eigenes Verhaltensrepertoire erweitern können, lernen Gefühle wahrzunehmen und auszudrücken sowie Alternativen zum gängigen – aber unrealistischen – Männlichkeitsideal angeboten bekommen.

Kletterliese und Schnattermax

Im täglichen Sprachgebrauch stieß ich sofort an Grenzen. Ob Kaufmannsladen oder Mannschaft, Schneemann, Weihnachtsmann, Kasperl etc. – es fehlte an weiblichen Entsprechungen! Ein wesentliches Hindernis stellten auch die im Bildungsalltag des Kindergartens verwendeten sprachlichen Bildungsmittel dar: Lieder, Reime, Kinderspiele, Märchen, Geschichten und Bilderbücher benachteiligen Mädchen in vielerlei Hinsicht. Gleichzeitig drängen sie beiden Geschlechtern vorgegebene Rollenstereotype auf und nehmen ihnen damit die Möglichkeit, ein größeres Spektrum an Handlungsmustern auszuprobieren.

Kriterien der Bildungsarbeit

Um beiden Geschlechtern gerecht zu werden, stellte ich Kriterien auf, die mir bei der Auswahl der Bildungsmittel sowohl inhaltlich als auch in Bezug auf die verwendete Sprache helfen sollten, etwa Beachtung einer Ausgewogenheit zwischen weiblichen und männlichen Identifikationsfiguren, Erweiterung des Handlungsspektrums, Beachtung des äußerlichen Erscheinungsbildes sowie die Vermeidung von Diskriminierung.

- Weibliche und männliche Darstellerinnen und Darsteller (Heldinnen und Helden) sollen in gleicher Anzahl vorkommen; wenn nicht in einem Buch, so doch im Verhältnis der verschiedenen Angebote (Bilderbücher, Lieder etc.).
- Das Verhaltens- und Handlungsspektrum beider Geschlechter soll nicht eingeschränkt, sondern erweitert werden: Mädchen dürfen zornig, schmutzig und aktiv sein, Buben dürfen weinen; Männer können kochen oder Kinder betreuen, Frauen in typisch männlichen Berufen tätig sein etc.
- Das äußerliche Erscheinungsbild der Geschlechter darf von der „Norm" abweichen, Mädchen und Frauen sollen nicht nach dem Aussehen beurteilt werden.
- In Spielen sollte der Text das Geschlecht des handelnden Kindes ansprechen, z.B.: „Armer schwarzer Kater – arme schwarze Katze" (Gesellschaftsspiel).
- Texte und Inhalte, in denen Mädchen oder Frauen in diskriminierender Weise dargestellt werden („böse Hexe", „Dickmadam", „nudeldicke Dirn") oder in denen Mädchen zu „richtigem Verhalten" umerzogen werden (wie im Märchen vom „König Drosselbart"), biete ich den Kindern nicht mehr an.

Bildungsangebote

Traditionelle Figuren unserer Kultur und unseres Jahreskreislaufes sind männlich besetzt: Hl. Martin (Laternenfest), Nikolaus, Krampus, Weihnachtsmann und Christkind, Ostern. Als Begleiterin der Kinder durch den Jahreskreislauf möchte ich ihnen die entsprechenden Werte und das kulturelle (religiöse) Erbe nicht vorenthalten. Andererseits sehe ich es als meine Aufgabe, für die Mädchen einen Ausgleich zu schaffen. So feiern wir z.B. zusätzlich zum Martinsfest auch ein Lichterfest, Hexenfest, Geisterfest oder Kürbisfest.

Auch gibt es Weihnachtsgeschichten mit traditionellem Hintergrund, in denen ein Mädchen die Hauptrolle übernimmt, z.B. „Mirjams Geschenk" (Pfister, 1989). Mirjam, die im Gegensatz zu ihren Brüdern nicht mit auf die gefährliche Reise durch die Wüste zum Stall in Bethlehem darf, befolgt die Ratschläge ihrer weisen Großmutter und findet dadurch ganz allein zur Krippe.

Viele gängige Kreis- und Kinderspiele sind ebenfalls männlichen Hauptdarstellern gewidmet. In der Praxis passe ich den Text dem Geschlecht des Kindes an. Mittlerweile bemerken die Kinder selbst, wenn das handelnde Geschlecht nicht passt und nehmen die Änderung eigenständig vor, z.B.:

„Da steht die Zauberin Schrappelschrupp mit ihrem neuen Zauberhut.

Sie überlegt – schaut sie nur an – was sie wohl wieder zaubern kann."

Im Zuge der Planung überlege ich mir jeweils einen passenden Text für das ursprünglich nicht genannte Geschlecht. In der Praxis erwies sich diese Erweiterung als Bereicherung für den Spracherwerb der Kinder, weil sie spielerisch grammatikalische Regeln erlernen und die richtige Anwendung üben (z.B. besitzanzeigende oder rückbezügliche Fürwörter).

Im unserem Kindergarten bemühen wir uns auch, geeignete Bilderbücher zu finden, die den gewünschten Inhalt vermitteln, beiden Geschlechtern ausreichende Identifikationsmöglichkeiten und ein weites Handlungsspektrum bieten und deren Texte sowie Illustrationen gendergerechten Kriterien entsprechen. Unsere Kindergartenbibliothek wurde nach diesen Gesichtspunkten durchforstet, aussortiert und erweitert.

Sprache und Interaktion

Bei der Beschäftigung mit meiner eigenen Sprache helfen folgende Fragen: Wen begrüße ich wie oder im Zusammenhang mit welchem Geschlecht? Bewerte ich eher die Person „Du bist schön, brav, tüchtig, ..." oder die Handlung „Das hast du gut gemacht"? Adjektive, die v.a. einem Geschlecht zugeordnet werden, z.B. „starke Männer" oder „brave Mädchen", relativiere ich, indem ich die Bezeichnung vom Geschlecht trenne: „Du bist stark", oder sie bewusst dem „anderen" Geschlecht zuordne: „Du bist ein mutiges Mädchen!"

Persönlich bemühe ich mich um eine geschlechtsneutrale Ansprache der Kinder – „jedes Kind", „alle" – und die Nennung beider Geschlechter: „Such dir eine Freundin oder einen Freund".

Berufsbezeichnungen sollten auf beide Geschlechter bezogen sein, daher spreche ich bewusst von Mechanikerinnen, Ärztinnen, Politikerinnen oder Kindergartenpädagogen, Kosmetikern etc.

Reaktionen

In Diskussionen mit Kolleginnen und Kollegen wurden grundsätzliche Einstellungen und Meinungen immer wieder thematisiert: „Mädchen sollten doch auch Mädchen bleiben dürfen", „Unsere Sprache ist eben so", „Spiele und Lieder sind Kulturgut und deshalb nicht veränderbar!"

Langsam entstand zumindest in unserem Kindergarten eine Sensibilität für diese Thematik:

- *Redewendungen wie „ein Indianer kennt keinen Schmerz", „Ein Mädchen tut das nicht" etc. kommen kaum mehr vor.*
- *Es ist nun ohne persönliche Kränkungen möglich, sich unter Kolleginnen auf Schwachpunkte aufmerksam zu machen: „Hättest du das jetzt zu einem Mädchen / Buben auch so gesagt?"*
- *Auf Informationstafeln werden beide Elternteile angesprochen.*

Im Gruppengeschehen ist erkennbar, dass vor allem die Mädchen wesentliche Grundzüge der von mir vermittelten Sprache sowie weibliches Selbstbewusstsein verinnerlicht haben: So wollte z.B. eine Schülerin der Bildungsanstalt für Kindergartenpädagogik ein neues Fangspiel mit dem Titel „Wassermann" vorstellen. Die Mädchen meiner Gruppe wehrten sich lautstark dagegen, in dieser Form angesprochen zu werden: „Wir sind Mädchen, also sind wir Wasserfrauen!"

Der ungekürzte Artikel ist nachzulesen in Policzer (2000).

12

Partizipation – mitreden, mitbestimmen

„Kinder und Jugendliche müssen zu allen Angelegenheiten, die sich auf sie beziehen, gehört werden."

Damit diese Forderung aus dem internationalen Aktionsplan des Weltkindergipfels von 2002 (BMSG, o.J., S. 17) realisiert werden kann, müssen Kinder lernen, ihre Rechte kompetent und in angemessener Art und Weise einzufordern.

Bildungsexpertinnen und -experten sowie Soziologinnen und Soziologen gehen heute davon aus, dass nicht nur Wissen und Können, sondern immer häufiger soziale Kompetenzen für Erfolg und Zufriedenheit im Leben an Bedeutung gewinnen. In Zukunft wird Bildung vermehrt in selbst organisierten lebenslangen Prozessen stattfinden. Aushandlungsprozesse zwischen Interessensgruppen werden traditionelle Verteilungs- und Machtmodelle ersetzen.

Um diesen Anforderungen gerecht zu werden, müssen schon junge Kinder Kompetenzen zur sozialen Partizipation erwerben.

Partizipation bedeutet, sich an Entscheidungen, die das eigene Leben oder das der Gemeinschaft betreffen, wirksam und nachhaltig beteiligen zu können.

Kinder und Jugendliche lernen, ihre Interessen zu formulieren sowie in sozial akzeptierter und konstruktiver Form umzusetzen. Sprachliche Kompetenzen sind dafür eine grundlegende Voraussetzung.

Hand in Hand mit dem Bild vom kompetenten Kind findet sich heute in vielen Bildungsplänen die Forderung nach Partizipationsmöglichkeiten für Kinder. Kinder entsprechend ihren Fähigkeiten in Entscheidungsprozesse einzubinden bedeutet, ihnen Handlungs- und Gestaltungsmöglichkeiten zu eröffnen, wie es auch im transaktionalen Bildungskonzept gefordert wird (Hartmann et al., 2006).

Partizipation ist nicht an ein bestimmtes Alter, an bestimmte Fähigkeiten oder Personen gebunden. Partizipation ist ein (Kommunikations-) Prozess, der sich in transaktionaler, dialogischer Form immer wieder verändert und neu definiert werden muss.

Erwachsene verweigern Kindern ihr Recht auf Partizipation oft deshalb, weil sie meinen, Verantwortung für sie übernehmen und sie vor Überforderungen schützen zu müssen.

Partizipation bedeutet immer das Abgeben bzw. das Teilen von Macht, sodass sich demokratische Strukturen entwickeln können. Beispiele für den Wunsch nach mehr Partizipationsmöglichkeiten finden sich in vielen Lebensbereichen, insbesondere im Umgang mit anderen Kulturen oder Lebenskonzepten (Sturzbecher & Hess, 2003).

12.1

Die Rechte der Kinder bei Janusz Korczak

Bereits zu Beginn des 20. Jahrhunderts setzte Janusz Korczak die Prinzipien der Partizipation in seiner Pädagogik um.

„Kinder sind nicht erst Leute von morgen, sie sind es heute schon. Sie haben ein Recht darauf, als gleichwertige Partner ernst genommen zu werden", lautete einer der wichtigsten Grundsätze von Janusz Korczak, der 1878 (als Henryk Goldszmit) in Warschau geboren wurde. Er studierte Medizin und leitete ab 1912 das jüdische Waisenhaus „Dom Sierot" in Warschau. Zwischen 1918 und 1940 gründete er die erste Zeitung von und für Kinder, errichtete und leitete ein weiteres Waisenhaus für polnische Kinder und war als Arzt und Schriftsteller tätig. 1940 wurde das Dom Sierot von den Deutschen ins Warschauer Ghetto zwangsverlegt. Zwei Jahre später wurden alle Kinder in das KZ Treblinka deportiert, wo Korczak im August 1942 mit ihnen in den Tod ging.

„Korczak formulierte seine Pädagogik auch als eine Pädagogik von Rechten." (Knauer & Brandt, 1998, S. 16). Diese Rechte der Kinder wurden in seinen Waisenhäusern verwirklicht. Die wichtigsten Regeln waren: Kinder haben ein Recht auf Liebe, Achtung und Erziehung, aber auch darauf, sich erzieherischen Einflüssen, die ihrer Überzeugung entgegen laufen, zu entziehen. In regelmäßigen Versammlungen aller Kinder und Erwachsenen wurden die Regeln des Hauses, der Tagesablauf sowie alle anfallenden Probleme ausführlich besprochen. Durch die Installierung von Gerichten, die von Kindern geleitet wurden, sollten die Kinder lernen, Konflikte eigenständig zu regeln und sich verantwortungsvoll mit Recht und Unrecht auseinanderzusetzen. Von den Erwachsenen forderte Korczak: „Habe Mut zu dir selbst, und suche deinen eigenen Weg. Erkenne dich selbst, bevor du Kinder zu erkennen trachtest." (Korczak, 1979, S. 151).

12.2

Entwicklungspsychologische Aspekte

Um erfolgreich partizipatorisch handeln zu können, ist ein hohes Maß an Selbstvertrauen, an kognitiven, kommunikativen sowie sozialen Kompetenzen nötig. Alle diese Voraussetzungen werden durch das ganzheitliche und offene Lernen im Kindergarten gefördert.

12.2.1

Erste Erfahrungen von Selbstwirksamkeit

„Selber!" „Michi macht …!" oder das allzu bekannte „NEIN!" sind eindeutige und nicht zu überhörende Signale, dass Kinder selbst wirksam werden wollen. Es sind Äußerungen emanzipatorischen und partizipativen Verhaltens: **Ich will Einfluss nehmen, ich will mitentscheiden!** Diese ersten Erfahrungen der eigenen Selbstwirksamkeit beginnen mit dem Laufenlernen. Die Kinder erweitern selbsttätig ihren Lebens- und Erfahrungsraum. Sie können erstmals Zeitpunkt, Tempo, Richtung und Ziel ihrer Explorationsprozesse weitgehend selbst bestimmen und diese auch bald mit den ersten Lauten und Worten begleiten.

In diesem Entwicklungsabschnitt stärken Spiele und Angebote, die die grobmotorische Entwicklung unterstützen, das kindliche Selbstvertrauen und ermöglichen positive Erfahrungen der Selbstwirksamkeit. Ein hoher Turm, gebaut aus allen vorhandenen Bausteinen, oder ein Ball, der zielsicher geworfen wird, zeigen dem Kind, dass Übung und Ausdauer Erfolg bringen.

Lob und Anerkennung motivieren die Kinder zur Erweiterung ihrer Fertigkeiten und stärken ihr Selbstbewusstsein. Auch Bilderbücher können dabei hilfreich sein:

- ☺ Der kleine Anziehtiger (Grimm, 2006a). Leon möchte mit Papa in den Tiergarten gehen und dazu will er sich rasch anziehen …
- ☺ Die kleine Schnuller-Prinzessin (Grimm, 2007). Lauras Mama hat eine gute Idee, was eine Prinzessin mit ihrem Schnuller tun kann.
- ☺ Mein erstes Fädelbuch (Cuno, 2006). Erste eigene Erfahrungen mit Fädeln und Knoten.
- ☺ Mein erster Anziehspaß (Cuno, 2007a). Dem Buch liegen vier Spielfiguren bei, die mit verschiedenen Kleidungsstücken angezogen werden können.
- ☺ Lukas kann sich schon anziehen. Mit Knopf, Reiß-, Schnappverschluss und Schnürsenkel (Sarre, 2007).
- ☺ Die Affenmutter liebt ihr Kind (Carle & Christen, 2000). Alle Mütter lieben ihre Kinder, z.B. „Die Affenmutter liebt ihr Kind, sie ist, wie alle Mütter sind: Sie gibt gut acht, sie hilft und wacht, sie sorgt für's Kind bei Tag und Nacht."

- Seine eigene Farbe (Lionni, 2006b). Alles auf der Welt hat eine eigene Farbe, nur das Chamäleon nicht – bis es jemanden findet, den es liebt und an den es seine Farben angleichen kann.
- ☺ Für dich bin ich immer da (Muszynski, 2005a). Jeder braucht jemanden, der ihn mag.
- Mit dir möchte ich zusammen sein (Muszynski, 2005b). Eine Liebeserklärung.
- Kai liebt Sarah liebt Tim (Schreiber-Wicke, 1999). Kai ist in Sarah verliebt und auch Sarah mag Kai, aber dann hält Sarah Tims Hand ...
- ☺ Ich kann schon alles, sagt Lukas Löwe (Wilson, 2002). Aber vorher muss er noch fleißig üben. Ein „Mutmachbuch" mit Erziehungsberatung – auch für Eltern zu empfehlen.

12.2.2

Handlungsmotivation und positives Selbstkonzept

„Theresa war das ...!" Stolz präsentiert das zweijährige Mädchen ihr Bild, eine große Spirale, gemalt mit schwarzer Schuhcreme auf die weiße Vorzimmerwand. Solche Äußerungen sind deutliche Anzeichen dafür, dass ein Kind Ursache und Wirkung in Beziehung zueinander setzen kann. Es hat erfahren, dass es selbst wirksam sein und aktiv handelnd Einfluss auf seine Umwelt nehmen kann. Alle Eltern, Pädagoginnen und Pädagogen kennen Aussagen wie z.B.: „Ich auch!" oder „Selber machen!", wenn ein Kind mitarbeiten, etwas nachmachen oder alleine tun möchte.

Ein wichtiger Entwicklungsschritt besteht darin, dass Kinder lernen, auf die Erfüllung eines Wunsches zumindest kurzfristig zu warten. „Jetzt darf Peter schaukeln und dann bist du dran!", „Heute ist keine Zeit mehr, aber morgen darfst du Erste sein." Wenn Kinder erleben, dass solche Zusagen verbindlich sind und eingehalten werden, können sie ihr eigenes Verhaltensrepertoire entsprechend erweitern.

Die Erkenntnis, selbst wirksam sein zu können, und die Fähigkeit abwarten zu können, sind wichtige Voraussetzungen für soziale Partizipation. Ebenso wichtig ist die Erfahrung, dass eigene Leistung und Durchhalten zum Erfolg führen: Etwa im vierten Lebensjahr können Kinder eigenes Tun mit Erfolg bzw. Misserfolg in Verbindung bringen und zeigen dementsprechend Freude über Gelungenes oder Wut und Enttäuschung, wenn etwas nicht klappt. Das heißt, Erfolg wird der eigenen Tüchtigkeit zugeschrieben und Misserfolg als Mangel an Tüchtigkeit, manchmal sogar als Abwertung der eigenen Person erlebt.

Kinder können bei der Entwicklung von Selbstbewusstsein und des Gefühls, stark und wirksam zu sein, unterstützt werden, wenn sie Aufgaben gestellt bekommen, bei denen „sie ihres eigenen Glückes Schmied sein können. Dabei ist es wichtig, Aufgaben so zu strukturieren, dass Kinder tatsächlich die Chance erhalten, die Aufgaben erfolgreich zu lösen." (Hundertmark-Mayser, 2003, S. 27).

Erst Fünfjährige lernen zunehmend, mögliche Erfolgschancen realistisch wahrzunehmen und einzuschätzen. Die daraus entstehenden Erfolgs- oder Misserfolgserwartungen beeinflussen wiederum die

Handlungsmotivation der Kinder: Höhere Erfolgserwartungen motivieren und unterstützen zugleich erfolgreiches Handeln.

Ob Kinder sich trauen, in Spielsituationen oder sogar in Gesprächsrunden ihre Gedanken und Gefühle zu verbalisieren, ist stark von ihrer Selbstwirksamkeitsüberzeugung abhängig. Sich selbst etwas zuzutrauen, das eigene Anliegen, die eigene Meinung wichtig genug zu nehmen und sich dementsprechend zu äußern, fällt vielen Menschen schwer. Dazu bedarf es Vertrauen zu sich und zu den anderen sowie der Bereitschaft, sich der Meinung, dem Wohlwollen, aber vielleicht auch der Ablehnung oder Kritik einer Gruppe zu stellen. Unterstützend dabei sind Lob und Feedback, die so formuliert sein sollten, dass das, was das Kind einzigartig macht oder ihm sehr gut gelungen ist, betont wird: „Du hast heute einen besonders hohen Turm gebaut. Du bist sehr geduldig gewesen."

Gegen Ende der Kindergartenzeit lässt sich immer häufiger ein Zusammenhang zwischen positivem Selbstbild und der Bereitschaft und Fähigkeit zu sozialer Partizipation erkennen: Die Erfahrung, dass eigenes Handeln wirksam ist, beeinflusst jedes weitere Handeln und die Entwicklung des Selbstbildes. Positive Erfahrungen der eigenen Wirksamkeit verstärken wiederum das Streben nach mehr Partizipation (Haucke, 2002).

Bilderbuchklassiker, wie von Mira Lobe, Astrid Lindgren und anderen, bieten viele literarische Modelle zur Identitätsentwicklung, zur Stärkung des Selbstbewusstseins und der Selbstwirksamkeit. Außerdem fördern sie durch ihre vorbildhaften Texte die sprachlichen Kompetenzen kindlicher Rezipientinnen und Rezipienten:

- ☺ Willi Wiberg kann jetzt Schleifen machen (Bergström, 1989).
- Hör zu, was ich erzähle (Bergström & Brunow, 2006). Papa, was weißt du über den Krieg? fragt Willi Wiberg, was kann man dagegen tun?
- ☺ Toll gemacht, Dudu! (Gieseler & Niesen, 2000). Dudu ist der Kleinste und Langsamste und immer der Letzte, aber am Abend hat auch Dudu Erfolg gehabt.
- Na klar, Lotta kann radfahren! (Lindgren, 1972).
- Lotta kann fast alles (Lindgren, 1977).
- Das kleine Ich bin ich (Lobe, 1982).
- Manchmal wär' ich lieber Max (Reinhard, 2004). Alexander beneidet Max, den Kater, der alles darf – aber wenn der Kater in der Nacht draußen sein muss, ist der Junge froh, in seinem Bett zu sein.
- Kai kann's (Schreiber-Wicke, 1998). "Ich bin total ungeschickt …" – „Denk dir einfach: Kai kann's", sagt die große graue Katze. Und es klappt!

12.2.3

Sprachkompetenz als Voraussetzung für Partizipation

Partizipationsprozesse sind Kommunikationsprozesse. Sprachliche Kompetenzen sind daher eine Grundvoraussetzung für soziale Teilhabe und Mitbestimmung.

Für die erfolgreiche Teilnahme an Partizipationsprozessen müssen Kinder Situationen beobachten und richtig einschätzen lernen. Sie sollten ihren eigenen Standpunkt formulieren, anderen darlegen und begründen können. In Diskussionsrunden ist es wichtig, zuzuhören und abzuwarten sowie zu lernen, die Positionen anderer zu verstehen. Dazu sind differenzierte sprachliche und kommunikative Kompetenzen notwendig.

Selbst deutschsprechende Kinder erwerben diese Kompetenzen erst nach und nach bis zum Schuleintrittsalter. Umso mehr müssen die besonderen Bedürfnisse von Kindern mit einer anderen Erstsprache als Deutsch beachtet werden, um auch ihnen partizipatorisches Handeln zu ermöglichen.

Bildkärtchen oder Pantomime zur Darstellung einfacher Situationen bieten die Möglichkeit, sich auch nonverbal oder mit geringen Sprachkompetenzen an Entscheidungs- und Mitbestimmungsprozessen zu beteiligen. Auch Pinntafeln, an denen verschiedene Wahlmöglichkeiten mit Hilfe von Fotos, Bildern oder einfachen Zeichnungen dargestellt und Entscheidungen mit farbigen Pinnnägeln oder Klebepunkten markiert werden können, sind ein Weg, um sich mit wenigen „Worten" mitzuteilen. Wünsche oder Vorschläge aller Kinder können aufgezeichnet werden, um dann mittels Markierungen darüber abzustimmen. Einfache Fragen wie: „Welche Sandspielsachen wollen wir für den Garten besorgen?" oder „Welches Puzzle wollen wir kaufen?" können in die Sprachen der Kinder übersetzt und vorbereitet werden. Bilder für entsprechende Vorschläge lassen sich in Katalogen und Prospekten finden.

In Sinne der transaktionalen Wechselwirkung fördern die Erfahrungen aus Partizipationsprozessen wiederum die sprachlichen Kompetenzen eines Kindes.

Dies erfordert Reflexion, die von den Erwachsenen im Kindergarten unterstützt werden kann: Konnte ich mich verständlich machen und den anderen meinen Standpunkt erklären? Ist es mir gelungen, an der Diskussion teilzunehmen und eigene Argumente zu formulieren? War es mir möglich, dadurch die Standpunkte meiner Dialogpartnerinnen und -partner zu verändern?

12.2.4
Soziale Entwicklung, Kooperation und Partizipation

Mit der Zunahme und Erweiterung des Rollenspiels – etwa um das vierte Lebensjahr – sind Kinder immer mehr am gemeinsamen Spiel mit anderen interessiert. Es gelingt zunehmend, partizipatives Verhalten zu erlernen und anzuwenden. Je kompetenter die Kinder ihre Wünsche und Ideen artikulieren und mitteilen, umso rascher und beständiger werden Spielpartnerinnen und -partner gewonnen.

Kooperative Spiele stärken das Gruppengefühl der Kinder und lassen sie erleben, dass gemeinsames Spiel viel Spaß bereiten kann. Dazu eignen sich Bewegungsspiele mit dem Schwungtuch, kooperative Brettspiele oder das gemeinsame Dramatisieren von Geschichten, wie z.B. dem Märchen vom Rübenziehen oder von der goldenen Gans.

Besonders gut wird das Gemeinschaftsgefühl durch gemeinsames Singen und Musizieren gefördert. Es unterstützt die Entwicklung sozialer Kompetenzen und stärkt die kulturelle Einbettung sowie das Gruppenzusammengehörigkeitsgefühl. Musik, Rhythmus, Reime und Zungenbrecher aus verschiedenen Kulturen sprechen alle Kinder an und helfen über Hemmungen oder Sprachschwierigkeiten hinweg (Pfohl–Chalaupek, 2007b).

Erfolgreiche Kooperation mit anderen hängt unter anderem davon ab, ob es dem Kind gelingt, einen Ausgleich zwischen eigenen Bedürfnissen und denen der Gruppe, an der es teilhaben möchte, zu erreichen. Dies geschieht zunächst durch Beobachtung, um die Regeln und Normen, die Strukturen und die Aktivitäten der Gruppe zu erkunden und kennenzulernen. Im nächsten Schritt werden Aktivitäten, verbale und nonverbale „Botschaften" nachgeahmt und übernommen. So zeigt das Kind seine Kooperations- und Partizipationsbereitschaft.

Der sechsjährige Jakob, ein „erfahrenes Kindergartenkind", das am Morgen kommt, erfasst mit einem Blick, wer schon da ist, wo und mit wem er spielen möchte. Er weiß, was er tun muss, um in eine schon existierende Spielgruppe aufgenommen zu werden. Er entscheidet sich für jene Gruppe, in der er die größte Übereinstimmung zwischen seinen Wünschen und den erkennbaren Zielen der Gruppe annimmt. Er weiß, wen er wie ansprechen muss, um möglichst rasch sein Ziel, Teil dieser Spielgruppe zu werden, zu erreichen.

Ungleich mehr Zeit und Bemühungen bedarf es, sich als „neues", vielleicht sogar nicht deutschsprechendes Kind in die Gruppe zu integrieren. Auch wird es viel länger dauern, bis sich diese Kinder an Entscheidungsprozessen beteiligen oder aktiv Einfluss nehmen können. Sie benötigen ganz besonders die Unterstützung der beobachtenden Fachkräfte, die ihnen helfen müssen, in Gruppenaktivitäten eingebunden zu werden.

- Der kleine Eisbär und der kleine Angsthase. Little Polar Bear and the Brave Little Hare (deBeer, 2002). Deutsch-englisches Bilderbuch zum Thema Angsthaben und Freunde finden.
- Komm, sagte die Katze (Lobe, 1997b). Das Boot ist nie zu voll für jene, die Hilfe brauchen, meint die Katze. Und so werden alle vor dem Unwetter gerettet.
- Das Drachenbuch (Schmögner, 2006). Obwohl der Drache lieb ist, hat er keine Freunde, bis er beim großen Wettbewerb der Tiere mitmacht und sogar eine Partnerin fürs Leben findet. Comicbilderbuch.
- ☺ Alle dürfen mit (Tidholm, 2005). Der Teddy ist traurig, der Wichtel ganz allein – alle dürfen mit dem kleinen Mädchen im Lastauto mit … Genderaspekt: ein Mädchen fährt Lastauto!

12.2.5

Konfliktbewältigung

Insbesondere im vierten und fünften Lebensjahr kommt es in Kindergruppen vermehrt zu physischen Auseinandersetzungen wie Stoßen oder Schubsen. Konfliktsituationen treten in diesem Alter häufiger auf, da kooperatives Verhalten und Konfliktlösungsstrategien erst erlernt und geübt werden müssen. Fehlende sprachliche Kompetenzen führen oft dazu, dass Konflikte mit Körpereinsatz anstatt durch verbale Argumente gelöst werden. Somit sind Konflikte ein wichtiges Erfahrungsmoment beim Erlernen kooperativen Verhaltens.

„Um eine konstruktive Konfliktkultur in der eigenen Gruppe zu ermöglichen, ist es wichtig, die Kinder mitentscheiden und an diesem Prozess teilhaben zu lassen. Gemeinsam gefundene und von allen Beteiligten akzeptierte Bewältigungsstrategien können besser umgesetzt werden, da jedes Kind seine eigenen Fähigkeiten einbringen kann." (Bäck, Bayer-Chisté & Hajszan, 2002, S. 109).

Damit ungeeignete Verhaltensweisen nicht auf Dauer in das kindliche Handlungsrepertoire aufgenommen werden, müssen Kinder andere, zielführende Strategien, etwa im Rollenspiel, bei der Arbeit in Kleingruppen oder durch Medien, kennenlernen und erwerben. Erst wenn die Gefühle und Intentionen des anderen genauso wie die eigenen mitberücksichtigt werden können, ist eine Perspektivenübernahme möglich (Keller, 2003). Erfahrungen zeigen, dass es ca. ab dem fünften Lebensjahr zu einer Zunahme von Konfliktlösungskompetenzen kommt, die mit der Fähigkeit zur Perspektivenübernahme einher geht (Sturzbecher & Hess, 2003b). Diese wird zu einem großen Teil von der Fähigkeit, eigene Bedürfnisse und Wünsche adäquat zu formulieren, bestimmt.

- Streiten gehört dazu, auch wenn man sich lieb hat (Frey, 2004). Auch wenn man sich sehr lieb hat, ärgert man sich manchmal über den anderen!
- Klar, dass Mama Anna / Ole lieber hat (Boie, 1998). Ole / Anna glauben, dass Mama immer den anderen in Schutz nimmt. Originelle Erzählweise: Die Geschichte wird aus der Perspektive von Ole oder Anna erzählt, je nachdem, wie das Buch gehalten wird. In der Buchmitte treffen sich die beiden zur Versöhnung.
- Die Kinderbrücke (Bollinger, 2005). Die Bewohnerinnen und Bewohner zweier Dörfer, links und rechts vom Flussufer, stehen einander voller Neid gegenüber. Erst die Kinder dinitiieren die Versöhnung.
- Klar hat Lena Jakob gern (Frey, 2001). Lena und Jakob spielen immer miteinander. Doch eines Tages spielt Lena auch mit Felix und lässt Jakob nicht mitspielen. Am Abend sind beide darüber traurig …
- Der Regenbogenfisch (Pfister, 1996). Stolz lässt der Regenbogenfisch seine Schuppen glitzern – aber erst, als er sie mit den anderen Fischen teilt, gewinnt er auch Freunde. Dieses bekannte Buch gibt es auch in Türkisch / Deutsch, Arabisch / Deutsch, sowie in kroatischer, griechischer, französischer, spanischer, italienischer und englischer Sprache, es eignet sich daher sehr gut für gemischtsprachige Gruppen.
- Das gehört mir! (Lionni, 2006a). Jeden Tag streiten die drei Frösche – bis gemeinsam erlebte Angst sie zum Teilen zwingt.

12.3

Partizipation erfahren und umsetzen

Kinder wollen mitbestimmen, sie wollen mitentscheiden und in Bereichen Einfluss nehmen, die sie betreffen. Wie sie es tun oder tun dürfen, wird weitgehend von den Rahmenbedingungen, der Umwelt und den Bezugspersonen mitbestimmt. Die Haltung der Erwachsenen und deren

Verständnis von Partizipation sind dafür ausschlaggebend, ob Entscheidungen partnerschaftlich in gegenseitiger Anerkennung und Wertschätzung getroffen werden.

Der Kindergarten kann in seiner Funktion als erste Bildungsinstitution Kinder beim Erwerb jener Kompetenzen unterstützen, die es ihnen ermöglichen, ihr Recht auf Partizipation in einer demokratisch orientierten Gesellschaft wahrzunehmen:

- Der Kindergarten ist ein geschützter Raum, in dem Exploration, Selbstbestimmung und Partizipation möglich und erwünscht sind.
- Viele andere Kinder stehen als Übungs- und Aushandlungspartnerinnen und -partner zur Verfügung.
- Im Gruppenalltag gibt es Möglichkeiten zur Selbstbestimmung, z.B. bei der Teilnahme an einzelnen Aktivitäten, sowie zum freien Spiel und zu selbst organisierten Tätigkeiten.
- Fachkompetente Pädagoginnen und Pädagogen stehen zur Begleitung und Unterstützung der Kinder zur Verfügung.
- Ein ungünstiges familiäres Erziehungsklima kann kompensiert werden.

Partizipation ist mehr als ein isoliertes Bildungsangebot oder Bildungsziel. Vielmehr stellt Partizipation eine Haltung bzw. ein Prinzip dar, das alle Lebens- und Bildungsbereiche prägt.

Bei jungen oder im Kindergarten neuen Kindern ist oft eine hohe Partizipationsbereitschaft, aber eine noch geringe Partizipationsfähigkeit zu beobachten. Allerdings kann der Erwerb dieser Fähigkeit durch zahlreiche Angebote von Seiten der Fachkräfte begleitet und unterstützt werden.

Spiele, die für kurze Zeit Spiel- oder Handlungspartnerinnen bzw. -partner vorgeben, eignen sich gut, um noch wenig integrierten Kindern den Gruppeneinstieg zu erleichtern: Die Pädagogin bzw. der Pädagoge kann etwa die Geschichte von der Arche Noah erzählen und daran anknüpfend Spiele vorbereiten, bei denen die Kinder jeweils das „Partnertier" oder die „Tierfamilie" finden müssen. Jedes Kind zieht aus einem Säckchen ein Tier oder eine Tierkarte und soll nun seine „Tierpartnerin" bzw. seinen „Tierpartner" finden. Ebenso können „Einzählreime" für verschiedene Aktivitäten zur Bildung von Arbeits- oder Spielgruppen genützt werden.

12.3.1

Die Rolle der Erwachsenen

Wenn Kindern echte Mitbestimmung ermöglicht werden soll, muss das eigene Erziehungsverhalten oft grundlegend hinterfragt werden. Die wichtigste Frage ist die nach der eigenen Bereitschaft, Kinder als gleichberechtigte Partnerinnen und Partner in partizipativen Prozessen anzuerkennen. Das Bild vom Kind, das ein

Recht auf Teilhabe an seiner Lebenswelt hat, sollte fest im pädagogischen Konzept einer Einrichtung verankert sein.

Erwachsene verfügen über vielfältige Möglichkeiten, Kinder beim Erwerb und bei der Umsetzung partizipativer Kompetenzen zu unterstützen. Folgende Fragen können für die Beobachtung und Reflexion hilfreich sein:

- Kann ich das Ziel, das ein Kind verfolgt, erkennen bzw. verstehen?
- Kann sich dieses Kind gut – wenn nötig auch nonverbal – verständlich machen?
- Welche Unterstützung kann ich dem Kind anbieten, welche Fähigkeiten müssen noch verstärkt werden?
- Was kann getan werden, damit sich Kinder im Gesprächskreis zu Wort melden? Wie werden Kinder, die sich gegen eine große Mehrheit stellen, unterstützt? Welche Formulierungsvorschläge werden angeboten?
- Gelingt es, auch die Bedürfnisse jüngerer Kinder oder jener, die sich sprachlich noch wenig mitteilen können, zu berücksichtigen?

Wichtig ist, dass die Erziehenden den Kindern durch ihre wertschätzende und respektvolle Haltung als Modell zur Verfügung stehen:

- aufmerksam zuhören und ausreden lassen, für ein gutes Gesprächsklima sorgen,
- den Prozess der Diskussion unterstützen,
- kleine Gesprächsgruppen bilden,
- durch offene Fragestellungen die Kinder dazu motivieren, Lösungsmöglichkeiten zu finden,
- bereits eingebrachte Vorschläge sammeln,
- schüchterne Kinder direkt ansprechen und leise Äußerungen wiederholen.

Haucke (2002, S. 18f.) beschreibt acht Stufen, nach denen die Umsetzung von Partizipation in einer Einrichtung eingeschätzt werden kann. Er warnt davor, Kinder z.B. an Konferenzen oder Abstimmungen teilnehmen zu lassen, ohne daraus Konsequenzen zu ziehen. Echte Partizipation setzt umfassende Information der Kinder voraus. Erwachsene müssen dann auch bereit sein, die Entscheidungen der Kinder umzusetzen.

In einfachen Interviews können Erwachsene die Kinder danach fragen, was sie für sich selbst als wichtig und sinnvoll erachten. Damit erleben Kinder, dass ihre Perspektiven ernst genommen werden. Kopiervorlagen und Anleitungen dazu finden sich in:

📖 ↬ Mitreden, Einfluss nehmen. Partizipation in Tageseinrichtungen für Kinder (Haucke, 2002).

12.3.2

Regeln im Kindergarten

Regeln dienen dazu, das Zusammenleben in einer Gruppe zu ermöglichen und zu organisieren. Im Allgemeinen spiegeln Regeln die Einstellungen und Normen derer wider, die sie formulieren und auf ihre Einhaltung drängen – im Kindergarten sind das zumeist die Erwachsenen.

Entsprechend dem Bild vom kompetenten Kind sollten Kinder vermehrt in die Erstellung von Regeln aktiv mit einbezogen werden. Es gibt kaum ein Kind, das grundsätzlich nicht mit Regeln umgehen kann oder will! Jedes Spiel, insbesondere das Rollenspiel, unterliegt ganz bestimmten Regeln, die für Außenstehende oft wenig nachvollziehbar sind: „Wir täten so, als ob …" oder „Wir machen das jetzt so und dann kommst du …!" Solche Handlungsanleitungen werden von den Kindern meist sehr genau eingehalten. Erst wenn es zu einem unlösbaren Konflikt kommt, ist für Außenstehende bemerkbar, dass keine Übereinstimmung gefunden wurde oder dass Regieanweisungen bzw. Regeln nicht eingehalten wurden.

„Regeln sollten Ausdruck eines gemeinsamen Beziehungs- und Kommunikationsprozesses sein. Unter dem transaktionalen Gesichtspunkt des Subjektivierens sollten Kinder ihre eigenen Erfahrungen und Ideen einbringen können und gemeinsam mit der Kindergartenpädagogin überdenken, inwieweit diese in die Regeln einbezogen werden können." (Bäck et al., 2002, S. 95).

In vielen Kindergärten gibt es Regeln, die die Anzahl spielender Kinder in einzelnen Bereichen beschränken. Immer wieder ergeben sich Situationen, in denen mehr als die „erlaubte" Kinderzahl diesen Bereich nützen möchte. Ein erster Schritt zur Veränderung dieser Regel könnte sein, mit den Kindern vorerst eine Ausnahme für einen Tag zu vereinbaren. Dabei sollten die Kinder ihren Wunsch begründen, die entsprechenden Regeln und Konsequenzen formulieren und allen anderen Kindern der Gruppe mitteilen.

Regeln im Kindergarten sind häufig fremdbestimmt und ihr Sinn ist für Kinder nicht erkennbar. Um selbstbestimmt handeln zu können, bedarf es allerdings verschiedenartiger Erkenntnisprozesse. Kinder wollen verstehen und begreifen, „und das nicht durch Erklärungen, die ihnen gegeben werden – sondern im Handeln und im Begreifen dessen, was sie ergreift." (Kazemi-Veisari, 1989, S. 15).

Werden Kinder bei der Erarbeitung und Formulierung von Regeln eingebunden, sind sie eher dazu bereit, sich mit diesen Regeln und Normen zu identifizieren und für deren Einhaltung Verantwortung zu übernehmen. Durch Regeln, die im Dialog entstehen, wird der differenzierte sprachliche Ausdruck der Kinder ebenso gefördert wie ihre Denkprozesse und ihre Fähigkeit, die Standpunkte anderer anzuhören und eventuell zu übernehmen.

Bilderbücher können Anregungen zur Auseinandersetzung mit verschiedenen Sichtweisen bieten. Allerdings finden sich nicht immer Bücher, die genau zum aktuellen Anlass passen. Als Gesprächseinstieg oder als Denkanregung genügt es oft, ein Buch nur teilweise vorzulesen oder zu erzählen und zu fragen: „Wie könnte die Geschichte jetzt weitergehen?" oder: „Wie ist das bei euch, was würdet ihr tun?"

📖 ☺ Immer ich, sagt Lukas Löwe (Wilson & Stohner, 2003). Aufräumen, im Auto hinten sitzen und Schlafengehen, all das mag Lukas Löwe nicht. Mit Erziehungsratgeber – auch für Eltern zu empfehlen.

12.4

Praxisbericht „Offene Arbeit und Demokratie im Kindergarten"

Die Leiterin Manuela Valecz berichtet über die offene Arbeit im Kindergarten Launegg in Lannach, Steiermark:

In unserem zweigruppigen Kindergarten wird seit zwei Jahren offen gearbeitet. Dabei können nicht nur die Kinder selbst wählen, in welche Bereiche sie gehen wollen. Auch die Pädagoginnen und Betreuerinnen sind im ganzen Haus tätig.

Jeden Tag in der Früh erfahren die Kinder auf einer Tafel, welche Bildungsangebote an diesem Tag zu welcher Uhrzeit vorgesehen sind. Mit Hilfe von Merkkärtchen tragen sie eigenverantwortlich ein, woran sie teilnehmen wollen. Die Kinder können auch Bereiche, die im Kindergarten nur einmal vorhanden sind, wie z.B. den Baubereich, den Familienbereich, den Computerplatz oder die Küche, selbstständig nutzen – auch hier geben sie mit ihren Merkkärtchen bekannt, wo sie gerade sind. Am Computer wird selbstständig mit einer Sanduhr gearbeitet, da die Zeit pro Kind auf 20 Minuten begrenzt ist.

Die Kinder haben in unserem Konzept Einfluss auf die Bildungsarbeit. Wir veranstalten Besprechungen mit den Kindern, so genannte Palaver, in denen wir ihre Interessen erkunden. Wenn ein Vorschlag nicht sofort realisierbar ist, wird er notiert und zu einem späteren Zeitpunkt umgesetzt. Sollten wir einmal nicht daran denken, fordern die Kinder das Versprochene zu Recht ein.

Die offene Arbeit im Kindergarten muss vom ganzen Team getragen werden. Zu Beginn haben wir uns viel mit Fachliteratur auseinandergesetzt. In täglichen kurzen Besprechungen und wöchentlichen Teamsitzungen planen und reflektieren wir die Bildungsarbeit und tauschen uns über die Kinder aus.

Die Rückmeldungen aus der Volksschule sind sehr positiv. Die Kinder aus unserem Kindergarten zeichnen sich durch Autonomie und Selbstbewusstsein aus.

13

Philosophische Gespräche mit Kindern

Das Wort Philosophie kommt aus dem Griechischen und bedeutet wörtlich übersetzt: Liebe zur Weisheit. Philosophie beschäftigt sich mit dem Bemühen um Weltverständnis und Erkenntnis. Die Fähigkeit, sich mit Hilfe seines Verstandes in der Welt zurechtzufinden, ist nicht an eine bestimmte Altersstufe oder an ein bestimmtes Vorwissen gebunden. Vielmehr bilden ausreichende Sprachfertigkeiten die Grundlage dafür, Gedanken, Überlegungen und Fragen zu verstehen und zu formulieren. Dialoge mit Menschen, die geduldig zuhören und sachlich argumentieren, fördern die Bereitschaft zum Sprechen und die Freude an der Sprache. Die Gesprächskultur, das Denken sowie das Urteilen und Argumentieren bei philosophischen Gesprächen stellen wichtige Grundlagen für spätere Lern- und Bildungsprozesse dar.

13.1

Kinder wollen wissen

Kinder suchen nach Antworten, zuallererst bei ihren Eltern und vertrauten Menschen. Sie ahnen und vertrauen darauf, dass es Antworten auf ihre Fragen geben kann und dass Erwachsene mehr Orientierung im Leben und in der Welt haben als sie selbst (Kazemi-Veisari, 1989).

In unserer Gesellschaft werden das Fragen und das Suchen nach eigenen Antworten bei Kindern häufig wenig geschätzt und kaum gefördert. Viele Kinder hören auf sich zu äußern, nachdem sie keine positive Unterstützung durch Erwachsene erfahren haben (Dawkins, 2001). Das Vertrösten auf später und Hinweise darauf, dass ein Kind noch zu klein sei, um so „schwierige Sachen" zu verstehen, sprechen ihm die Kompetenz für den Erwerb von altersadäquatem Wissen ab. Erleben Kinder immer wieder Verlegenheit und Ratlosigkeit der Angesprochenen und merken, wie ihre unangenehmen oder schwierigen Gedanken verniedlicht oder abgewehrt werden, ist zu befürchten, dass sie solche Gespräche immer seltener anstreben.

Im Dialog mit Kindern kann es sehr rasch passieren, dass für Erwachsene scheinbar geklärte Sachverhalte wieder problematisiert werden. Diese sind, wenn sie mit einfachen Worten wiedergegeben werden sollen, oft doch nicht so klar und eindeutig. „Der Zwang zu Einfachheit und Klarheit legt mitleidlos alle brüchigen Stellen in unserem Verständnis einer Sache offen. Einer der sichersten Wege zu prüfen, ob man etwas von Grund auf verstanden hat, besteht darin, es Kindern zu erklären." (Freese, 2002, S. 95).

Moderne Bildungskonzepte gehen vom Recht und der Fähigkeit des Kindes aus, sein eigenes Selbst zu gestalten. Aufgabe der Pädagoginnen und Pädagogen ist es, die Kinder beim Erwerb der dafür nötigen Kompetenzen zu unterstützen.

13.2

Voraussetzungen für philosophische Gespräche mit Kindern

Oft ist es im pädagogischen Alltag nicht ganz einfach zu erkennen, welche Fragen und Äußerungen der Kinder philosophische Fragestellungen berühren und wann Sachinformationen oder Erklärungen angebracht sind. Erwachsene sollten jedenfalls vermeiden, die Aussagen der Kinder vorschnell zu interpretieren. Am schwierigsten ist es, einerseits der spielerischen Lust von Kindern am Fragen richtig zu begegnen und andererseits zu erkennen, wann sich hinter vielen hartnäckigen Fragen der Wunsch nach Aufmerksamkeit oder Zuwendung verbirgt.

Wenn es auch oft nicht möglich ist, sofort und ausführlich auf die Fragen der Kinder einzugehen, so sollte doch Zeit für eine Rückmeldung sein: „Ich habe dich und dein Anliegen wahrgenommen und werde für dich da sein". Das Interesse des Erwachsenen könnte sich in folgenden Antworten zeigen: „Das ist eine schwierige, aber interessante Frage. Darüber muss ich auch erst nachdenken, was meinst denn du dazu?" oder „Darüber möchte ich mich gerne mit dir in Ruhe unterhalten, ich schreibe mir deine Frage auf und wir reden nach dem Mittagessen darüber." Solche Zusagen müssen selbstverständlich verlässlich eingehalten werden!

Philosophische Themen sind fundamentale Themen, die für alle Menschen bedeutsam sind oder sein können. Bei philosophischen Gesprächen mit Kindern stehen nicht die verschiedenen Denkrichtungen im Vordergrund, sondern das Gespräch, das Zuhören, Nachdenken und Argumentieren.

Erwachsene, die das Bedürfnis nach mehr Wissen und Informationen verspüren, können zu Fachbüchern zum Thema Philosophie greifen. Aber auch Sachbücher für Kinder und Jugendliche sind geeignet (z.B. Weate, 1999; vgl. Literaturempfehlungen auf www.charlotte-buehler-institut.at). Der Vorteil dieser Bücher besteht in der leichten Lesbarkeit und der oft sehr unterhaltsamen und anregenden Form der Wissensvermittlung.

13.2.1

Zuhören und Zeit haben

Philosophische Gespräche mit Kindern setzen voraus, dass Erwachsene genau zuhören. Solche Gespräche sollten von Neugier und Fragelust sowie von gegenseitigem Respekt geprägt sein.

Dazu ist es notwendig, sich Zeit zu nehmen, die Kinder ausreden zu lassen, ihnen nicht vorzeitig ins Wort zu fallen und sie nicht zu korrigieren (vgl. Kapitel 7.1.1).

Es ist nicht immer leicht, sich zurückzunehmen und nicht vorschnell zu antworten oder sofort zu „wissen", was der andere denn eigentlich meint. Wichtig ist es, die Bemerkungen der Kinder zu überdenken, nachzufragen, sie eventuell zu neuen Formulierungen anzuregen oder eine Frage an die Gesprächsgruppe weiterzugeben.

13.2.2

Vom Nichtwissen und richtigen Fragen

Den Fragen der Kinder nach Sachinformationen soll selbstverständlich durch sachlich richtige Antworten begegnet werden. Häufig stoßen Erwachsene dabei an die Grenzen ihres – scheinbar – gut abgesicherten Wissens. Dann ist es notwendig, gemeinsam mit den Kindern nach weiteren Informationen zu suchen. Dazu können etwa Sachbücher zu Rate gezogen, andere Menschen befragt oder nach Antworten im Internet geforscht werden.

„Wie groß ist unendlich?" „Hat alles einen Anfang?" „Wie ist es, wenn man tot ist?" „Wo passieren Träume – im Bett oder am Ort des Traumgeschehens?" Solche und ähnliche Fragen der Kinder eignen sich sehr gut, ihnen zu vermitteln, dass auch Erwachsene nicht alles wissen und über solche Zusammenhänge immer wieder nachdenken müssen. Hier bieten sich Möglichkeiten, im Dialog mit Kindern nachzudenken, einander zuzuhören und sich argumentativ mit einem Thema auseinanderzusetzen. Mit Sicherheit ist am Ende eines solchen Gesprächs eine andere, erweiterte Sichtweise der ursprünglichen Frage entstanden. Philosophieren beschreibt folglich einen Prozess, der neue Perspektiven für das eigene Denken und Handeln in Gegenwart und Zukunft aufzeigen kann (Ebers & Melchers, 2001).

Ein Mädchen fragt, während es scheinbar konzentriert zeichnet: „Wann fängt eigentlich morgen an?" Gut, dass die auch am Tisch arbeitende Pädagogin von der Frage so überrascht ist, dass sie vorerst keine Antwort geben kann. „Wenn um Mitternacht morgen beginnt, dann dauert morgen nur kurz." „Aber morgen kann auch erst im Kindergarten sein", wendet ein anderes Kind ein. „Wenn es aber um die gleiche Zeit wie gestern, nur einen Tag später ist, dann dauert morgen immer einen Tag." So entwickelt sich ein Gespräch unter den malenden Kindern, ohne dass die Pädagogin antworten muss. Nach einiger Zeit verebbt das Gespräch, die Kinder malen weiter oder wenden sich anderem zu.

13.3

Warum schon im Kindergarten philosophische Gespräche führen

Es gibt wohl kaum einen Menschen, der sich nicht gelegentlich mit philosophischen Gedanken und Fragen beschäftigt.

Charakteristisch für Kinder ist das unbefangene, direkte und unverblümte Fragen. Neugier und Staunen als Quellen philosophischer Gedanken sind im Vorschulalter noch lebendiger als im Schulalter, daher stellt das Erhalten dieser Fähigkeit ein wichtiges Bildungsziel im Kindergarten dar.

Die Fähigkeit und die Bereitschaft zu philosophischem Denken sind nicht an das Erreichen einer bestimmten Entwicklungsstufe gebunden, lediglich die Art und Weise möglicher Erklärungs- und Denkmodelle sind alters- und erfahrungsabhängig.

Im Rahmen philosophischer Gespräche stellen Kinder häufig Warum-, Woher- oder Wohin-Fragen. Erwachsene sollten wissen, dass diese Fragen eigentlich auf Sinnerklärungen abzielen. Kinder wollen wissen, wozu etwas gut ist, wozu etwas da ist. Häufig werden sie mit weit reichenden Erklärungen überhäuft, obwohl ihnen z.B. die Antwort genügen würde, dass es deshalb regnet, weil Pflanzen, Tiere und Menschen Wasser zum Leben brauchen.

Kinder wollen Vertrauen und Zuversicht gewinnen. Beim genauen Hinhören erfahren wir, dass viele Fragen eigentlich dem Bedürfnis entspringen, bestätigt zu bekommen: Du kannst Vertrauen haben. Zu erfahren, dass es einen Sinn gibt, dass etwas sinn-voll ist, gibt – nicht nur Kindern – Zuversicht und Sicherheit im Leben. Kinder suchen diese Bestätigung im vertrauten Ablauf von Ritualen, in Fragen, die in ähnlicher Form immer wiederkehren, und in Geschichten, die sie immer wieder hören wollen. Der Aufbau und die Struktur von Märchen folgen etwa diesem Bedürfnis. Die Gewissheit, dass alles ein gutes Ende nimmt, lässt das Gruseln, die Trauer und die Spannung lustvoll ertragen.

Während es Untersuchungen zu Dauer und Merkmalen von Gesprächen zwischen Kindern und Erwachsenen gibt, fehlt es an Informationen über den Inhalt und die Qualität sprachlicher Austauschprozesse. Sicher ist jedoch, dass Kinder durch diese Austauschprozesse mit der kulturellen Umgebung ihres Elternhauses und des Kindergartens „in ihrem Denken, in ihren Vorstellungen, Gefühlen und Haltungen" entscheidend geprägt werden (Freese, 2002, S. 84).

In unserer Gesellschaft, in der für alle Fragen und Probleme richtige Lösungen erwartet werden, gibt es oft nur zwei Gegenpole, nämlich richtig und falsch. „Nichtwissen" ist in der Wissensgesellschaft schwer zu ertragen.

Bildung heißt nicht nur, Wissen zu erwerben, es geht vielmehr darum, die Fähigkeit zur Selbstreflexion zu entwickeln. Schon zur Zeit Aristoteles galt nicht der als gebildet, der vieles weiß: „Gebildet nennt man vielmehr denjenigen, der im Kopf beweglich ist, der sich zu jedem Thema eine Meinung bilden kann" (Soentgen, 2004, S. 10).

Bildung bedeutet auch den Erwerb von Orientierungswissen im Sinne von Urteilskraft, das in der heutigen Zeit immer mehr an Bedeutung gewinnt. In sich ständig und sehr rasch ändernden Lebensbedingungen sind Menschen immer mehr auf sich allein gestellt, immer öfter fehlen tragfähige Bezugssysteme wie Familie, Traditionen, Kirche oder Vereine. Andererseits erleben wir ein Überangebot am so genannten „Sinn-Markt", das äußerst medien- und marktgerecht angeboten wird. „Um in diesem Überangebot nicht unterzugehen und sich selbst als Individuum behaupten zu können, müssen früh genug tragfähige Kompetenzen ausgebildet werden. Philosophieren mit Kindern kann ein Beitrag dazu sein." (Ebers & Melchers, 2001, S. 100; vgl. Kapitel 6).

13.4
Denk- und Sprachförderung durch philosophische Gespräche

Grundlegende Denk- und Sprachfertigkeiten, die Kinder bei philosophischen Gesprächen entwickeln, bilden eine gute Basis für Bildungsprozesse in allen Lern- und Wissensbereichen. Dazu zählen z.B. die Fähigkeiten zu klassifizieren, zu definieren, induktiv und deduktiv zu schließen sowie Hypothesen formulieren zu können (Freese, 2002).

- Induktive Denkprozesse verlaufen vom Einzelnen und Konkreten zum Allgemeinen und Abstrakten. Z.B.: „Wer gehört zu deiner Familie? Ist eine Familie ohne Vater auch eine Familie? Was macht eine Familie zu einer Familie?" So können gemeinsame Merkmale, die eine Familie charakterisieren, gesammelt und formuliert werden. „Was ist immer gleich, was ist immer unterschiedlich?" Mögliche Fragen könnten auch sein: „Welche Eigenschaften haben alle Menschen gemeinsam? Was trifft nur auf mich zu und was trifft auf alle Menschen zu? Was macht mich einzigartig – was verbindet mich mit anderen?"
- Deduktives Denken bedeutet, vom Allgemeinen den Einzelfall abzuleiten. „Alle Kinder werden älter, sie wachsen und werden größer – auch ich werde älter und erwachsen" (Dorostkar, 2001).
- Formulieren gemeinsamer Merkmale und Definition von Begriffen: „Welche Merkmale und Eigenschaften müssen gegeben sein, damit ein Begriff eindeutig ist, damit alle wissen, was gemeint ist? Gibt es Eigenschaften, die verschieden interpretiert werden können? Wie groß ist groß? Wer ist alt?"
- Formulieren von Unterschieden zählt zu den wichtigsten Kompetenzen bei philosophischen Gesprächen, z.B.: „Wo finden wir grüne Dinge im Gruppenraum? Alle genannten Dinge sind grün – wodurch unterscheiden sie sich trotzdem? Durch die Größe, den Verwendungszweck? Gibt es auch beim Grün Unterschiede – heller, dunkler, gelbgrün, braungrün …?"

 Als Anregung zu derartigen Gesprächen kann das Buch „Ist 7 viel?" von Antje Damm (2003) dienen: Auf jeweils einer Doppelseite sehen wir zwei Bilder, z.B. eine Riesaneistüte mit sieben Eiskugeln – auf der gegenüberliegenden Seite ein traurig dreinblickendes Kind mit sieben Legosteinen und der Textzeile „Ist 7 viel?"

- Folgerichtiges Denken: „Was war vorher? Was kommt danach?" Kinder brauchen Zeit zum Erzählen und um ihre Gedanken zu formulieren. Die wichtigste Unterstützung besteht darin, Geduld zu haben und die Kinder ausreden zu lassen. Manche Kinder werden „redefaul", weil Erwachsene für sie antworten oder begonnene Sätze vollenden. Mittels einfacher Bildergeschichten können die Kinder Ordnung beim Erzählen üben. Im Gespräch helfen unterstützende Fragen, wie: „Was war vorher?" „Was ist wichtiger?" „Was ist so ähnlich wie …?"

Kinder üben alle diese Fertigkeiten beim Sortieren und Zuordnen:

Ein Dreijähriger stellt seine vielen kleinen Autos immer wieder in Reih und Glied auf. Diese „Ordnung" unterliegt immer anderen Gesichtspunkten: „Die müssen zur Werkstatt, die sind schon alt, die mag ich nicht, die sind kratzig (= zerkratzt), das sind dicke Räder, …"

Wichtig ist, die Kinder zum verbalen Formulieren dieser Kategorien oder Unterscheidungsmerkmale aufzufordern. Auch sehr junge Kinder können dazu ermuntert werden, möglichst genau zu sagen, was sie meinen. Solche Anregungen dienen zudem der Erweiterung des Wortschatzes und der Förderung kognitiver Fähigkeiten.

Matthew Lipman (1986), ein Pionier auf dem Gebiet der Kinderphilosophie, sieht das Philosophieren als eine Möglichkeit, Kindern und Jugendlichen zu kritischem Urteilsvermögen und rationalem Denkvermögen zu verhelfen. Seiner Meinung nach ist mangelndes analytisches Denken mitverantwortlich für heute weit verbreiteten „Aktionismus und Resignation angesichts komplexer gesellschaftlicher Probleme" (Freese, 2002, S. 108). Mutlosigkeit können wir manchmal schon bei Kindern im Kindergarten erleben. Schulterzucken oder Äußerungen wie „Ich weiß nicht", „ich kann nicht" oder „der/die hört mir ja nicht zu" können Ausdruck von Resignation sein. Lipman (1986) fordert „Philosophieunterricht" schon für Vorschulkinder, damit ihre Neugier, die mitunter durch die Schule weitgehend verschüttet wird, ebenso erhalten bleibt wie das Vertrauen in die eigene Urteilskraft und das eigene Denkvermögen.

13.5

Methodisch-didaktische Anregungen für die Praxis

Philosophische Gespräche können sich spontan im Tagesablauf ergeben oder gezielt, z.B. durch ein Buch, eine Geschichte, ein Gedicht oder ein Bild initiiert werden. Speziell bei den Jüngsten ist es wichtig, die Fähigkeit zum Staunen, die Neugier und die Lust am Fragen zu erhalten.

📖 Die Warum-Warum-Warum-Geschichte (Behncke & Kraushaar, 2005). Billi fragt den ganzen Tag: „Warum?" Aber auf manches gibt es keine Antwort.

Je jünger die Kinder sind, umso kleiner sollten die Gesprächskreise gehalten und umso näher sollte das Gespräch an konkreten Inhalten und am eigenen Erleben der Kinder bleiben.

Nicht nur bei Kindern, die nicht (mehr) fragen oder denen die richtigen Worte fehlen, kann das Staunen Anstoß für philosophische Gespräche sein. Phänomene des Alltags, wie etwa ein Regenbogen, ein Kaleidoskop, Farben, die sich im Wasser mischen, Spiegel, Lupen und Ferngläser laden zum Innehalten und Betrachten ein. Ebenso bieten sich Bücher sowie Medien an, die zum immer wiederkehrenden Betrachten und Vertiefen auffordern. Besonders geeignet sind Bücher, die ohne naturwissenschaftliche Erklärungen auskommen und zum Staunen und Wundern auffordern.

Kinder teilen solche Erlebnisse gerne mit anderen. Oft bilden sich Kleingruppen, die gemeinsam Neugier und Freude erleben sowie miteinander Mutmaßungen und Interpretationsversuche entwickeln.

- Eins und sonst keins. Ein Sachbilderbuch (Lange, 2006). „Was passiert, wenn du eine geschälte und eine ungeschälte Orange ins Wasser legst?" lautet der Text. Nur eine Antwort ist richtig – also ausprobieren!
- Unglaubliche optische Illusionen (Seckel, 2004). Ein „Schau- und Staunebuch" für Große und Kleine; gezeigt werden optische Täuschungen, faszinierende Bilder à la M. C. Escher usw.
- Gesichter (Robert & Robert, 2005). Ein Buch, das ohne Text auskommt und an Hand vieler ausdrucksvoller Fotos Dinge und Objekte unserer Umgebung zeigt, die wie Gesichter aussehen.
- Kopfüber Kopfunter. Ein Bilderbuch zum Drehen (Jusim, 1999).
- Re-Zoom (Banyai, 1999). Ausgehend von einem winzigen Detail wird über 30 Buchseiten eine Geschichte ohne Worte erzählt.
- Das magische Auge II. Dreidimensionale Illusionsbilder (Baccei, 1994).

13.5.1

Geeignete Impulse

Folgende Impulse regen die Kinder zu philosophischen Gesprächen an:

Gedichte, Lieder und Texte, die wiederholt vorgelesen werden und Fragen zum Inhalt haben oder scheinbar Bekanntes neu formulieren:

Tiere
Die Ente im Teich
Ist sie arm oder reich?
Im Tümpel die Kröte,
was hat sie für Nöte?
Oder hat sie keine?
Was fühlt ein Hund an der Leine?
Was sieht das Eichhörnchen im Traum?
Was denkt die Amsel auf dem Baum?
Wie ist das mit den Grillen –
Sind sie fröhlich, wenn sie schrillen?
Kann mir wer die Antwort sagen?
So viele Tiere, so viele Fragen.

Georg Bydlinski (1992, S. 51)

Fragen können als Gesprächseinstieg dienen, wie z.B.: „Ist etwas auch da, obwohl wir es nicht sehen?" oder „Was ist Zeit?", „Wie lange ist lang?", „Wie kann der Mensch eigentlich Zeit haben? Ist das genauso, wie wenn man einen Ball hat?" Oder: „Gehört der Schatten zum Licht oder zu dem Körper, der den Schatten wirft?"

- Schatten (Janisch, 2007). Sven geht in der Sonne spazieren und mit ihm sein Schatten, doch beim genauen Betrachten der Bilder entwickeln die Schatten ein Eigenleben.
- Was ist das? (Damm, 2006b). Was wird aus zwei Karotten? Raten und sich auf der nächsten Seite überraschen lassen.

Gedanken- oder Rollenspiele ermöglichen durch die Themen „Verkehrte Welt" oder „Was wäre, wenn ..." einen Wechsel der Perspektiven:

Aus Glas
Manchmal denke ich mir irgendwas.
Und zum Spaß
denk ich mir jetzt, ich bin aus Glas.
Alle Leute, die da auf der Straße gehen,
bleiben stehen,
um einander durch mich anzusehen.
Und die vielen andern Kinder schrei'n:
„Ei, wie fein!
Ich, ich, ich will auch durchsichtig sein."
Doch ein Lümmel stößt mich in den Rücken.
Ich fall hin …
Klirr, da liege ich in tausend Stücken.
Ach, ich bleibe lieber, wie ich bin.

Josef Guggenmos (1998, S. 18)

📖 Oskar oder Was wäre wenn? (Gralle, 2006). Was wäre geschehen, hätte Oskar das Buch, das vom Kirchendach fiel, nicht gefangen?

Einfache **Rätsel und Paradoxien** fördern das folgerichtige Denken und das genaue Hinhören – wichtige Kompetenzen, die nicht nur bei philosophischen Gesprächen nötig sind:

Z.B. das Gedicht „Finster war's, der Mond schien helle …" oder folgendes Rätsel:

Am Himmel steht's
Am Himmel steht's in hellem Glanz
Als Sichel bald, bald halb, bald ganz.
Kann sogar Zeit und Stund' dir sagen.
Bei Sonne hellem Licht
begleitet's dich,
im Dunkeln nicht.

Hans Gärtner (1996)

Blödeleien, fantastische Gedanken und der kreative Umgang mit Sprache können Einstiege in „ernste" Gespräche sein. Alles darf gedacht werden! Auch Quer- und Andersdenken ist für die Gesellschaft wichtig.

📖 Prinzessin Horst (Wenniges, 2007). Weil König Helmut sich eigentlich einen Sohn wünschte, gibt er seiner Tochter den Namen Horst und bald folgen seine Untertanen diesem neuen Trend.

Phänomenale Materialien regen zum Staunen an und verändern den gewohnten Blickwinkel der Wahrnehmung. Dazu zählen z.B. Spiegel, die in unterschiedlichen Positionen aufgestellt werden können, Kaleidoskope, Fliegenaugen, Gläser mit Mischungen von färbigem Öl und Wasser.

13.5.2

Regeln für philosophische Gespräche

Es gibt keine „dummen" Fragen

Jede Frage ist wichtig und richtig. Zu fragen bedeutet, sich zu öffnen und verstehen zu wollen. Alle erhalten die gleiche Chance sich zu äußern, es steht jeder und jedem aber auch frei, nur zuzuhören und nichts zu sagen. In einem Gruppengespräch bedeutet dies, dass alle ihre Meinung und Ansicht sagen dürfen. Alle Äußerungen haben das gleiche Gewicht und sind vorurteilsfrei zu behandeln.

Sprachliche Genauigkeit und möglichst klare Ausdrucksweise

Der oder die Sprechende sollte sich bemühen, möglichst klar zu sagen, was gemeint ist. Die Zuhörerinnen und Zuhörer sollten nachfragen, wenn sie etwas nicht verstanden haben.

Beim Thema bleiben

Vor allem von älteren Kindergartenkindern kann erwartet werden, dass sie – gegebenenfalls mit Unterstützung der Erwachsenen – Wesentliches von Unwesentlichem unterscheiden und beim Thema bleiben können. Sie sollten warten, andere ausreden lassen und den Impuls, sofort loszureden, beherrschen. Die aktuelle Frage sollte von vielen Seiten beleuchtet werden, z.B. aus der eigenen Sicht oder Betroffenheit, aus dem Blickwinkel eines anderen Menschen, aus einer anderen Zeitperspektive: „Wie war es, als du noch neu im Kindergarten warst?" Wichtige, neu auftauchende Themen können für später aufgehoben werden.

Argumentieren

Eine Behauptung soll begründet werden: „Ich finde, es ist so, weil ...", „Wenn – dann" etc.

Beispiele nennen

Am besten sollten Beispiele aus dem eigenen Lebensumfeld genannt oder anschauliche Vergleiche hergestellt werden: So rot wie ein Paradeiser, so groß wie ein Haus, so wie die Katze in dem Buch „Komm, sagte die Katze" (Lobe, 1997) etc.

13.5.3
Auswahlkriterien für Bücher

Bücher, die sich für philosophische Gespräche mit Kindern eignen, sollten durch ihren Inhalt, die angebotenen Lösungen und/oder die Illustrationen folgende Impulse geben:

- Erweiterung, Vertiefung oder Korrektur von Sachverhalten und Problemen
- Thematisierung von Haltungen oder Werten
- Förderung und Unterstützung von Problembewusstsein
- Eröffnung von neuen Sichtweisen durch unterschiedliche Argumente
- Wecken von Verständnis für die Qualität der Sprache

Die Illustrationen sollten zum Weiterdenken, Staunen, Suchen und Lachen anregen. Ungewohnte Sprachstile, die „aufhorchen" lassen, z.B. Lyrik oder ungewöhnliche Formulierungen, fördern sowohl die sprachlichen als auch die kognitiven Fähigkeiten der Kinder.

Symbolische, gleichnishafte Formen des Erzählens, wie z.B. Fabeln und Märchen oder viele Bücher von Mira Lobe, eignen sich sehr gut für philosophische Gespräche.

13.6
Philosophische Fragen

Manche Bücher geben Antworten auf Kinderfragen oder helfen beim Nachdenken, indem sie verschiedene Sichtweisen anbieten, die gemeinsam erörtert werden können. Bücher können eine Hilfe für Erklärungen der Erwachsenen zu schwierigen Kinderfragen sein. Umgekehrt können sorgfältig ausgewählte und vorbereitete Bücher als Impulsgeber zum Nachdenken und Fragen gezielt angeboten werden (Petermann, 2004).

Ausgehend von der Tatsache, dass in den meisten Kindergartengruppen Kinder mit unterschiedlichem weltanschaulichem oder religiösem Hintergrund zusammentreffen, bieten philosophische Gespräche die Möglichkeit zu transzendenten Erfahrungen unabhängig vom Familienglauben.

Fragen nach Ursprung und Ende der Schöpfung sind Themen in jeder Religion sowie in vielen Märchen und Erzählungen. Ohne Festlegung auf eine Religion kann z.B. die Schöpfungsgeschichte in unterschiedlichen Varianten erzählt oder vorgelesen werden. Alle Menschen suchen immer wieder nach Antworten auf Sinnfragen, die sich im Laufe ihres Lebens ergeben. Das Sehnen nach Liebe, Geborgenheit und Sicherheit, der Wunsch nach Gemeinschaft und Frieden oder Fragen zu Leben und Tod eignen sich hervorragend, um für Kinder Gemeinsamkeiten im Gedankengut aller Kulturen erlebbar zu machen.

Damit Bücher philosophische Gespräche unterstützen, bedarf es einiger Grundüberlegungen zum guten Gelingen eines philosophischen Diskurses: Wesentliche Voraussetzung für philosophische Gespräche ist die Erkenntnis, dass es um den Dialog und Austausch, also um den Prozess geht. Es soll kein bestimmtes Ziel erreicht werden und es kann auch keine falschen Antworten geben!

Manche Texte, Bücher oder Bilder können nach einiger Zeit erneut als Grundlage eines Gesprächs dienen. So erfahren die Kinder, dass sich Ansichten und Meinungen manchmal ändern und dass Menschsein bedeutet, sich immer wieder neu zu entscheiden und Stellung zu beziehen.

Beim Philosophieren mit Kindern beziehen sich viele Autorinnen und Autoren auf Kant, wenn sie drei charakteristische Elemente philosophischer Fragen beschreiben:

- Was kann ich wissen?
- Was soll ich tun?
- Was darf ich hoffen?

(Ebers & Melchers, 2001; Freese, 2004; Petermann, 2004).

Auch in allen Religionen finden sich Aussagen zu diesen Themen. Daher können diese drei Grundsatzfragen als Schwerpunkte für die Buchauswahl für philosophische Gespräche dienen.

13.6.1
Was kann ich wissen?

„Was kann ich wissen? Was ist wirklich? Ist das Bild im Bilderbuch Wirklichkeit oder nur die Abbildung davon? Wodurch können wir Wirklichkeit und Fantasie unterscheiden?" Die Erkenntnis, dass Bilder im Buch, an der Wand oder im Film eine ganz spezifische Wiedergabe von Wirklichkeit sind, ist ein bedeutsamer Schritt: Kinder erfahren dadurch, dass etwas – unabhängig von Zeit und Raum – festgehalten, wiedergegeben und beschrieben werden kann. Dadurch kann und soll die „Wirklichkeit" auch in Frage gestellt werden. Diese Erkenntnis ist ebenfalls für den Umgang mit Kunst oder Medien wesentlich.

Bilderbücher oder Bilder, die dasselbe Thema in unterschiedlichster Form präsentieren, unterstützen diese Art der Auseinandersetzung mit der Wirklichkeit. Wenn z.B. in einigen Bilderbüchern Traum und Fantasie, in anderen hingegen realistische Handlungsabläufe dargestellt werden, bieten sich vielfältige Anlässe zur Diskussion sowie zum Erzählen eigener Erfahrungen. Haben Kinder die Möglichkeit, gemeinsam Bilder zu betrachten und sich darüber auszutauschen, können sie zudem erfahren, dass ein und dasselbe Bild von jedem Kind anders gesehen und interpretiert werden kann.

- ☺ Ich sehe was … Spannende Bilderrätsel (Wick, 2007). Einfache, allen bekannte Dinge aus dem Alltag regen durch die Präsentation in einem völlig neuen Kontext zum genauen Hinschauen und Suchen nach Details an.
- Das Buch im Buch im Buch (Müller, 2001). Ein Kind schlägt ein Buch auf, in dem ein Kind ein Buch aufschlägt … Mit der beiliegenden Drei-D-Brille können die Illustrationen noch intensiver erlebt werden.
- ein blick zwei blicke (Banyai, 2007). Ist der erste Blick immer der richtige? Manchmal lohnt es sich, noch einmal hinzusehen.

Ein und dasselbe Gleichnis ist die Grundlage folgender Bücher:

- 7 blinde Mäuse (Young, 2007). Sieben blinde Mäuse machen eine seltsame Entdeckung. Sie finden ein rätselhaftes Ding am Deich …
- ♪ Die Elefantenwahrheit (Baltscheit, 2006). Buddhas Gleichnis von den fünf Blinden und dem Elefanten in Wort, Bild und Ton gesetzt: Fünf blinde Wissenschafter beschreiben einen Elefanten. Da aber jeder nur einen Teil des riesigen Tieres „begreifen" kann, entstehen fünf sehr unterschiedliche, für Sehende sehr amüsante Beschreibungen ein und desselben Tieres. Buch mit CD.

Ich und die anderen

„Wer bin ich? Was macht mich unverwechselbar? Was verbindet mich mit den anderen? Welchem Geschlecht gehöre ich an und was bedeutet dies?" Solche Fragen können als Anstöße für philosophische Gespräche dienen. Das wichtigste Merkmal der eigenen Identität ist der eigene Name, er macht jeden Menschen unverwechselbar. Was bedeutet es für Kinder, zu erleben, dass es zwei Jakobs oder Maries im Kindergarten gibt? Wie können die Kinder sie unterscheiden? Was sagt der Name über das Geschlecht oder die Eigenschaften des Trägers oder der Trägerin aus, wie das etwa bei indianischen Namen der Fall ist? Viele Märchen, Mythen und Sagen aus zahlreichen Kulturkreisen beinhalten diese Themen.

- He Duda (Blake, 1992). He Duda weiß nicht, wer und was er ist, und so vergleicht er sich mit allen anderen Tieren …
- Ein Anton zuviel (Wolfradt, 2007). Was tun, wenn plötzlich ein zweiter Anton im Kindergarten auftaucht? Der ist groß und stark und tut alles, um Anton das Leben schwer zu machen. Er will Anton zu einem „Niemand" machen - aber geht das denn?
- Greta Gans (Horàcek, 2007). Greta Gans möchte nicht wie alle anderen Gänse sein, sie möchte springen können wie ein Känguru und brüllen wie ein Löwe.

- Naja (Treiber, 2005). Ich bin zu spitz, sagt das Dreieck, ich bin zu rund, meint der Kreis und schon kommt der „Figurendoktor" ins Spiel – aber so richtig glücklich sind sie ja dann doch wieder nicht.
- Ach hätte könnte wäre ich (Holländer, 2007). „Ach hätte ich Haare seidenzart wie die Prinzessin Edelgart" wünscht sich Julchen und die Prinzessin möchte dick wie Jochen sein und Jochen …
- Ich bin Flonx (Janisch, 2006). Der kleine Flonx kann alles, er kann den Wind anhalten und so laut schreien, dass die ganze Welt sich fürchtet. Die Illustrationen erzählen aber von einem Buben, wie jeder einen kennen könnte.

Ich und die Schöpfung – auch darüber können mit Kindern philosophische Gespräche geführt werden.

Die Auseinandersetzung mit Umwelt, Pflanzen, Tieren und Menschen in all ihrer Vielfalt und unterschiedlichen Erscheinungsformen vermittelt das Gefühl: „Ich bin ein Teil von etwas – ich gehöre dazu." Daraus folgt die Erkenntnis: „Ich kann Einfluss nehmen!" Die Natur ist nicht eine zufällige Ansammlung von Pflanzen, Tieren, Erde, Wasser, Luft und Wärme, sondern all dies steht in sinnvoller Wechselbeziehung zueinander. Staunen, Neugier und Freude an der Natur sind wesentliche Voraussetzungen für einen achtungsvollen Umgang mit dem, was uns umgibt und wofür wir alle gemeinsam Verantwortung tragen.

Der achtungsvolle Umgang mit den Ressourcen unserer Umwelt wird auch in vielen Märchen und Legenden angesprochen.

- ☺ Schnirkel-Schnecke unterwegs (Nanao & Hidekazu, 2007). Heute regnet es und das freut die kleine Schnecke, doch die Libelle und der Schmetterling verstecken sich. Fotobilderbuch.
- ☺ Wie? Ein Jahreszeitenbuch (Blume, 2005). Anhand eines Apfels, den sich ein Kind aussucht, wird das Wachsen der Frucht von der Blüte bis zur Lagerung im Winter dargestellt.
- ♪ Filipp Frosch und das Geheimnis des Wassers (Simsa, 2005). „Woher kommt das Wasser?" fragt sich der kleine Frosch und macht sich auf die Reise. Buch mit CD.

13.6.2
Was soll ich tun?

Der Umgang mit Regeln, Normen und Vorschriften wird im Kindergarten auf vielerlei Art und Weise thematisiert. Gespräche, Rollenspiele, Theaterstücke, Geschichten und Bücher können die verschiedenen Aspekte dieses Themenbereichs beleuchten, wie z.B. Freundschaft und Liebe, Leben in einer Gemeinschaft, das Einhalten von Regeln, füreinander da sein, Verantwortung übernehmen, Teilen etc.

- ☺ Das ist aber meins, sagt Max (Geisler, 2004). Vom Haben-Wollen und Teilen-Können.
- Mein Schatz. Nein, meiner! Oder wie man gerecht teilt (Volmert, 2005). Jedes Mitglied der Piratenbande hat durch seine besondere Geschicklichkeit zum Finden des Schatzes beigetragen und meint nun, deshalb mehr Anrecht auf den Schatz zu haben.
- Roxy Fuchs und die Dachsbrüder. Eine neue Familie (Luciani, 2007). Roxy Fuchs und ihre Mutter werden von Vater Dachs aufgenommen, obwohl Fuchs und Dachs doch so gar nicht zusammenpassen.
- Rikko, die Hexe (Tellegen, 2006). Obwohl die kleine Hexe nicht größer als ein Sandkorn ist, gelingt es ihr durch Mitgefühl, anderen zu helfen.
- Lilli, machst du Quatsch? (Kuhn, 2006). Dies fragt die Mutter und natürlich verneint Lilli – die Illustrationen verdeutlichen auf sehr vergnügliche Art, dass Lilli und ihre Mutter sehr unterschiedliche Auffassungen von Quatsch haben.

- Frederick (Lionni, 2003). Während die anderen Mäuse Körner und Nüsse sammeln, sammelt Frederick die Farben des Sommers für den grauen Winter.

13.6.3

Was darf ich hoffen?

Gemeinsam erlebte Feste, die Vorfreude während der Vorbereitungen und das gemeinsame Feiern stellen wichtige Elemente im Kindergarten dar. Kleine, bewusst erfahrene Höhepunkte im Tagesablauf versichern dem Kind: „Das Leben ist schön, ich kann mich auf morgen freuen, ich bin angenommen und kann mich geborgen fühlen." Dazu gehören z.B. das gemeinsame Morgenlied, eine besonders gelungene Zeichnung oder ein Bauwerk, ein erfülltes Versprechen der Eltern oder eine unerwartete kleine Überraschung. Ein wertschätzender Umgang miteinander und das Gefühl, Teil eines großen, sicheren Ganzen zu sein, vermitteln Vertrauen und Zuversicht in die Zukunft. Urvertrauen und das Gefühl der Geborgenheit lassen Kinder auch Kummer und Trauer ertragen. Wichtig ist, all diese Erfahrungen konkret anzusprechen und bewusst zu machen.

- Religionen dieser Welt (Buller, 2006). Kinder aus aller Welt erzählen von ihrer Religion.
- Erklär mir deinen Glauben. Die fünf Weltreligionen (Laube, 2005).
- Jakov und die sieben Räuber (Madonna, 2004). Auch in der schwärzesten Räuberseele schlummert noch ein bisschen Gutes.
- Ich kann dir kaum sagen, wie sehr ich dich mag (Zöller, 2003).
- Ich hass' dich! Ich mag dich! (Bogacki, 1999). Jede Eigenschaft kann positive und negative Seiten haben, z.B. kann die Größe eines anderen Angst einflößen, aber auch Schutz bieten.
- Wenn ich groß bin, werde ich Nobelpreisträger (Pin, 2005). Wenn er erwachsen ist, wird er alles richtig machen – aber muss man wirklich schon jetzt Geduld mit der nervigen Schwester haben?
- Gewitternacht. Gedanken-Bilder-Buch (Lemieux, 2007). In einer Gewitternacht können einem schon mal viele Gedanken über Gott und die Welt durch den Kopf gehen.
- Opa, ich kann Hummeln zählen (Feth, 2007). Opa ist für immer eingeschlafen – wo ist er jetzt?
- Die besten Beerdigungen der Welt (Nilsson, 2006). Die Kinder finden eine tote Hummel und beschließen die Gründung eines Beerdigungsinstituts „für die besten Beerdigungen der Welt". Ein Buch, das auch ohne „konkreten" Anlass angeboten werden kann.
- Und was kommt nach tausend? Eine Bilderbuchgeschichte vom Tod (Bley, 2005).

14

Kinder beobachten, Bildung dokumentieren

Die regelmäßige Beobachtung und Dokumentation der individuellen Entwicklung sowie der Bildungs- und Lernprozesse der Kinder gehören zur zielgerichteten Bildungsarbeit im Kindergarten und sind in vielen Bildungskonzepten als zentrale Anforderungen verankert.

> **„Systematische Beobachtungen in unterschiedlichen Alltagssituationen, im Freispiel, während Angeboten und Projekten, bei einer Aktivität allein oder als Gruppenmitglied erlauben ein wirkliches Kennenlernen eines Kindes, seiner Besonderheiten und seiner Entwicklungsgeschwindigkeit."**
> (Bensel & Haug-Schnabel, 2006, S. 7).

14.1

Wozu beobachten und dokumentieren?

Die umfassende und systematische Beobachtung **aller** Kinder und die Dokumentation ihrer Lernbiografien erscheinen anfangs vielen Kindergartenpädagoginnen und -pädagogen als nicht zu bewältigender Aufwand. Bensel und Haug-Schnabel (2006) betonen jedoch „die hohe Qualität und beeindruckende Effektivität dieser Arbeitsweise" (S. 7). Die differenzierten Informationen, die dabei gewonnen werden, erleichtern die zielgerichtete und fundierte Planung von Aktivitäten und Bildungsangeboten. Auch die Vorbereitung und Durchführung von Entwicklungsgesprächen mit den Eltern oder im Kindergartenteam kann sich wesentlich darauf stützen.

Die Bedeutung der Bildungsdokumentation steht in direktem Zusammenhang mit einem Bild vom Kind als aktiv Lernenden. Kinder konstruieren sich selbst ein Bild von der Welt und eignen sich auf vielfältige Weise Wissen an. Das Festhalten und Sichtbarmachen ihrer individuellen Bildungsprozesse und Konstruktionen bedeutet für sie eine besondere Wertschätzung ihrer Person: „Das, was ich im Kindergarten sage, lerne oder herstelle, ist es wert, aufgezeichnet zu werden." Die Beobachtung und Dokumentation an sich wird bereits als eine besondere Hinwendung verstanden. Sie übt einen positiven und stärkenden Einfluss auf das Selbstwertgefühl der Kinder aus.

Für die Fachkräfte dient die Dokumentation als Grundlage für die individuelle Planung der transaktionalen Bildungsarbeit: Durch die Beobachtung und Aufzeichnung der Bildungsprozesse wird deutlich, wo jedes einzelne Kind in seiner Entwicklung steht, welche besonderen Interessen und Begabungen die Kinder haben sowie welche weiteren pädagogischen Anregungen wichtig wären. Durch die Reflexion über die Beobachtungsinhalte kann sich die pädagogische Haltung der Fachkräfte verändern, der regelmäßige Austausch im

Team erhöht die Professionalität (Flämig, 2006).

Bensel und Haug-Schnabel (2006, S. 55) heben weiters die positiven Effekte der Bildungsdokumentation für die Bildungspartnerschaft mit den Eltern hervor:

- Die pädagogische Arbeit im Kindergarten wird durch die Darstellung konkreter Situationen und Tätigkeiten der Kinder transparenter und für die Eltern besser nachvolziehbar.
- Die Elterngespräche verlaufen konstruktiver, da die Eltern konkrete Beobachtungen und Situationen aus dem Kindergartenalltag ihrer Kinder erfahren. Insbesondere die Stärken und Kompetenzen der Kinder können hervorgehoben werden.
- Die Eltern werden dazu angeregt, ihre Kinder zu Hause gezielter zu beobachten.

Die Beobachtung der sprachlichen Entwicklung ist für die frühe Sprachförderung besonders wichtig, um gezielte Angebote für einzelne Kinder entwickeln zu können.

Für die Beurteilung der Sprachentwicklung eines Kindes ist die Frage, ob kontinuierliche Entwicklungsfortschritte gemacht werden, von besonderer Bedeutung. Deshalb ist eine wiederholte Beobachtung und Dokumentation der sprachlichen und kommunikativen Kompetenzen eines Kindes in bestimmten zeitlichen Abständen unerlässlich.

Beobachtung und Dokumentation bilden einen nie endenden Kreislauf: An den kollegialen Austausch über einzelne Beobachtungen schließt die Planung bestimmter pädagogischer Angebote, deren „Erfolg" nur durch erneute Beobachtungen sichtbar werden kann (Sander & Spanier, 2003).

Bei der Beobachtung der Sprachentwicklung eines Kindes kann nach Sander und Spanier (2003) insbesondere auf folgende Aspekte geachtet werden:

- Steht die sprachliche Verständigung im Vordergrund oder werden zur Kommunikation v.a. Gestik und Mimik eingesetzt?
- Ist das Vokabular alters- und situationsentsprechend?
- Können auch emotional gefärbte Situationen verständlich geschildert werden?
- Verfügt das Kind über kommunikative Kompetenzen in Gesprächssituationen, kann es sich an Gesprächsregeln halten?

Beobachtungen sollten sowohl in Einzel- als auch in Gruppensituationen durchgeführt werden. Im Kindergartenalltag bieten sich dazu zahlreiche Möglichkeiten: Die Fachkräfte können z.B. kurze Notizen über tägliche Gespräche mit einzelnen Kindern, etwa in der Garderobe oder bei der Auswahl eines Spieles, anfertigen. Weiters können Gesprächsprotokolle über die Kommunikation der Kinder untereinander erstellt werden, z.B. während des Freispiels im Bau- oder Familienbereich.

Die sprachlichen Kompetenzen der Kinder sollten während unterschiedlicher Bildungsangebote beobachtet, dokumentiert und reflektiert werden – dazu zählen etwa Bilderbuchbetrachtungen, gemeinsames Geschichtenerzählen etc.

Nur die systematische und kontrollierte Beobachtung aller Kinder garantiert, dass auch eher ruhigen Kindern, die sich wenig an Kommunikationsprozessen beteiligen oder viel auf Mimik und Gestik zurückgreifen, Aufmerksamkeit geschenkt wird. Die Bildungsarbeit kann sich in Folge der Beobachtungen an ihren Bedürfnissen orientieren.

Auf diese Weise können allerdings in den meisten Kindergärten nur Aussagen über die Kompetenzen von Kindern im Bereich der deutschen Sprache gewonnen werden. Häufig sind leider keine Fachkräfte verfügbar, die die Erstsprache der Kinder beherrschen. In diesen Fällen können die Eltern um eine Einschätzung der sprachlichen Kompetenzen ihres Kindes in der Erstsprache gebeten werden. Diese Bitte vermittelt den Eltern Wertschätzung gegenüber ihrem Lebenshintergrund und kann einen guten Einstieg in intensivere Elterngespräche darstellen (Sander & Spanier, 2003).

14.2

Möglichkeiten der Bildungsdokumentation

Zur gezielten Dokumentation von Lern- und Entwicklungsprozessen gibt es viele verschiedene Zugänge und Verfahren, wie etwa Portfolios, Bildungs- und Lerngeschichten sowie die Verwendung standardisierter Instrumente. Für die Dokumentation der sprachlichen und kommunikativen Kompetenzen von Kindern sind darüber hinaus Audio- und Videoaufzeichnungen besonders geeignet.

14.2.1

Bildungs- und Lerngeschichten

Wenn man im Kindergarten beginnt, die Bildungsprozesse von Kindern zu dokumentieren, bietet sich das Erstellen von Lerngeschichten an. Dieses Verfahren bezieht sich auf ausgewählte Situationen und ist deshalb als Einstieg in die Bildungsdokumentation sehr geeignet.

Grundlage für dieses Verfahren sind die von Margret Carr (2001) in Neuseeland entwickelten Learning Stories. Das sind Beschreibungen bzw. „qualitative Schnappschüsse" (Leu, 2002, S. 23) von Beobachtungssequenzen: In einem narrativen (erzählenden) Zugang werden Erzählungen über Bildungsprozesse angefertigt. Bei der Beobachtung, Dokumentation und Reflexion dieser Prozesse interessiert nicht so sehr, **was** gelernt, sondern **wie** gelernt wird (Flämig, 2006; Wolf, 2006).

In der praktischen Umsetzung werden die Kinder in verschiedenen, nicht angeleiteten Lernsituationen beobachtet. Besonders geeignet dafür sind Situationen, in denen die sprachlichen und kommunikativen Kompetenzen der Kinder im Vordergrund stehen, wie etwa das Rollenspiel.

Für die Auswertung werden die Beobachtungen anhand von **fünf Lerndispositionen** analysiert. Diese Lerndispositionen sind grundlegende Voraussetzungen für Lern- und Bildungsprozesse. Margaret Carr versteht darunter komplexe Orientierungs- und Handlungsmuster zur Auseinandersetzung mit der Umwelt. Gut entwickelte Lerndispositionen sind wichtig, um sich in der modernen Gesellschaft zurechtzufinden, sich selbstständig neues Wissen anzueignen, Veränderungen einzuleiten und auszuhalten sowie im Team zu arbeiten (Flämig, 2006).

1. Interessiert sein heißt, sich Dingen und Personen aufmerksam zuzuwenden, sich mit ihnen auseinanderzusetzen und dadurch Kenntnisse bzw. Fähigkeiten zu erwerben.

2. Engagiert sein, sich vertieft mit etwas beschäftigen meint die Bereitschaft und Fähigkeit, sich auf etwas einzulassen, sich für eine bestimmte Zeit einem besonderen Thema zu widmen, sich damit zu identifizieren und sich damit auskennen zu wollen.

3. Standhalten bei Herausforderungen ist die Fähigkeit, eine Tätigkeit trotz Schwierigkeiten und Unsicherheiten weiterzuführen. Es geht um die Entwicklung von Problemlösungen und die Erfahrung, dass Fehler manchmal zu Lösungen beitragen.

4. Sich ausdrücken und mitteilen bezieht sich auf die Kommunikation: sich mit anderen auszutauschen, Ideen und Gefühle auszudrücken und sich selbst als jemand wahrzunehmen, die/der etwas zu sagen hat und gehört wird. Diese Lerndisposition umfasst u.a. Beobachtungen, wie: Das Kind versucht, sich auf verschiedene Arten mitzuteilen und verbalisiert eigene Gefühle und Ideen. Es zeigt Bereitschaft zu Interaktionen, hört anderen zu und interessiert sich für deren Aktivitäten etc.

5. An der Lerngemeinschaft mitwirken und Verantwortung übernehmen bezieht sich auf die Bereitschaft, Situationen aus einer anderen Perspektive zu sehen und eine Vorstellung von Gerechtigkeit und Unrecht zu entwickeln. Das bedeutet ebenfalls, seine Kompetenzen einzubringen, Entscheidungen zu treffen oder um Rat gefragt zu werden (Leu, 2002).

Die Arbeit mit Bildungs- und Lerngeschichten vollzieht sich in mehreren **Arbeitsschritten**:

Zunächst werden die Kinder im Kindergartenalltag wiederholt beobachtet. Dabei werden ihre Handlungen, ihre Lerndispositionen und der jeweilige Kontext mit Hilfe eines offenen Beobachtungsbogens schriftlich festhalten.

Die aufgezeichneten Beobachtungen werden im Team verglichen und diskutiert. Die Fachkräfte versuchen, Zusammenhänge zur bisherigen Entwicklung des Kindes herzustellen. Dazu werden verschiedene Sichtweisen zusammengetragen – auch jene von Eltern und Kindern können einfließen. Ziel ist es, übereinstimmende Deutungen zu finden.

Im Team werden angemessene Reaktionen auf die jeweiligen Entwicklungen der Kinder überlegt, z.B. wie man Lerndispositionen festigen und erweitern kann, um Lernfortschritte höherer Komplexität, Häufigkeit und Intensität zu fördern.

Um die Kinder wirkungsvoll bei ihren Bildungsprozessen zu begleiten und diese transparent zu machen, werden die Beobachtungen und Diskussionen dokumentiert. Neben der schriftlichen Dokumentation können die Bildungsprozesse mit Fotos oder per Video festgehalten werden. Die Lerngeschichte kann in der dritten Person oder in der Du-Form als Geschichte für das Kind geschrieben werden. Ziel ist es, die Lerngeschichte immer wieder gemeinsam mit dem Kind zu betrachten sowie zu reflektieren (Flämig, 2006). Lerngeschichten können auch Bestandteile eines Portfolios sein.

14.2.2
Portfolio

Die Arbeit an einem Portfolio begleitet ein Kind während seiner ganzen Kindergartenzeit und erleichtert den Übergang in die Schule wesentlich. Darüber hinaus dient das Portfolio als Erinnerung an die Zeit im Kindergarten.

Unter Portfolios im Kindergarten versteht man „die systematische Dokumentation sozialer, emotionaler und kognitiver Fähigkeiten und Fertigkeiten eines Kindes unter Einbeziehung seines sozialen Umfeldes" (Groot-Wilken, 2007, S. 18). Dadurch wird die Bildungsbiografie des Kindes sichtbar.

Kennzeichnend für Portfolios, die meist in Form von Mappen gestaltet sind, ist die Vielfalt der Dokumentation: Neben Fotos und Zeichnungen der Kinder können Arbeitsproben, Aufzeichnungen der Fachkräfte im Kindergarten, Video- oder Audiosequenzen oder Checklisten zu verschiedenen Entwicklungsbereichen einbezogen werden. Das Portfolio kann auch als Bildungsbuch bezeichnet werden (vgl. Gewerkschaft Erziehung und Wissenschaft, 2006).

In der Stadt Salzburg erhält jedes Kind beim Eintritt in den Kindergarten ein vorgedrucktes Heftchen in Form eines Portfolios, das während der gesamten Kindergartenzeit von den Kindern und den Fachkräften gefüllt wird. Themen sind beispielsweise: Mein Lieblingsbuch, mein Lieblingslied, was meine Augen, Ohren, Füße etc. alles können, mein Selbstporträt u.v.m. (Stadt Salzburg, 2005).

Das Team eines Kindergartens kann auf unterschiedlichste Weise mit Portfolios umgehen: Wenn z.B. der Schwerpunkt auf Beobachtungsprotokollen liegt, ist das Portfolio eigentlich ein Arbeitsinstrument der Fachkräfte. Es wird daher vor allem für die Reflexion im Team und für die Planung der Bildungsarbeit benützt und ist nicht jederzeit für die Eltern zugänglich, da klärende Erläuterungen der Fachkräfte zum Verständnis notwendig sein können.

In anderen Einrichtungen kann hingegen die Mitarbeit der Eltern am Portfolio ein wichtiger Aspekt sein: So liegen den Mappen in den englischen „Early Excellence Centers" viele Beobachtungsdokumente der Eltern, wie etwa Fotos oder Tagebuchaufzeichnungen, bei (Hebenstreit-Müller & Kühnel, 2004).

Häufig wird ein Portfolio von den pädagogischen Fachkräften im Kindergarten **für** die Kinder erarbeitet. Huhn und Schneider (2006) stellen hingegen zwei andere Perspektiven in den Vordergrund:

- das Kind als Autorin/Autor der Dokumentation bzw.
- die vom Kind autorisierte Gestaltung.

Wird ein Portfolio in Eigenverantwortung von den Kindern selbst erstellt, so obliegt ihnen die Art der Gestaltung sowie die Auswahl der Dokumente, die sie einbeziehen möchten. Die Erwachsenen können die Kinder bei der Verwirklichung ihrer Pläne unterstützen, etwa durch technische Hilfen oder indem sie etwas für die Kinder aufschreiben.

Bei der von den Kindern autorisierten Gestaltung tragen zwar die Fachkräfte die Verantwortung für das Zustandekommen der Dokumentation. Die Kinder entscheiden aber selbstständig darüber, was in das Portfolio aufgenommen wird (Huhn & Schneider, 2006).

14.2.3

Dokumentation durch die Kinder selbst als Literacyerfahrung

Bei der Erstellung eines Portfolios oder einer Lerngeschichte durch die Kinder selbst bzw. gemeinsam mit den Kindern ist der Aspekt der Literacyförderung besonders wichtig.

Etwas zu dokumentieren und damit für andere festzuhalten ist ein ursprüngliches Bedürfnis des Menschen und nicht prinzipiell an die Beherrschung von Schrift gebunden. Kinder dokumentieren durch ihre Werke, durch Zeichnungen oder Kritzeleien, durch das Sammeln und Aufbewahren von Dingen, die ihnen wichtig sind. Auch die Bitte an Erwachsene, Bedeutsames durch Fotos festzuhalten, zeigt das Bestreben der Kinder nach Dokumentation.

Kinder können Erwachsene zudem ersuchen, etwas für sie aufzuschreiben, das ihnen wichtig erscheint. Sie machen die Erfahrung, dass durch Schrift Inhalte, Gedanken oder Geschichten festgehalten werden können, die durch Zeichnungen oder Fotos vielleicht nicht adäquat vermittelt werden können. Damit haben sie die grundlegende Bedeutung von Schriftsprache erfasst: Schrift als Mittel zur Kommunikation.

Zudem sind an die Herstellung eines Portfolios in Form eines Buches oder einer Mappe wertvolle Erfahrungen gebunden: Die Kinder lernen verschiedene Arten und Qualitäten von Papier kennen, sie hantieren mit unterschiedlichen Stiften und Werkzeugen, wie Locher, Kleber oder Hefter. Sie können z.B. ihre bevorzugten Schriftarten am Computer auswählen, wenn die Pädagogin oder der Pädagoge nach ihren Anleitungen einen Text verfasst.

Sollte das Portfolio als gebundenes Buch gestaltet werden, so besteht für die Kinder darüber hinaus die Möglichkeit, die Herstellung eines Buches in allen Schritten zu verfolgen sowie daran mitzuarbeiten.

14.3 Instrumente zur Beobachtung und Dokumentation

Einzelne Entwicklungsbereiche – so auch die sprachliche Entwicklung – können gezielt mit Hilfe standardisierter Beobachtungsbögen und -instrumente beobachtet und dokumentiert werden. Die standardisierte Beobachtung durch die Erwachsenen im Kindergarten mit Hilfe eines festen Beobachtungsrasters bietet nach Ulich und Mayr (2004, S. 13) folgende Vorteile:

- klarer Fokus der Beobachtung und Überblick über verschiedene Aspekte des Sprachverhaltens,
- Möglichkeit der systematischen Auswertung, die Vergleiche der Kinder untereinander zulässt,
- Stärkung der Position der Pädagoginnen und Pädagogen gegenüber den Eltern oder der Schule.

Beobachtungsbögen können sowohl von einzelnen Fachkräften als auch vom gesamten Team, das in einer Gruppe tätig ist, bearbeitet werden. Im Fall einer gemeinsamen Beurteilung unterstützt der durchformulierte Beobachtungsraster eine gemeinsame Sprache im Team, sodass kaum Missverständnisse über den Inhalt und den Fokus der Beobachtung entstehen können.

Viele Beobachtungsinstrumente sind umfassend konzipiert und beziehen alle Entwicklungsbereiche von Kindern mit ein, z.B. die folgenden Bögen für Kinder bis zum 6. Lebensjahr, die jeweils einen Teil enthalten, der die Sprachentwicklung betrifft:

- Beobachtung leicht gemacht (Lueger, 2005).
- Kuno Bellers Entwicklungstabelle (Beller & Beller, 2006).
- Validierte Grenzsteine der Entwicklung (Michaelis, 2003).

Liegt der Fokus auf der sprachlichen Entwicklung, dienen die Ergebnisse der Beobachtungen nicht nur dazu, den sprachlichen Entwicklungsstand und das Sprachverhalten der einzelnen Kinder zu beurteilen. Darüber hinaus kann man erkennen, in welchem Ausmaß einzelne sprachbezogene Angebote der Pädagoginnen und Pädagogen von den Kindern angenommen werden bzw. wo Veränderungen oder Ergänzungen des Angebots notwendig wären. Auf diese Weise kann die pädagogische Arbeit im Sinne des transaktionalen Austausches zwischen Kind und Umwelt immer wieder reflektiert und neu geplant werden.

Fried (2005) betont, dass derzeit eine Fülle an Verfahren zur Spracherfassung auf dem Markt erhältlich ist, die sich unterschiedlich gut für die pädagogische Praxis eignen. Daher sollte insbesondere auf die Qualität der Instrumente geachtet werden, etwa mit Hilfe folgender Fragen:

- Finden sich Angaben über die spezifischen Aspekte der Sprachentwicklung, die mit dem Verfahren erfasst werden sollen? Warum wurden gerade diese Aspekte ausgewählt?

- Liegen Daten zu wissenschaftlichen Gütekriterien vor, etwa zur Objektivität, Zuverlässigkeit und Gültigkeit?
- Finden sich Angaben, auf welcher Sprachtheorie das Verfahren basiert?

Als Beispiele für Beobachtungsbögen, die ausschließlich auf die sprachlichen Kompetenzen von Kinder bezogen sind, werden im Folgenden die Bögen Sismik und Seldak von Ulich und Mayr (2003a, 2006a) vorgestellt.

Außerdem gibt es eine Reihe informeller Verfahren zur Sprachstandsfeststellung, wie Bilderbücher oder Spiele:

📖 ↪ Mik, mak, mei, Dino komm herbei. Sprachstandsdiagnose als selbstverständlicher Teil der Bildungsarbeit (Engelhard, 2007).

📖 ↪ Handreichung zur Sprachförderung in der Grundschulförderklasse unter besonderer Berücksichtigung des Migrationshintergrunds (Ministerium für Kultus, Jugend und Sport Baden-Württemberg, 2003).

14.3.1

Sismik – Sprachverhalten und Interesse an Sprache bei Migrantenkindern im Kindergarten

Sismik, ein standardisierter und empirisch erprobter Beobachtungsbogen zum Sprachverhalten von Kindern, deren Erstsprache nicht Deutsch ist, wurde von Ulich und Mayr (2003a) entwickelt. Der Bogen ist für Kinder zwischen 3½ Jahren und der Einschulung konzipiert. Im Begleitheft (Ulich & Mayr, 2003b) werden u.a. das Konzept des Bogens sowie die Möglichkeiten der Durchführung und Auswertung erläutert.

Sismik zeichnet sich dadurch aus, dass der Umgang des Kindes mit seiner Familiensprache berücksichtigt wird. Die sprachlichen Kompetenzen des Kindes in seiner Erstsprache können zwar von den deutschsprechenden Erwachsenen im Kindergarten nicht differenziert beurteilt werden, sehr wohl ist aber eine Einschätzung ihrer Haltungen und ihres Interesses gegenüber der Familiensprache möglich.

So wird etwa beobachtet, wie ein Kind auf sprachliche Angebote in seiner Familiensprache reagiert, in welchen Situationen die Erstsprache benutzt wird oder ob sich ein Kind z.B. als „Mittler" zwischen verschiedenen Sprachen betätigt.

Weiters wird die Beurteilung des Sprachstandes des Kindes in der Familiensprache durch die Eltern und andere Erwachsene, die dieser Sprache mächtig sind, berücksichtigt.

Neben der Familiensprache des Kindes beschäftigt sich Sismik mit dem Sprachverhalten der Kinder in verschiedenen Situationen, z.B. am Frühstückstisch, beim Rollenspiel, beim Umgang mit Bilderbüchern etc. Ebenso werden die sprachlichen Kompetenzen in Deutsch, wie etwa Sprachverständnis, Wortschatz, Satzbau etc. erfasst.

Sismik bietet sowohl die Möglichkeit einer qualitativen Analyse der Beobachtungen sowie einer quantitativen Auswertung, sodass die Kompetenzen verschiedener Kinder objektiv miteinander verglichen werden können.

14.3.2

Seldak – Sprachentwicklung und Literacy bei deutschsprachig aufwachsenden Kindern

Der Beobachtungsbogen Seldak (Ulich & Mayr, 2006a) ähnelt in Konzeption und Aufbau dem Bogen Sismik für Kinder mit einer anderen Erstsprache als Deutsch. Seldak wurde ebenfalls nach wissenschaftlichen Kriterien entwickelt und empirisch erprobt. Der strukturierte Beobachtungsbogen kann für Kinder mit der Erstsprache Deutsch vom 4. Lebensjahr bis zum Schuleintritt eingesetzt werden.

Wesentlich ist, dass Seldak ein Instrument zur Dokumentation der „normalen" Sprachentwicklung darstellt, also nicht der Erfassung von Störungen der Sprachentwicklung dient. Selbstverständlich kann die Anwendung von Seldak jedoch für ungünstige Entwicklungen sensibilisieren und eine differenzierte Beobachtung und Diagnostik nach sich ziehen (Ulich & Mayr, 2006b).

Der Konzeption von Seldak liegen konkrete sprachliche Entwicklungs- und Erziehungsziele zu Grunde. Weiters wurden Aspekte von Literacy berücksichtigt: Dazu zählt die Beobachtung entsprechender Situationen im Zusammenhang mit Bilderbüchern, Erzählen, Schriftkultur etc.

Neben der Einschätzung sprachlicher Kompetenzen im engeren Sinn, wie etwa Satzbau und Grammatik oder der Fähigkeit, zusammenhängend zu erzählen, stehen das Interesse und das Engagement der Kinder, sich an sprachlichen Angeboten zu beteiligen, im Zentrum der Aufmerksamkeit.

14.4

Praxisbericht „Sprachdokumentation im Rahmen der interkulturellen Bildung"

Bericht aus dem Gemeindekindergarten Jenbach, Tirol, von Andrea Palaver und dem gesamten Team:

In unserem Kindergarten hat beinahe ein Drittel der Kinder eine andere Erstsprache als Deutsch. Deshalb legen wir viel Wert auf die ganzheitliche sprachliche Förderung aller Kinder. Unserem Team gehören auch eine Assistentin zur muttersprachlichen Begleitung und Förderung sowie eine Pädagogin für die Sprachförderung von Kindern mit einer anderen Erstsprache als Deutsch und von deutschsprechenden Kindern mit Sprachdefiziten an.

Zweimal wöchentlich arbeiten wir mit jeweils 10 Kindern in „Sprachgruppen", wo eine spezielle Sprachförderung stattfindet.

*Zur gezielten Beobachtung der Kinder und zur Dokumentation ihrer sprachlichen Entwicklung wurden vom Team des Kindergartens zwei **Dokumentationsbögen** entwickelt: Ein Bogen bezieht sich auf Kinder mit einer anderen Erstsprache als Deutsch, ein zweiter Bogen kommt bei Kindern mit der Erstsprache Deutsch zum Einsatz.*

Folgende Inhalte werden u.a. erfasst:

- *Wer sind bevorzugte Spiel- und Gesprächspartnerinnen und -partner des Kindes, welche Sprache sprechen diese?*
- *Beteiligt sich das Kind an der Begrüßung, an Spielen, an sprachlichen Angeboten, bei Liedern etc.?*
- *Spricht es deutlich und strukturiert?*
- *Kann es frei von Erlebnissen erzählen?*
- *Kann es grammatikalische Grundstrukturen altersgerecht benutzen?*
- *Beantwortet es Fragen sinngemäß und stellt es selbst sinnbezogene Fragen?*
- *Versteht es Anweisungen an die Gruppe bzw. an seine Person?*
- *Begleitet es sein Tun sprachlich?*

Für Kinder mit einer anderen Erstsprache als Deutsch werden diese Fragen sowohl für seine Erstsprache als auch für Deutsch beantwortet. Zusätzlich beobachten wir:

- *Mischt das Kind beide Sprachen im Verlauf eines Satzes?*
- *Reagiert es adäquat gegenüber verschiedenen Personen, die verschiedene Sprachen sprechen?*

Die Bögen werden v.a. von der Kindergartenpädagogin, die mit den Sprachgruppen arbeitet, eingesetzt. Bei Bedarf dokumentiert auch die gruppenleitende Pädagogin. Die Dokumentationen dienen dem Kindergartenteam als Unterlagen für Fallbesprechungen und Expertengespräche sowie für Gespräche mit Lehrerinnen und Lehrern vor dem Schuleintritt. Am Ende der Kindergartenzeit werden sie den Eltern mitgegeben.

15

Qualitätskriterien für die Förderung von Sprache, Kommunikation und Literacy

Die Feststellung, Entwicklung und Sicherung pädagogischer Qualität in Kindertagesstätten ist seit den Neunziger Jahren des 20. Jahrhunderts zu einem internationalen Forschungsschwerpunkt geworden. In der wissenschaftlichen und fachlichen Diskussion wird betont, dass es nicht nur darauf ankommt, die institutionelle Betreuung junger Kinder zu sichern, sondern vor allem darum geht, die pädagogische Qualität elementarer Bildungseinrichtungen ins Zentrum des Interesses zu stellen.

15.1

Bereiche pädagogischer Qualität

Bei der Feststellung und Entwicklung pädagogischer Qualität rücken die Bedürfnisse der Kinder in den Mittelpunkt und dienen als Maßstab für die Qualität eines Kindergartens. Gute Qualität bedeutet, dass Kinder optimale Bedingungen für ihre individuelle emotionale, soziale und intellektuelle Entwicklung vorfinden und ihnen vielfältige Bildungschancen offen stehen. Pädagogische Qualität im Kindergarten umfasst nach Tietze et al. (1998) die folgenden Bereiche:

- Strukturqualität,
- Orientierungsqualität,
- Prozessqualität.

Strukturqualität bezieht sich auf situationsunabhängige, zeitlich stabile Rahmenbedingungen des Kindergartens bzw. der Gruppe. Diese werden in der Regel politisch oder durch den Träger des Kindergartens reguliert. Dazu zählen unter anderem die Gruppengröße, der Personal-Kind-Schlüssel sowie der Raum und die Materialausstattung, die Kindern im Kindergarten zur Verfügung stehen. Auch die Arbeitsbedingungen für die Mitarbeiterinnen und Mitarbeiter des Kindergartens stellen ein Strukturmerkmal dar.

Orientierungsqualität umfasst die professionellen Leitbilder, Werte und pädagogischen Vorstellungen der Erwachsenen im Kindergarten. Es geht z.B. um die Auffassungen von Bildung und Entwicklung von Kindern sowie um pädagogische Ziele und Normen.

Mit ***Prozessqualität*** wird die Gesamtheit der Interaktionen und Erfahrungen, die Kinder in der Kindergartengruppe mit ihrer sozialen und räumlich-materialen Umwelt machen, beschrieben. Dazu zählen u.a. die Interaktionen zwischen Kindern und Erwachsenen, die vielfältigen Angebote einer transaktionalen Bildungsarbeit, eine entwicklungsangemessene Gestaltung des Alltags sowie die Bildungspartnerschaft mit den Eltern. Die Prozessqualität wird von den Merkmalen der Struktur- und Orientierungsqualität beeinflusst.

15.2

Pädagogische Qualität sprachlicher Bildungsprozesse

Die pädagogische Arbeit in den Bildungsbereichen Sprache, Kommunikation und Literacy, die in diesem Buch ausführlich dargestellt werden, ist an die Erfüllung zahlreicher Qualitätsstandards gebunden.

Um eine intensive Auseinandersetzung mit pädagogischer Qualität zu ermöglichen, werden wichtige Qualitätskriterien an dieser Stelle zusammengefasst.

15.2.1

Merkmale der Strukturqualität

Merkmale der Strukturqualität prägen die pädagogischen Prozesse in jedem Kindergarten. Dies gilt in besonderem Maße für die Gruppengröße und den Personal-Kind-Schlüssel. Sie haben eine besondere Bedeutung für Bildungsprozesse zur Sprachförderung.

Gruppengröße und Personal-Kind-Schlüssel

Diese beiden Kriterien gelten als zentrale Rahmenbedingungen im Kindergarten in Bezug auf ein hohes Maß an Selbstständigkeit der Kinder, entwicklungsangemessenes Eingehen auf ihre Bedürfnisse und individuelle Interaktionen. Ebenso können die emotionalen Aspekte des Lernens in kleineren Gruppen weit besser berücksichtigt werden: Erfolgreiches Lernen bedarf einer Atmosphäre der Geborgenheit, der Sicherheit und der Freude.

Studien zeigen, dass in kleineren Gruppen mit einer besseren Personalstruktur mehr Interaktionen zwischen Kindern und Erwachsenen auftreten, die durch ein hohes Kommunikationsniveau charakterisiert sind. In der Folge sind diese Kinder sprachlich aktiver sowie weiter entwickelt, weniger aggressiv und zeigen bessere Lernergebnisse (Clawson, 1997; Burchinal, Roberts, Nabors & Bryant, 1996). Howes (1997) konnte bei Kindern bessere Ergebnisse beim frühen Lesen nachweisen, wenn sie Gruppen mit günstigen Betreuungsverhältnissen besuchten.

Sprach- und Literacyförderung bei Kindern verlangt ein hohes Maß an individueller Kommunikation zwischen Erwachsenen und Kindern im Kindergarten. Gespräche mit einzelnen Kindern sind ebenso notwendig wie die häufige Arbeit in Kleingruppen. Eine qualitätsvolle Bilderbuchvermittlung bedarf zumeist einer sehr kleinen Kindergruppe, um eine Atmosphäre der Geborgenheit entstehen zu lassen und transaktionale Austauschprozesse zu fördern. Dieselben Anforderungen treffen auf **philosophische Gespräche** mit Kindern zu.

Auch **interkulturelle Bildungsprozesse** bzw. die Unterstützung von Kindern mit einer anderen Erstsprache als Deutsch können nur in kleineren Gruppen zufriedenstellend gelingen. Den Fachkräften ist es nur bei günstigem Personalschlüssel möglich, auf die oft sehr unterschiedlichen Bedürfnisse der Kinder einzugehen.

Die Auseinandersetzung der Kinder mit modernen audiovisuellen bzw. **elektronischen Medien**, wie z.B. mit dem Computer, muss von den Erwachsenen eng begleitet werden. Auch dafür ist eine kleinere Gruppengröße vorteilhaft.

Für die **Partizipation** von Kindern im Kindergartenalltag, wie z.B. beim Formulieren von Regeln oder für die gemeinsame Auswahl von Bildungsangeboten, sind kleine Gruppen mit ausreichend pädagogischem Personal eine wichtige Voraussetzung. In größeren Gruppen werden durch das stärker lenkende Eingreifen der Pädagogin bzw. des Pädagogen Partizipationsprozesse der Kinder eher behindert.

Was versteht man unter einer adäquaten Gruppengröße bzw. einer günstigen Personalstruktur? Die Empfehlungen internationaler Expertinnen und Experten orientieren sich am Alter der Kinder:

Für unter zweijährige Kinder werden Gruppengrößen von 6 bis maximal 12 Kindern empfohlen. Bei Zwei- bis Dreijährigen sollte die Gruppengröße 14 Kinder nicht übersteigen. Bis zum dritten Lebensjahr ist ein Personal-Kind-Schlüssel von 1:4 bis maximal 1:6 am günstigsten.

Für Kinder zwischen 3 und 6 Jahren gelten höchstens 14 bis 20 Kinder pro Gruppe als guter Standard, optimal wäre eine Gruppengröße von ca. 15 Kindern. Dabei sollten 5 bis maximal 10 Kinder auf einen Erwachsenen kommen, optimal wären ca.

7 Kinder pro Pädagogin bzw. Pädagoge. Besonders zu beachten sind Randzeiten am Morgen oder am späteren Nachmittag, in denen eine individuelle Betreuung der Kinder sehr wichtig ist (Hartmann & Stoll, 2004; NAEYC, 2000).

Für die **Beobachtung und Dokumentation von Bildungsprozessen** ist ein günstiger Personal-Kind-Schlüssel von grundlegender Bedeutung. Nach Dupuis (2006) sollte z.B. jede Fachkraft zu festgelegten Beobachtungszeiten von allen anderen Tätigkeiten freigestellt sein. In dieser Zeit muss die Vertretung durch eine Kollegin bzw. einen Kollegen gesichert sein.

Räume im Kindergarten

Die Raumgestaltung im Kindergarten soll vielfältige Spiel- und Bildungsprozesse ermöglichen. Genügend Platz, Überschaubarkeit sowie die selbstständige Nutzung durch die Kinder sind wichtige Kriterien.

Für Bildungsprozesse zur **Sprachförderung** sind spezielle Qualitätskriterien zu beachten:

Die Gruppenräume, die Garderobe bzw. der Eingangsbereich sollten unterschiedliche Möglichkeiten zum Verweilen, zum Zusammensitzen und für **Gespräche** bieten. Dazu dienen z.B. gemütliche Sitzecken, Hängesessel, Sitzkissen oder geschützte Ecken. Solche Orte können ebenfalls im Außenbereich eingerichtet werden, wie etwa Sitzgruppen, Lauben oder bewegliche Sitzelemente unter einem Sonnenschirm etc. (Tietze & Viernickel, 2007). Selbstverständlich können und sollen solche Bereiche auch den Eltern zur Verfügung stehen, etwa im Eingangsbereich oder auf einer Terrasse, um die Kommunikation der Eltern untereinander zu ermöglichen. Wichtig dabei sind erwachsenengerechte Sitzgelegenheiten.

Zur **Literacyförderung** ist die Einrichtung eines eigenen Bereichs zum Schreiben zu empfehlen (vgl. Kapitel 8). Die **Arbeit mit dem PC** erfordert ebenfalls einen ruhigen, adäquat ausgestatteten Platz. Ein günstig platzierter und gemütlicher **Lesebereich** ist ein besonders wichtiges Qualitätsmerkmal für die Förderung der sprachlichen Entwicklung. Im Idealfall steht im Kindergarten eine eigene **Bibliothek** zur Verfügung, die von allen Gruppen sowie den Eltern genutzt werden kann.

Materialausstattung

Die Lernumwelt im Kindergarten soll interessant, vielfältig, anregungsreich und für sprachliche Bildungsprozesse herausfordernd sein. Eine reichhaltige Ausstattung mit Spiel-, Lern- und Arbeitsmaterialien bietet die Voraussetzung für das selbsttätige und autonome Agieren der Kinder. Dies setzt Materialien für alle Alters- und Entwicklungsstufen sowie unterschiedliche Begabungen in gutem Zustand voraus, die übersichtlich angeordnet sowie für die Kinder gut erreichbar sind. Darüber hinaus kann es Spielmittel geben, die nur für bestimmte Aktivitäten oder auf Wunsch der Kinder verfügbar sind.

Wochenplan in Wort und Bild

Auf den Boden gelegte Buchstaben laden zur vielfältigen Nutzung ein

Mit den Eltern erstelltes Wörterbuch

Für Auswahl und Einsatz von Materialien zur Förderung sprachlicher Bildungsprozesse gibt es zahlreiche Kriterien:

- Um die **Partizipation** der Kinder im Kindergarten zu ermöglichen, können sie bei der Auswahl der Materialien mit einbezogen werden, etwa bei der Anschaffung von Bilderbüchern oder besonderer Stifte zum Schreiben. Gemeinsam wird besprochen, welche Materialien den aktuellen Interessen der Kinder entsprechen oder für laufende bzw. geplante Aktivitäten am dringendsten notwendig sind.

- Zur **Ordnung und Kennzeichnung** der Spielmittel in den Regalen oder Aufbewahrungsbehältern dienen Symbole, Fotos oder Abbildungen aus Katalogen. Schriftliche Bezeichnungen unterstützen zusätzlich das Vertrautwerden mit der Schriftsprache.

- Zur Ermöglichung früher Erfahrungen mit Schriftkultur sollte Schriftsprache im gesamten Gruppenraum sowie in anderen Räumlichkeiten, etwa Garderobe oder Waschraum, präsent sein. Dazu werden z.B. die Eigentumsladen oder die Garderobenhaken mit den Namen der Kinder bezeichnet. Weitere Beispiele sind ein Geburtstagskalender in Schrift und Bild, Beschriftung von Einrichtungsgegenständen, schriftliche Willkommensgrüße oder Projektinformationen etc.

- Eine reichhaltige Materialausstattung für den Bereich **Literacy** besteht unter anderem aus den üblichen Büromaterialien, wie sie von Erwachsenen genutzt werden. Differenzierte Anregungen zur Ausstattung des Schreibplatzes sowie des gesamten Gruppenraumes mit entsprechenden Materialien finden sich in Kapitel 8.

Literacyerfahrungen mit Bewegung verbinden

- Darüber hinaus können mehrere Aktivitätsbereiche mit **Lese- und Schreibutensilien** angereichert werden: Im Familienspielbereich bieten sich etwa Kataloge und Zeitschriften an, ebenso im Rückzugsbereich oder auf einem Tischchen in der Garderobe. Im Baubereich können z.B. beschriftete Konstruktionsanleitungen vorhanden sein. Das Rollenspiel bietet vielfältige Möglichkeiten, Lese- und Schreibmaterialien einzubauen: im Wartezimmer, im Frisiersalon, am Postamt etc.

Jeden Tag kommt ein Stern dazu

- Für die Auseinandersetzung mit **Buchstaben** dienen z.B. Magnetbuchstaben, Buchstaben-Memorys, Buchstaben-Stempel, Anlautkarten, Alphabetbücher und vieles mehr. Darüber hinaus eignen sich Materialien in anderen Schriften, z.B. Kyrillisch oder Chinesisch, für die Bildungsarbeit.

- Zu Literacy zählt ebenfalls der Umgang mit **Ziffern und Zahlen**. Entsprechende Materialien sollten in mehreren Aktivitätsbereichen zu finden sein, wie z.B. Uhren, Maßbänder und Waagen, Kalender, Spiele, Bücher etc.

- Die Ausstattung der Kindergartengruppe mit **Bilderbüchern** stellt ein besonderes Qualitätsmerkmal dar. In der Kindergarten-Skala KES-R von Tietze

Hortkinder lesen im Kindergarten vor

et al. (2007) wird eine breite Auswahl an Büchern verlangt, die sich in einem eigenen Lesebereich befinden. Die Bücher sollten eine Vielfalt an Themen, wie Fantasie- und Sachgeschichten, Märchen, Bücher über Menschen und Tiere, Lexika und Sachbücher sowie Lyrik umfassen. Erstlesebücher für Kinder mit Lesekenntnissen vervollständigen die Sammlung. Eine abwechslungsreiche Ausstattung bietet Anregungen für Kinder verschiedenen Alters sowie mit unterschiedlichen Begabungen und Interessen. Ebenso zählen Bücher in der Erstsprache von Kindern mit einer anderen Erstsprache als Deutsch zu einer qualitätsvollen Ausstattung. Außerdem sollte bei der Auswahl der Bilderbücher auf Kriterien des geschlechtssensiblen Umgangs geachtet werden. Eine umfangreiche Checkliste dazu findet sich bei Schneider (2005; vgl. Kapitel 11).

- Als Zeichen sehr guter Strukturqualität wird die Einrichtung einer eigenen **Bibliothek** im Kindergarten betrachtet. Diese kann nicht nur den Gruppen zur Verfügung stehen, sondern auch von den Familien der Kinder, eventuell sogar von der Gemeinde, in der sich der Kindergarten befindet, genutzt werden. Damit wird die Vernetzung des Kindergartens mit seiner Umwelt hervorgehoben (vgl. Praxisbericht in Kapitel 8.3.1). Bei der Einrichtung der Bibliothek gelten dieselben Kriterien wie für die Auswahl der Bücher für die Gruppe. Die Bibliothek sollte zusätzlich Tonträger oder Filme enthalten, die für die Medienerziehung genutzt werden.

- Für die Bilderbuchvermittlung bieten sich **Bilderbuchkinos** an, die hin und wieder entlehnt werden können (vgl. Kapitel 10.4 bzw. Anhang).

- Neben den Büchern sollten auch andere Materialien verfügbar sein, die die Kinder beim Spracherwerb unterstützen und zur Kommunikation anregen: Dazu zählen Poster und Bilder, Bildgeschichten, Bildspielkarten und Kassetten oder CDs mit Geschichten und Liedern, Handpuppen, Puppenhäuser, Utensilien für das Rollenspiel und vieles mehr. Wichtig ist, dass die Materialien zumindest zum Teil mit aktuellen Themen in der Gruppe in Zusammenhang stehen und regelmäßig ausgetauscht werden (Tietze et al., 2007). Computerspiele eignen sich ebenfalls für die Sprachförderung (vgl. Kapitel 10.5).

- Für den differenzierten Spracherwerb sind Materialien zur **Hörschulung** unerlässlich. Dazu zählen einfache Instrumente sowie Klangmaterialien, die zum Hören, Horchen und Unterscheiden von Tönen und Klängen anregen.

- Zur Förderung **philosophischer Gespräche mit Kindern** ist neben geeigneten Bilderbüchern eine vielfältige Ausstattung mit phänomenalen Materialien hilfreich. Dazu zählen Lupen, Ferngläser, Spiegel, Kaleidoskope etc., die in einem eigenen Bereich angeboten werden können.

- ***Interkulturelle Bildungsarbeit*** geht weit über den Einsatz von Bilderbüchern in verschiedenen Sprachen hinaus und verlangt Materialvielfalt in vielerlei Hinsicht: Dazu zählen etwa Kassetten und CDs in mehreren Sprachen, Bilder, Fotos und Poster, Rollenspielmaterialien, wie Verkleidungsgegenstände, Puppen und Hausrat aus verschiedenen Kulturen, Musikinstrumente, Zubehör zum Bauen, wie Tiere oder Pflanzen aus anderen Ländern und vieles mehr.
- Zum Bildungsangebot **Englisch im Kindergarten** finden sich viele Materialempfehlungen in Kapitel 7.5.
- Für die Auseinandersetzung mit **audiovisuellen Medien** ist die Einrichtung eines eigenen Bereiches empfehlenswert. Dort können z.B. Rekorder mit Kassetten und CDs, ein Fotoapparat, eine Videokamera, ein Aufnahmegerät oder ein Computer zu finden sein. Wichtig ist die Einführung von Regeln hinsichtlich der Nutzung dieser Medien. Auch sollten die Kinder in den Umgang mit technischen Geräten ausführlich eingeführt werden, bevor sie selbstständig damit agieren (vgl. Kapitel 10.5).

Arbeitsbedingungen für das Kindergartenpersonal

Qualität aus der Perspektive des pädagogischen Personals im Kindergarten beinhaltet den Wunsch nach befriedigenden Rahmenbedingungen für die eigene Arbeit. Motivation, Engagement und nicht zuletzt die Leistungsfähigkeit der Pädagoginnen und Pädagogen werden durch zufriedenstellende Arbeitsbedingungen positiv beeinflusst.

Von großer Bedeutung ist, dass die Leitung des Kindergartens bzw. der Träger Prozesse der Qualitätsentwicklung unterstützt und forciert. Dadurch wird das Streben nach höherer pädagogischer Qualität als gemeinsames Anliegen des gesamten Teams sichtbar.

Zu den Arbeitsbedingungen für die Mitarbeiterinnen und Mitarbeiter des Kindergartens zählen neben den Räumlichkeiten (siehe dazu KES-R, Tietze et al., 2007) vor allem eine angemessene Vorbereitungszeit sowie Fortbildung und Supervision.

Eine professionelle Planung und Reflexion der pädagogischen Arbeit, die regelmäßig auch im Team stattfinden sollte, erfordert ein entsprechendes Ausmaß an **Vorbereitungszeit** sowie regelmäßige **Teambesprechungen**. Diese sind weiters für eine umfassende Dokumentation der Bildungsbiografien aller Kinder notwendig. Der Austausch der Kolleginnen und Kollegen untereinander ist wichtig, um die Beobachtungen und Eindrücke der einzelnen Fachkräfte zusammenzutragen und zu vergleichen.

Insbesondere, wenn in der Konzeption eines Kindergartens die sprachliche Bildung als zentrales Bildungsziel verankert ist, bedarf es einer positiven Kommunikationskultur im Team. Gut geplante, strukturierte und moderierte Teambesprechungen stellen daher unerlässliche Bestandteile der Arbeit dar. Zu den Aufgaben der

Leitung sowie des Teams zählt es, auf das Einhalten eines wertschätzenden Kommunikationsstils zu achten.

Die **Fortbildung** gibt Pädagoginnen und Pädagogen die Möglichkeit, ihre Fachkompetenz zu erweitern und einzelne Schwerpunkte – etwa das Wissen über Sprach- und Literacyförderung oder über Medienpädagogik – zu vertiefen. Epstein (1993) konnte z.B. einen positiven Zusammenhang zwischen der Fortbildung der Mitarbeiterinnen und Mitarbeiter sowie der Sprachentwicklung und den kognitiven Fähigkeiten der Kinder nachweisen.

Eine empirische Studie von Tietze et al. (1998) in deutschen Kindergärten zeigte, dass die Prozessqualität signifikant günstiger ausfällt, wenn den Erzieherinnen und Erziehern mehr Vorbereitungszeit zur Verfügung steht. In einer europäischen Vergleichsstudie, an der auch Österreich teilnahm, wurde dieser Zusammenhang ebenfalls sichtbar (ECCE Study Group, 1997).

15.2.2

Merkmale der Orientierungsqualität

Orientierungsqualität bezieht sich auf pädagogische Einstellungen und Werte, die sich in pädagogischem Handeln niederschlagen.

Ein hohes Qualitätsniveau zeichnet sich dadurch aus, dass die Pädagoginnen und Pädagogen ihre Werte und Haltungen sowie ihr Erzieherverhalten immer wieder kritisch überdenken und hinterfragen. Selbstbeobachtung und Reflexion, Hospitieren und Feedback durch vertraute Kolleginnen und Kollegen sowie Supervision stellen geeignete Methoden dar.

Reflexion / Selbstreflexion

Insbesondere in der **interkulturellen Bildungsarbeit** spielen Haltungen und Wertvorstellungen der Fachkräfte eine große Rolle. Zu den wichtigsten Qualitätsanforderungen zählen die regelmäßige kritische Selbstreflexion und der Austausch im Team. Die Pädagoginnen und Pädagogen sollten sich etwa fragen, ob sie die Arbeit mit Kindern und Familien aus verschiedenen Kulturen und mit unterschiedlichen Sprachkenntnissen als Bereicherung oder als Problem erleben. Die Selbstreflexion betrifft persönliche Erfahrungen mit Menschen aus anderen Kulturen und Vorurteile, die Einstellung gegenüber Mehrsprachigkeit und vieles mehr.

Pädagogische Überlegungen und Leitsätze zur vorurteilsbewussten Erziehung bietet der **Anti-Bias-Approach**, der von Louise Derman-Sparks entwickelt wurde (vgl. Kapitel 7.3).

Sprachliche Bildungsprozesse beruhen wesentlich auf dem Sprachvorbild der Fachkräfte. Deshalb ist die Reflexion des eigenen Sprachverhaltens unerlässlich. Eine Möglichkeit dazu bietet das **Beobachtungskarussell** (Greine, 2007): Dieses Instrument zur Sprachreflexion wird im Team angewendet, deshalb ist vorab die Bereitschaft aller Teammitglieder einzuholen. In der praktischen Durchführung werden alle Fachkräfte von allen anderen Teammitgliedern je einmal für ca. ein bis zwei Stunden beobachtet. Als Beobachtungsgrundlage dienen Kriterien des Sprachverhaltens, die im Team selbst erstellt werden können. Beispiele wären „verständlich/unverständlich, lebendig/langweilig, viele Fragen/wenige Fragen" etc. Im Anschluss an die Beobachtung werden die Eindrücke anhand der Beobachtungskriterien besprochen.

Ebenso beruht die Auseinandersetzung mit geschlechtssensibler Pädagogik sowie mit **geschlechtergerechter Sprache** auf der Selbstreflexion der Erwachsenen im Kindergarten. Schneider (2005, S. 5–6) bietet dafür differenzierte Fragen an, die für die Selbstreflexion oder die Reflexion im Team geeignet sind, wie z.B.:

- Wie, wie viel, worüber spreche ich mit Mädchen, mit Buben (Inhalt, Tonfall, …)?
- Verwende oder vermeide ich geschlechtsspezifische Klischees und geschlechtsstereotype Zuweisungen („Ich brauche starke Buben")?
- Welchen Kindern traue ich was zu?

Hinsichtlich der **Medienerziehung** dient die Selbstreflexion u.a. dazu, das eigene Medienverhalten kritisch zu hinterfragen. Eirich (o.J.) betont weiters die Bedeutung eines veränderten Bildes vom Kind für die Medienpädagogik: Kinder sollten als aktive Akteure ihrer Entwicklung betrachtet werden, die – bei entsprechender Begleitung durch Erwachsene – in der Lage sind, elektronische Medien eigenverantwortlich zu nutzen. Für die Fachkräfte sind deshalb „die Klärung der eigenen Erziehungszielprioritäten und eine selbstkritische Sicht auf eigene Vorurteile unerlässlich" (Eirich, o.J., S. 11).

Ausbildung und Fortbildung

In der pädagogischen Ausbildung und Fortbildung werden bestimmte Ziele, pädagogische Haltungen und Vorstellungen von Erziehung und Bildung vermittelt, die die Praxis im Kindergarten entscheidend mitbestimmen. Im Zusammenhang mit sprachlichen Bildungsprozessen sollten Fortbildungsveranstaltungen danach ausgesucht werden, ob sie das fachliche Wissen der Pädagoginnen und Pädagogen über Literacy, entwicklungspsychologische Aspekte des Spracherwerbs, Mehrsprachigkeit, Konzepte zur Sprachförderung, Medienerziehung etc. erweitern.

Konzeption

Unter einer Konzeption ist eine schriftliche Ausführung aller inhaltlichen Schwerpunkte eines Kindergartens zu verstehen, die für die Kinder, die Eltern, das Team, den Träger sowie für die Öffentlichkeit als Informationsquelle bzw. Arbeitsgrundlage bedeutsam sind (Krenz, 2000).

Für das Kindergartenteam bietet die Konzeption sowohl motivationale als auch inhaltliche Grundlagen für die gemeinsame Arbeit. Die Erstellung einer Konzeption setzt voraus, dass die Mitarbeiterinnen und Mitarbeiter in einem selbstreflexiven Prozess über ihre Ziele, Werte und beruflichen Visionen nachdenken sowie eine konstruktive Kommunikationskultur entwickeln.

Auch aus Sicht der Sprach- und Literacyförderung wird die Erarbeitung einer Konzeption als wichtiges Qualitätsmerkmal anerkannt. Die Bedeutung früher Literacyerfahrungen sollte in der Konzeption hervorgehoben und damit unter anderem für die Eltern verdeutlicht werden. Darüber hinaus sollte sich die Konzeption mit der Sprachentwicklung der Kinder, mit der besonderen Situation zweisprachiger Kinder, mit geschlechtssensiblen Aspekten der Sprache, mit Medienerziehung und dem Übergang vom Kindergarten in die Schule befassen. Dadurch werden die Positionen des Kindergartenteams verdeutlicht. Anhand ausformulierter Kriterien kann die Qualität der eigenen Arbeit überprüft werden.

15.2.3
Merkmale der Prozessqualität

Die Qualität der pädagogischen Prozesse spiegelt sich in der Atmosphäre im Kindergarten wider: Zeigen Kinder und Erwachsene im Kindergarten Respekt voreinander? Ist der Umgangston freundlich, heiter und ruhig oder herrscht Hektik vor, die den Kindern wenig Zeit und Ruhe für individuelle Prozesse lässt? Diese Aspekte sind grundlegend für alle Entwicklungsbereiche, nicht zuletzt für die Sprachentwicklung: Eine hohe Prozessqualität bedeutet individuelle Förderung und Unterstützung der Kinder dort, wo sie diese benötigen.

Selbstverständlich sind für die meisten Merkmale der Prozessqualität bestimmte strukturelle Bedingungen notwendig: Dazu zählen u.a. kleine Gruppen bzw. eine günstige Personalbesetzung. Differenzierte Literacyerfahrungen setzen ebenfalls eine reichhaltige Materialausstattung voraus.

Beste Strukturbedingungen alleine garantieren jedoch noch keine hohe Prozessqualität, insbesondere wenn die Bedürfnisse der Kinder nach emotionalem Wohlbefinden, Bildung und individueller Unterstützung nicht im Mittelpunkt stehen.

Transaktionale Prozesse und Gespräche im Kindergarten

Die Sprache bestimmt weitgehend die Gestaltung von transaktionalen Prozessen im Kindergarten. Wagner (2004) betont, dass durch Sprache Zuneigung und Verständnis, aber auch Abwertung oder Ausgrenzung ausgedrückt werden. Das eigene sprachliche Handeln der Fachkräfte muss deshalb immer wieder reflektiert werden.

Als wichtigstes Qualitätsmerkmal bei der Gestaltung von Interaktionen im Kindergarten nennt die KES-R gegenseitigen Respekt: Die Gesprächspartnerinnen und -partner hören aufmerksam zu, stellen Blickkontakt her, lassen einander ausreden und respektieren die Positionen der anderen (Tietze et al., 2007). Jede Art gelungener Kommunikation, sei es zu zweit, in der Kleingruppe oder in großer Runde, z.B. wenn Regeln diskutiert werden, beruht auf diesen Haltungen.

Gespräche zwischen Kindern und Erwachsenen setzen Gegenseitigkeit voraus: Nicht nur die Erwachsenen sollten reden und durch ihre sprachlichen Äußerungen den Gruppenablauf regulieren. Vielmehr bedeuten Gespräche gegenseitiges Zuhören, Reden und Antworten. Gute bzw. ausgezeichnete Qualität ist gegeben, wenn während des gesamten Tages Gespräche – auch auf individueller Ebene – geführt werden.

Bei jüngeren Kindern oder bei Kindern mit einer anderen Erstsprache als Deutsch ist es wichtig, das Sprechtempo der Kinder und ihr sprachliches Niveau zu akzeptieren und sich darauf einzustellen. Dies erfordert viel Zeit und Geduld. Eine gute Personalsituation kommt diesem Anspruch entgegen.

Anregungen zur Kommunikation

Sprachförderung sollte in allen Phasen des Kindergartentages stattfinden, z.B. während der Alltagsroutine, in Gesprächen über geplante oder kürzlich erfolgte Aktivitäten, bei Fingerspielen, Reimen, beim intensiven Rollenspiel etc. Die Anregungen zur Kommunikation orientieren sich am Alter, dem Entwicklungsstand und der Begabung der Kinder. Kinder mit einer anderen Erstsprache als Deutsch sollten Materialien oder Aktivitäten in ihrer Sprache vorfinden, wie z.B. Lieder oder Reime (Tietze et al., 2007).

Einen interkulturellen Zugang ermöglicht etwa die Begrüßung und Verabschiedung der Kinder in deren Erstsprache – das ist zugleich ein Zeichen des Respekts den Eltern gegenüber.

Kommunikation kann auch nonverbal erfolgen: Gesten, Mimik, ein aufmunternder Blick können für Kinder mit weniger guten sprachlichen Kompetenzen den Einstieg in ein Gespräch erleichtern bzw. bieten ihnen die Gelegenheit, sich trotzdem an einer Diskussion zu beteiligen.

Buchbetrachtung

Die Bilderbuchvermittlung stellt eine notwendige Säule der sprachlichen Bildung dar. Zeit und Ruhe, eine kleine Gruppe und gemeinsam vereinbarte Regeln sind nur einige Prinzipien, die dabei beachtet werden sollten (vgl. Kapitel 10.2).

Zeit und Raum

Kinder lieben und brauchen neben Betriebsamkeit und Aktivität das Langsame und Leise, Zeit und Muße. In Gedanken versunken, hoch konzentriert oder einfach nur entspannt und träumend lassen sie die Zeit in ihrem Tempo vergehen. Den Erwachsenen fällt es nicht immer leicht, solche Situationen zuzulassen und dafür vielleicht von geplanten Beschäftigungen abzurücken. Doch viele Bildungsprozesse im Kindergarten setzen Zeit und Muße voraus (Bäck et al., 2002).

Den Kindern müssen Raum und Zeit zur Verfügung stehen, damit transaktionale Prozesse – vor allem solche des Subjektivierens und Vergegenständlichens – entstehen und ungestört ablaufen können (Hartmann et al., 2006).

Das trifft insbesondere auf philosophische Gespräche zu. Wenn Kinder immerzu mit vorbereiteten Angeboten beschäftigt sind, treten viele Fragen gar nicht erst auf und bereichernde Gelegenheiten für Gespräche gehen verloren.

Beim Betrachten von Bilderbüchern oder beim Rezipieren audiovisueller Medien sind Zeit und Ruhe essenziell, um etwa in einem Buch versinken zu können, Kleinigkeiten zu entdecken, die Fantasie spielen zu lassen.

Nicht zuletzt benötigen Kinder mit einer anderen Erstsprache als Deutsch vor allem Zeit, um sprachliche Anregungen aufzunehmen, zu verstehen und in vorhandene sprachliche Strukturen zu integrieren. Viele Kinder wagen es erst nach und nach, ihre neu erworbenen Sprachkenntnisse umzusetzen.

Beobachtung und Dokumentation

Die Beobachtung der Kinder und die Dokumentation ihrer Bildungsprozesse bilden die Grundlage der transaktionalen Bildungsarbeit. Dafür sind gute strukturelle Rahmenbedingungen und die Kenntnis geeigneter Methoden und Instrumente wichtig (vgl. Kapitel 14).

Bildungspartnerschaft mit den Eltern

Eine konstruktive Zusammenarbeit zwischen Kindergarten und Familie, die von gegenseitigem Respekt und einer guten Kommunikationskultur geprägt ist, stellt ein wesentliches Qualitätskriterium dar. In der interkulturellen Bildungsarbeit müssen noch zusätzliche Kriterien beachtet werden (vgl. Kapitel 9.4).

Öffentlichkeitsarbeit

Öffentlichkeitsarbeit im Kindergarten ist weit gefasst und geht über die Zusammenarbeit mit den Eltern hinaus. Die Präsentation des Kindergartens in der Gemeinde, in anderen Institutionen wie Volksschule, Pfarre, soziale Einrichtungen etc. dient dazu, die pädagogische Arbeit vorzustellen und die hohe Qualität vorschulischer Bildung hervorzuheben. Zugleich erweitern die Kinder ihren Bezugsrahmen und treten in einen transaktionalen Austausch mit ihrer Umwelt, die über die Familie und den Kindergarten hinausgeht:

- Im Rahmen sprachlicher Bildung sowie der frühen Begegnung mit Schriftsprache können z.B. gemeinsame Projekte mit der Volksschule durchgeführt werden.

- Vielleicht finden sich im Umfeld der Gemeinde interessierte Personen ohne direkten Bezug zum Kindergarten, die andere Sprachen oder Schriften beherrschen und dieses Wissen zur Verfügung stellen.

- Die Zusammenarbeit mit Bibliotheken stellt ebenfalls eine Form der Öffentlichkeitsarbeit dar.

Immer mehr Kindergärten nutzen die Möglichkeit, sich der Öffentlichkeit auf einer eigenen Homepage vorzustellen.

Neben dem Team des Kindergartens oder dem pädagogischen Konzept können dort aktuelle Informationen, wie laufende Projekte oder Fotos der Bildungsarbeit, präsentiert werden.

Beispiele sind folgende Homepages Steiermärkischer Kindergärten:
Lannach: http://www.lannach.at/kindergarten/index.php
Gössendorf: http://hauptplatz.goessendorf.com/portal-kiga/DesktopDefault.aspx
Turnau: http://kindergarten.turnau.at/

Die Leiterin Brigitte Bräuer erstellte zusätzlich eine Powerpoint-Präsentation, um dem Gemeinderat die pädagogische Arbeit des Kindergartens vorzustellen.

Übergang vom Kindergarten in die Volksschule

Der Übertritt vom Kindergarten in die Schule stellt vielfältige Anforderungen sowohl an die Kinder als auch ihre Familien. Ein qualitätsvoller Übergang sollte nach transaktionalen Kriterien gestaltet sein: Der intensive Austausch zwischen dem Kindergarten, der zukünftigen Schule und den Eltern gewährleistet, dass Informationen über die individuelle Entwicklung des Kindes sowie seine Bildungsbiografie allen Beteiligten zugänglich sind. Die regelmäßige Bildungsdokumentation im Kindergarten bietet dafür eine wertvolle Grundlage. Das Recht der Eltern auf Datenschutz muss jedoch gewahrt bleibt.

Die Kinder erwerben durch einen zeitgerechten Kontakt zur Volksschule Vertrauen und Sicherheit in der neuen Umgebung. Der Schuleintritt wird durch frühe Erfahrungen mit Schrift- und Buchkultur im Kindergarten wesentlich erleichtert.

Heterogene Gruppen in der Schule, offene Angebote sowie freie Lernformen in der Schuleingangsphase knüpfen an die Arbeitsformen des Kindergartens an. Auf den individuellen Entwicklungsstand jedes einzelnen Kindes bezüglich seiner sprachlichen Kompetenzen kann in der verbindlichen Übung „Sprache und Sprechen, Vorbereitung auf Lesen und Schreiben" bzw. im Unterrichtsgegenstand „Deutsch, Lesen, Schreiben" eingegangen werden (Lehrplan der Volksschule, 2004).

Die folgenden Praxisberichte aus österreichischen Kindergärten können als Modelle für die methodische Gestaltung des Übergangs vom Kindergarten in die Schule dienen:

Das Team des Kindergartens Mürzhofen in der Steiermark ist mit der nahen Volksschule in regelmäßigem Kontakt. Diese Zusammenarbeit wird durch den Direktor der Volksschule sehr gefördert, der sich bereits im Herbst über den Entwicklungsstand der künftigen Schulkinder informiert. Am Ende des Kindergartenjahres finden Übergangsgespräche mit dem Direktor, der künftigen Lehrerin bzw. des Lehrers und den Eltern statt. Die Lehrerinnen und Lehrer werden zu den Elternabenden in den Kindergarten eingeladen, vor allem bei Themen, die auch für die

Schule relevant sind, wie Sprachförderung, Englisch im Kindergarten oder Schuleintritt. Jede Lehrerin bzw. jeder Lehrer, welche bzw. welcher im Herbst die erste Klasse übernimmt, kommt zumindest einmal in den Kindergarten und ist so für Kinder und Eltern nicht mehr ganz fremd.

Gemeinsam werden u.a. folgende Aktionen durchgeführt:

- *Volksschulkinder kommen in den Kindergarten um vorzulesen,*
- *jährliches gemeinsames Lesefest,*
- *Kinder der zweiten Klasse erzählen im Kindergarten über die Schule, danach gibt es die Möglichkeit, gemeinsam zu malen und zu basteln,*
- *Besuch in der Schule bei Konzerten und Sportveranstaltungen,*
- *einmal im Jahr nehmen die Kindergartenkinder an Projekten in der Schule teil, z.B. über den Wald, das Wasser usw.*

(Interview mit Andrea Gurdet)

Im Kindergarten Gössendorf in der Steiermark wird seit mehreren Jahren das Projekt „Schulübergangsphase" durchgeführt. Bereits im Herbst findet im Kindergarten ein Elternabend zur Information über die Schulvorbereitung statt. Die Eltern haben schon jetzt die Möglichkeit, Fragen an die anwesende Direktorin zu stellen.

Während des Kindergartenjahres gibt es mehrere Besuche in der Volksschule: Gemeinsam werden eine Unterrichtsstunde, eine Turnstunde und ein Werkunterricht gestaltet. Im Gegenzug kommen z.B. Sprachheilpädagoginnen aus der Schule in den Kindergarten und bieten den Kindern Sprachspiele an.

Die Kindergartenpädagoginnen begleiten die Kinder zur Schuleinschreibung. Während die Eltern mit der Direktorin administrative Dinge erledigen, absolvieren die Kinder Stationen zu den Themen Bewegung, logisches Denken, Sprache und Feinmotorik. Dabei werden sie von Lehrerinnen beobachtet, die Pädagoginnen sind als vertraute Bezugspersonen dabei.

Am Ende des Jahres schließt sich der Kreis: Bei einem Elternabend in der Schule präsentiert der Kindergarten den Eltern das Projekt.

(Interview mit Gabriele Mikscha)

Literaturverzeichnis

Apeltauer, Ernst (2004). Sprachlerndispositionen. Eine Alternative zu Sprachtests im Vorschulalter? Frühes Deutsch, 2, 48–54.

Bachmair, Ben (2006). Medienerziehung im Kindergarten. Zehn Antworten. In Verlag der Fachzeitschrift Unsere Kinder (Hrsg.), Lebensraum Kindergarten. Methoden des Kindergartens 3 (S. 180–181). Linz: Verlag der Fachzeitschrift Unsere Kinder.

Bäck, Gabriele, Bayer-Chisté, Natalie & Hajszan, Michaela (2002). Tagein tagaus. Kindergartenalltag macht Kinder kompetent. Wien: G&G Verlagsgesellschaft mbH.

Bandura, Albert (1991). Sozial-kognitive Lerntheorie. Stuttgart.

Bates, Elizabeth, Thal, Donna J. & Janowsky, Jeri S. (1992). Early language development and its neural correlates. In Sidney J. Segalowitz & Isabelle Rapin (Hrsg.), Child Neuropsychology (S. 69–110). Amsterdam: Elsevier.

Bayerisches Staatsministerium für Arbeit und Sozialordnung, Familie und Frauen & Staatsinstitut für Frühpädagogik (2006). Der Bayerische Bildungs- und Erziehungsplan für Kinder in Tageseinrichtungen bis zur Einschulung. Weinheim: Beltz.

Beller, E. Kuno & Beller, Simone (2006). Kuno Bellers Entwicklungstabelle. Freie Universität Berlin.

Bensel, Joachim & Haug-Schnabel, Gabriele (2006). Kinder beobachten und Entwicklung dokumentieren. kindergarten spezial. Freiburg: Herder.

Bettelheim, Bruno (1982). Kinder brauchen Bücher. Lesen lernen durch Faszination. München: Deutsche Verlagsanstalt.

Biermann, Ingrid (2002). Fischers Fritz und Schneiders scharfe Schere. Spielideen zur Sprachförderung. Erzieherinnen fördern Kinder. Freiburg: Herder.

Birbaumer, Niels & Schmidt, Robert F. (1999). Biologische Psychologie. Berlin: Springer.

Blank-Mathieu, Margarete (2006). Gleichheit teilen. Geschlechtsbezogene Pädagogik in Kindertageseinrichtungen. [Online im Internet] URL: http://www.kindergartenpaedagogik.de/154.html [06. 04. 2008].

Blumenstock, Leonhard (2004). Spielerische Wege zur Schriftsprache im Kindergarten. Weinheim: Beltz.

BMSG (Hrsg.). (o.J.). Die Rechte von Kindern und Jugendlichen. Kinderrechtskonvention. [Online im Internet] URL: http://www.kinderrechte.gv.at/home/upload/downloads/krk-broschuere_onl.pdf [06. 04. 2008].

Born, Karin (2003). Wenn Kinder zwei Sprachen lernen ... klein&groß, 1, 42–43.

Bransford, John D., Brown, Ann L. & Cocking, Rodney R. (1999). How people learn. Brain, mind, experience, and school. Washington DC: National Academy Press.

Brodin, Marianne & Hylander, Ingrid (2002). Wie Kinder kommunizieren. Daniel Sterns Entwicklungspsychologie in Krippe und Kindergarten. Weinheim: Beltz.

Brown, Ann L. (1997). Transforming schools into communities of thinking and learning about serious matters. American Psychologist, 52, 399–413.

Brügelmann, Hans (2006). Kinder erfinden die Schrift. [Online im Internet] URL: http://www.familienhandbuch.de/cmain/f_Aktuelles/a_Schule/s_481.html [06. 04. 2008].

Bücken, Hajo (2000). Das Mimwürfelbuch. Bremen: Arbeitsstelle Neues Spiel.

Burchinal, Margaret R., Roberts, Joanne E., Nabors, Laura A. & Bryant, Donna M. (1996). Quality of center child care and infant cognitive and language development. Child Development, 67, 606–620.

Buttaroni, Susanna (2000). Frühsprachenwachstum bei europäischen (Migranten-)Kindern. In Hans-Jürgen Krumm & Paul Portmann-Tselikas (Hrsg.), Schwerpunkt: (Kindlicher) Fremdsprachenerwerb (S. 61–81). Innsbruck: Studienverlag.

Buttaroni, Susanna, Weigl-Brabec, Ute & Gombos, Georg (2002). Qualitätskriterien für die Sprachvermittlung im Kindergarten. In Österreichisches Bundesministerium für Bildung, Wissenschaft und Kultur. Vorschulische Integration durch Sprach(en)Wissen. [Online im Internet] URL: http://www.verwaltung.steiermark.at/cms/dokumente/10183665_5045344/6ad604b4/Vorschulische%20Erziehung.pdf [10. 03. 2008].

Bydlinski, Georg; Opgenoorth, Winfried (Ill.). (1992). Die bunte Brücke. Reime, Rätsel und Gedichte. Freiburg: Herder.
Carr, Margret (2001). Assessment in early childhood settings. Learning stories. London: Paul Chapman.
Chomsky, Noam (1957). Syntactic structures. The Hague: Mouton.
Christiansen, Christiane (2005). Wuppis Abenteuer-Reise durch die phonologische Bewusstheit. Übungsprogramm und Handpuppe. Finken Verlag.
Chromiec, Elzbieta (2004). Von der Offenheit des Kindes im interkulturellen Kontakt. Frühes Deutsch, 2, 34–38.
Clawson, Melissa A. (1997). Children's daycare experiences by age, gender and type of program. Paper presented to the 62nd Biennial Conference of the Society for Research in Child Development. Washington DC.
Cummins, Jim (2006). Sprachliche Interaktionen im Klassenzimmer: Von zwangsweise auferlegten zu kooperativen Formen von Machtbeziehungen. In Paul Mecheril & Thomas Quehl (Hrsg.), Die Macht der Sprachen. Englische Perspektiven auf die mehrsprachige Schule (S. 36–62). Münster: Waxmann.
Curtiss, Susan (1977). Genie. A psycholinguistic study of a modern day "wild child". New York: Academic Press.
Dąbrowska, Ewa (2004). Language, mind and brain. Some pychological and neurological constraints on theories of grammar. Edinburgh: University Press.
Danzer, Claudia (2005). Die Sprache. Schlüssel zur Welt. Unsere Kinder, 5, 6–9.
Dawkins, Sabine (2001). Erste Schritte in Richtung Philosophieren im Kindergarten. Gespräche mit Kindern. Unsere Kinder, 06, 154 –156.
de Cillia, Rudolf (2006). Spracherwerb in der Migration. Informationsblätter des Referats für interkulturelles Lernen. Nr. 3. Wien: Bundesministerium für Bildung, Wissenschaft und Kultur. [Online im Internet] URL: http://www.bmukk.gv.at/medienpool/4424/nr3_06.pdf. [26. 2. 2008].
Derman-Sparks, Louise & the A.B.C. Task Force (1989). Anti-bias curriculum. Tools for empowering young children. Washington, DC: National Association for the Education of Young Children.
Derman-Sparks, Louise (2001). Anti-Bias-Arbeit mit kleinen Kindern in den USA. [Online im Internet] URL: http://www.kinderwelten.net/pdf/1_Anti_Bias_Arbeit.pdf [14. 4. 2008].
Dippelreiter, Maria (2005a). Allgemeine Entwicklungsverläufe und die besondere Situation von Kindern mit einer anderen Erstsprache als Deutsch. In BMBWK (Hrsg.), Sprachliche Förderung von Kindern im Jahr vor dem Schuleintritt (S. 6–18). Wien: BMBWK.
Dippelreiter, Maria (2005b). Bedingungen des Zweitspracherwerbs und der mehrsprachigen Entwicklung bei Kindern dieses Alters. In BMBWK (Hrsg.), Sprachliche Förderung von Kindern im Jahr vor dem Schuleintritt (S. 31–36). Wien: BMBWK.
Dippelreiter, Maria (2005c). Situation zwei- oder mehrsprachig aufwachsender Kinder. In BMBWK (Hrsg.), Sprachliche Förderung von Kindern im Jahr vor dem Schuleintritt (S. 91–97). Wien: BMBWK.
Dorostkar, Else (2001). Philosophieren mit Kindern. Unsere Kinder, 06, 146–153.
Dupuis, André (2006). Beobachtungen von Kindern in der Kindertageseinrichtung. Strukturelle und konzeptionelle Voraussetzungen und Standards für Fachkräfte und Träger. In Gewerkschaft Erziehung und Wissenschaft (Hrsg.), Bildung sichtbar machen. Von der Dokumentation zum Bildungsbuch (S. 53–57). Weimar: verlag das netz.
Ebers, Thomas & Melchers, Markus (2001). Wie kommen die Bäume in den Wald? Praktisches Philosophieren mit Kindern. Freiburg: Herder.
ECCE Study Group (1997). European Child Care and Education Study: Cross national analyses of the quality and effects of early childhood programmes on children's development. Freie Universität Berlin.
Edelenbos, Peter & Kubanek-German, Angelika (2004). Fremdsprachen-Frühbeginn. Auf der Spur von einigen neuen Entwicklungen in Europa. Frühes Deutsch, 2, 4–7.

Eirich, Hans (o.J.). Kinder und Medien. Aufgaben für eine zeitgemäße Erziehung. [Online im Internet] URL: http://www.familienhandbuch.de/cms/Kindheitsforschung-Medien.pdf [10. 03. 2008].

Ekman, Paul (2007). Gefühle lesen. Wie Sie Emotionen erkennen und richtig interpretieren. Freiburg: Spektrum Akademischer Verlag.

Elschenbroich, Donata (2001). Weltwissen der Siebenjährigen. Wie Kinder die Welt entdecken können. München: Antje Kunstmann GmbH.

Elschenbroich, Donata & Schweitzer, Otto (1999). Ins Schreiben hinein. Kinder auf der Suche nach dem Sinn der Zeichen. Video mit Begleitheft. Frankfurt am Main: DJI-Filmproduktion.

Engelhard, Harald (2007). Mik, mak, mei, Dino komm herbei. Sprachstandsdiagnose als selbstverständlicher Teil der Bildungsarbeit. klein&groß, 07–08, 23–25.

Epstein, Ann S. (1993). Training for quality. Improving early childhood programs through systematic inservice training. Monographs of the High/Scope Educational Research Foundation. Number Nine. Ypsilanti: High/Scope Educational Research Foundation.

Erkert, Andrea (2003). Sprach-Förder-Spiele. Freiburg: Christophorus-Verlag.

Faist, Barbara (2000). Englisch mit Lilly. Elementare Fremdsprachenerfahrungen. Unsere Kinder, 05, 133–135.

Feierabend, Sabine & Mohr, Inge (2004). Mediennutzung von Klein- und Vorschulkindern. Ergebnisse der ARD/ZDF-Studie "Kinder und Medien 2003". In Media Perspektiven, 9, 453–461.

Feiner, Waldemar (1995). Vorbedingungen des Schreibens. In Charlotte Niederle (Hrsg.), Methoden des Kindergartens 3. Sonderdruck der Fachzeitschrift Unsere Kinder (S. 110–118). Linz: Unsere Kinder.

Finsterwald, Monika & Grassinger, Robert (2006). Systematische Begabungsförderung im Vorschulbereich. CD-Rom-Kongressbericht zur Tagung „Beyond Standards" in Bad Boll.

Fischer-Olm, Anna (2003). Mit schöner Sprache durch das Jahr. Ein multisensorieller, sprachfördernder Lehrgang für Kindergarten, Vorschule und Grundstufe. Dortmund: Borgmann.

Flämig, Katja (2006). Bildungs- und Lerngeschichten. Worum es geht und wie Sie damit arbeiten. kindergarten heute, 6–7, 6–15.

Freese, Hans-Ludwig (2002). Kinder sind Philosophen. Weinheim: Beltz.

Fried, Lilian (2005). Ist keine Spracherfassung besser als eine schlechte? Fragen an Lilian Fried, Professorin für Pädagogik der frühen Kindheit. kindergarten heute, 1, 14–16.

Fthenakis, Wassilios E. (2000). Bilder vom Kind: ein Plädoyer für das kompetente Kind. Bildung, Erziehung und Betreuung von Kindern in Bayern, 5(2), 3–4.

Fthenakis, Wassilios E. (2002). Der Bildungsauftrag in Kindertageseinrichtungen: ein umstrittenes Terrain? Bildung, Erziehung und Betreuung von Kindern in Bayern, 7(1), 6–10.

Gärtner, Hans; Laimgruber, Monika (Ill.). (1996). Sagt mir Kinder, ob ihr's wisst …. Einfache Rätsel für kleine Rater. Wien: Annette Betz.

Gewerkschaft Erziehung und Wissenschaft (Hrsg.). (2006). Bildung sichtbar machen. Von der Dokumentation zum Bildungsbuch. Weimar: verlag das netz.

Gisbert, Kristin (2002). Frühe Förderung von Lernprozessen und Lernkompetenzen. Erste Ansätze für die Praxis. Bildung, Erziehung, Betreuung von Kindern in Bayern, 7(1), 11–12.

Gogolin, Ingrid (1987). „Muttersprache": Zweisprachigkeit. Sprachliche Bildungsvoraussetzungen der Kinder aus ethnischen Minderheiten. Pädagogische Beiträge, 12, 26–30.

Gombos, Georg (2003). Bildungschance frühkindliche Mehrsprachigkeit. Frühkindlicher Sprachenerwerb durch mehrsprachige Kindergärten. In Allan James (Hrsg.), Vielerlei Zungen. Mehrsprachigkeit + Spracherwerb + Pädagogik + Psychologie + Literatur + Medien (S. 49–85). Klagenfurt/Celovec: Drava.

Gopnik, Alison, Kuhl, Patricia & Meltzoff, Andrew (2001). Forschergeist in Windeln. Wie Ihr Kind die Welt begreift. München: Hugendubel.

Greine, Rita (2007). Das Beobachtungskarussell. Ein Instrument zur Sprachreflexion im Team. klein&groß 07–08, 50–51.

Grimm, Hannelore (1995). Sprachentwicklung. Allgemeintheoretisch und differentiell betrachtet. In Rolf Oerter & Leo Montada (Hrsg.), Entwicklungspsychologie (3. vollst. überarb. Aufl.) (S. 705–757). Weinheim: Psychologie Verlags Union.

Grimm, Hannelore (2003). Störungen der Sprachentwicklung. Grundlagen – Ursachen – Intervention – Prävention (2. Aufl.). Göttingen: Hogrefe.

Grimm, Hannelore & Weinert, Sabine (2008). Sprachentwicklung. In Rolf Oerter & Leo Montada (Hrsg.), Entwicklungspsychologie (6. vollst. überarb. Aufl.) (S. 502–534). Weinheim: Beltz, PVU.

Groot-Wilken, Bernd (2007). Mit Portfolios arbeiten. kindergarten heute, 4, 14–19.

Guggenmos, Josef; Stiller, Günther (Ill.). (1967). Was denkt die Maus am Donnerstag? Recklinghausen: Georg Bitter.

Hartmann, Waltraut & Hartmann, Susanne (1998). Wünsche, Probleme und Fantasien im Bilderbuch. In Peter Scheiner (Hrsg.), Buch Partner des Kindes. Wissenswertes über Bücher für die ersten acht Lebensjahre (7. Aufl.). Wien: G&G Verlagsgesellschaft mbH.

Hartmann, Waltraut & Stoll, Martina (2004). Mehr Qualität für Kinder. Qualitätsstandards und Zukunftsperspektiven für den Kindergarten. Wien: Verlag Hölder – Pichler – Tempsky.

Hartmann, Waltraut, Stoll, Martina, Chisté, Natalie & Hajszan, Michaela (2006). Bildungsqualität im Kindergarten. Transaktionale Prozesse, Methoden, Modelle. Wien: Verlag Hölder – Pichler – Tempsky.

Hasselhorn, Marcus (2001). Metakognition. In Detlef H. Rost (Hrsg.), Handwörterbuch Pädagogische Psychologie (S. 466–471). Weinheim: Beltz.

Haucke, Karl (2002). Mitreden, Einfluss nehmen. Partizipation in Tageseinrichtungen für Kinder. (Schriftenreihe Theorie und Praxis. Arbeiterwohlfahrt Bundesverband e.V.). Bonn: AWO Bundesverband-Verlag.

Hausberg, Bärbel & Schreiner, Silvia (2006). Zwergenmatz und der Riesenschatz. Das Materialpaket zur Förderung der phonologischen Bewusstheit. Freiburg: Herder.

Hebenstreit-Müller, Sabine & Kühnel, Barbara (Hrsg.). (2004). Kinderbeobachtungen in KiTas. Erfahrungen und Methoden im ersten Early Excellence Center in Berlin. Berlin: dohrmann.

Hering, Wolfgang (1998). Aquaka della Oma. Münster: Ökotopia.

Hermann, Christoph & Fiebach, Christian (2004). Gehirn und Sprache. Frankfurt: Fischer Taschenbuch.

Herrmann, Ulrich (2004). Gehirngerechtes Lernen und Lehren. Spektrum der Wissenschaft spezial: Das verbesserte Gehirn, 3, 28–36.

Hoffmann, Liselotte & Rainel-Straka, Sylvia (2000). Spracherwerb in den ersten drei Lebensjahren. Unsere Kinder, 5, 114–121.

Holste, Ulrich (2004). Spracherziehung im Kindergarten. Neue Wege der Unterstützung und Begleitung des Spracherwerbs und der sprachlichen Entwicklung vor dem Hintergrund veränderter Sozialisationsbedingungen von Kindern. In Ilse Wehrmann (Hrsg.), Kindergärten und ihre Zukunft (S. 205–219). Weinheim: Beltz.

Hosp-Hermann, Luise (2006). Abenteuer Computerwelt. In Verlag der Fachzeitschrift Unsere Kinder (Hrsg.), LebensRaum Kindergarten. Methoden des Kindergartens 3 (S. 198–201). Linz: Verlag der Fachzeitschrift Unsere Kinder.

Howes, Carollee (1997). Children's experiences in center-based child care as a function of teacher-background and adult-child ratio. Merrill-Palmer Quarterly, 43, 404–25.

Huhn, Norbert & Schneider, Kornelia (2006). „Guck mal, was ich mache! – Schau dir an, was ich kann!" In Gewerkschaft Erziehung und Wissenschaft (Hrsg.), Bildung sichtbar machen. Von der Dokumentation zum Bildungsbuch (S. 25–51). Weimar: verlag das netz.

Hundertmark-Mayser, Jutta (2003). „Ich schaff das schon allein!" Förderung von Selbstvertrauen und Selbstwirksamkeitserleben. In Dietmar Sturzbecher & Heidrun Großmann (Hrsg.), Praxis der sozialen Partizipation im Vor- und Grundschulalter (S. 13–40). München: Ernst Reinhardt.

Huser, Joëlle (2001). Lichtblick für helle Köpfe. Ein Wegweiser zur Erkennung und Förderung von hohen Fähigkeiten bei Kindern und Jugendlichen auf allen Schulstufen + Kopiervorlagen. Zürich: Lehrmittelverlag des Kantons Zürich.

Huth, Anne (2006). Gesprächskultur mit Eltern. klein&groß PraxisExpress. Weinheim: Beltz.
Janisch, Heinz; Wolfsgruber, Linda (Ill.). (1999). Ich schenk dir einen Ton aus meinem Saxofon. Wien: Jungbrunnen.
Johnson, Mark H. (1997). Developmental cognitive neuroscience. Oxford: Blackwell.
Jung, Carl Gustav (1987). Über Grundlagen der analytischen Psychologie. Die Travistock Lectures 1935. Frankfurt: Fischer.
Jung, Carl Gustav (1990). Archetypen. München: Deutscher Taschenbuch Verlag.
Kalmár, Michael (2006). Kommentierte Wortlisten zur Lautschulung. In Renate Hofmann & Michael Kalmár (Hrsg.), Handbuch Legasthenie – Lese-Rechtschreibschwäche (S. 165–176). Wien: Lernen mit Pfiff.
Kammermeyer, Gisela (2000). Das Abenteuer mit den Buchstaben. Erste Schritte auf dem Weg zur Schriftsprache. kindergarten heute, 1, 30–35.
Kandel, Eric R. & Jessel, Thomas M. (1996). Sensorische Erfahrung und die Entstehung visueller Schaltkreise. In Eric R. Kandel, James H. Schwartz & Thomas M. Jessell (Hrsg.), Neurowissenschaften. Eine Einführung (S. 327–352). Heidelberg: Spektrum.
Karnath, Hans-Otto & Thier, Peter (2006). Neuropsychologie (2. Aufl.). Berling: Springer.
Kazemi-Veisari, Erika (1989). Partizipation. Hier entscheiden Kinder mit. Basel: Herder.
Keller, Monika (2003). Moralische Entwicklung als Voraussetzung für soziale Partizipation. In Dietmar Sturzbecher & Heidrun Großmann (Hrsg.), Soziale Partizipation im Vor- und Grundschulalter. Grundlagen (S. 143–172). München: Ernst Reinhardt.
Klaus, Christa (2007). Körpersprache in der Erziehung. Nonverbale Kommunikation. klein&groß, Lebensorte für Kinder, 38–41. München: Oldenbourg Schulbuchverlag.
Klein, Lothar (1999). „Da muß man umdenken." Freinet-Pädagogik im Kindergarten. kindergarten heute, 10, 26–33.
Klemenschitz, Richard (2002). Sind Obst und Gemüse weiblich? In Bundesministerium für Bildung, Wissenschaft und Kultur & Österreichisches Sprachen-Kompetenz-Zentrum (Hrsg.), Kinder entdecken Sprachen. Erprobung von Lehrmaterialien (Band 5). Graz: Österreichisches Sprachen-Kompetenz-Zentrum. [Online im Internet]. URL: http://www.oesz.at/download/publikationen/3.5_sind_obst_und_gemuese_17_12_2007.pdf [7. 4. 2008].
Knauer, Raingard & Brandt, Petra (1998). Kinder können mitentscheiden: Beteiligung von Kindern und Jugendlichen in Kindergarten, Schule und Jugendarbeit. Berlin: Luchterhand.
Kneidinger, Lisa (2006). Planung und Reflexion von Bildungsprozessen. Unsere Kinder, 1, 2–14.
Knisel-Scheuring, Gerlinde (2002). Mit Eltern im Dialog. Interkulturelle Elterngespräche. Gesprächshilfen für Erzieherinnen in Kindergarten und Hort. Donauwörth: Auer.
Kochan, Barbara & Schröter, Elke (2005). Vorschulischer Schriftspracherwerb mittels Computer. In workshops-Proceedings der 5. fachübergreifenden Konferenz Mensch und Computer (S. 135–137). Wien: Oesterreichische Computer Gesellschaft.
Kohl, Eva M. (2006). Spielzeug Sprache. Ein Werkstattbuch. Weinheim: Beltz.
Kommission der Europäischen Gemeinschaft (1996). Weißbuch. White Paper on education and training. Teaching and learning – towards the learning society. Luxemburg: European Commission.
Korczak, Janusz (1979). Wie man ein Kind lieben soll. Göttingen: Vandenhoek & Ruprecht.
Kracht, Annette (1999). Modul: Kindliche Mehrsprachigkeit im Vorschulalter: Sprachentwicklung, Störungen der Sprachentwicklung, Sprachförderung. In Interkulturelle Pädagogik in Praxis und Theorie (S. 26–44). St. Pölten: NÖ Landesregierung, Abt. Kindergärten. NÖ Zentrum für Kindergartenpädagogik.
Krause, Anke, Şıkcan, Serap & Wagner, Petra (2004). Kinderwelten. Bundesweites Projekt zur Verbreitung und Vertiefung des Ansatzes vorurteilsbewusster Bildung und Erziehung in Kindertageseinrichtungen. Projektprogramm. Berlin: Institut für den Situationsansatz.
Krenz, Armin (2000). Die Konzeption. Grundlage und Visitenkarte einer Kindertagesstätte. Hilfen zur Erstellung und Überarbeitung von Einrichtungskonzeptionen. Freiburg: Herder.

Kuhn, Antje (2006). Erstspracherwerb und früher Fremdspracherwerb. [Online im Internet]. URL: http://www.schule-bw.de/schularten/sonderschulen/fruehesfremdsprachen/unterlagen/Erstspracherwerb.pdf [08. 04. 2008].

Kumpe, Michael (1995). Tauschen. In: Hans-Joachim Gelberg (Hrsg.). Überall und neben dir. Gedichte für Kinder in sieben Abteilungen (S. 127). Weinheim: Beltz & Gelberg.

Küspert, Petra & Schneider, Wolfgang (2002). Hören, lauschen, lernen. Sprachspiele für Kinder im Vorschulalter. Würzburger Trainingsprogramm zur Vorbereitung auf den Erwerb der Schriftsprache. Göttingen: Vandenhoeck & Ruprecht.

Kutas, Marta (2000). Current thinking on language structures. In Michael S. Gazzaniga (Hrsg.), Cognitive Neuroscience (S. 431–443). Oxford: Blackwell.

Lainer, Martina (2003). Vom Erobern der Bücher. Ein Plädoyer gegen den Leseimperativ. Unsere Kinder, Sonderheft Juni 2003, 4–11.

Lehner, Andrea & Baselt, Julia (2006). Lernkompetenzen stärken. München: Maiß.

Lehrplan der Volksschule (2004). 10. Aufl. Wien: öbv&htp.

Lenneberg, Eric H. (1967). Biologische Grundlagen der Sprache. Frankfurt: Suhrkamp.

Lentes, Simone & Thiesen, Peter (Hrsg.). (2004). Ganzheitliche Sprachförderung. Ein Praxisbuch für Kindergarten, Schule und Frühförderung. Mit Kopiervorlagen. Weinheim: Beltz.

Lettner, Sabine (2004). Von der Sprechfreude zur Lesefreude. Leselust und Lesekunst als Elemente der Sprachkompetenz. Unsere Kinder, 4, 22–27.

Leu, Hans Rudolf (2002). Bildungs- und Lerngeschichten. Ein Weg zur Qualifizierung des Bildungsauftrages im Elementarbereich. Diskurs 12(2), 19–25.

Lipman, Matthew (1986). Pixie. Philosophieren mit Kindern. Wien: hpt.

Lobe, Mira; Kaufmann, Angelika (Ill.). (1997). Komm, sagte die Katze. Wien: Jugend & Volk.

Lommel, Annette (2007). Nachholbedarf. Bilingualität in Kindertagesstätten und Grundschulen. JuLit, 2, 23–26.

Lueger, Dagmar (2005). Beobachtung leicht gemacht. Weinheim: Beltz.

MA 10 (2006). Bildungsplan. Wien: MA 10.

Manz, Hans (1995). Und was ist das? In: Hans-Joachim Gelberg (Hrsg.), Überall und neben dir. Gedichte für Kinder in sieben Abteilungen (S. 127). Weinheim: Beltz & Gelberg.

Michaelis, Richard (2003). Validierte Grenzsteine der Entwicklung. [Online im Internet]. URL: http://www.mbjs.brandenburg.de/media/lbm1.a.1231.de/Grenzsteine%20Beobachtungsboegen.pdf [01. 04. 2008].

Mietzel, Gerd (1997). Wege in die Entwicklungspsychologie. Band 1: Kindheit und Jugend (3. Aufl.). Weinheim: Beltz, PsychologieVerlagsUnion.

Miller, George A. (1993). Wörter. Streifzüge durch die Psycholinguistik. Heidelberg: Spektrum.

Ministerium für Kultus, Jugend und Sport Baden-Württemberg (Hrsg.). (2003). Handreichung zur Sprachförderung in der Grundschulförderklasse unter besonderer Berücksichtigung des Migrationshintergrundes. Stuttgart.

Mitroviç, Michael G. (2004). Bilinguale Erziehung im Vorschulalter. In Ilse Wehrmann (Hrsg.), Kindergärten und ihre Zukunft (S. 193–204). Weinheim: Beltz.

Mühlen Achs, Gitta (1998). Geschlecht bewusst gemacht. Körpersprachliche Inszenierungen. München: Verlag Frauenoffensive.

NAEYC (2000). Accreditation criteria and procedures of the National Academy of Early Childhood Programs (rev. ed.). Washington, DC: NAEYC.

Näger, Sylvia (1998). Diaschau im Bilderbuch-Kino. kindergarten heute, 2, 24–26.

Näger, Sylvia (2000). Die Welt durch die Linse. [Online im Internet] URL: http://www.kindergarten-heute.de/beitraege/praxisbeitraege/fdpraxis_html?k_onl_struktur=735708&einzelbeitrag=12114&archivansicht=1 [24. 03. 2008].

Näger, Sylvia (2002). Kinderverse, Reim und Rapp. [Online im Internet] URL: http://www.kindergarten-heute.de/beitraege/praxisbeitraege/fdpraxis_html?k_onl_struktur=735708&einzelbeitrag=277341&archivansicht=1 [15. 03. 2008].

Näger, Sylvia (2005). Literacy. Kinder entdecken Buch-, Erzähl- und Schriftkultur. Freiburg: Herder.

Newport, Elissa L. (1990). Maturational Constraints on language learning. Cognitive Science, 14, 11–28.
Nitsch, Cordula (2001). Bilder der Sprache. Wissenschaftsmagazin der Universität Basel (UNI NOVA), 89, 20–21.
Nössing-Obkircher, Christa & Stecher, Irene (2007). Ein Bild vor Augen, eine Geschichte im Ohr. Die Lernchance Bilderbuch und Bilderbuchkino. Unsere Kinder, 4, 14–16.
Oerter, Rolf (1993). Ist Kindheit Schicksal? Kindheit und ihr Gewicht im Lebenslauf. In Deutsches Jugendinstitut (Hrsg.), Was für Kinder. Aufwachsen in Deutschland. Ein Handbuch (S. 78–90). München: Kösel.
Oerter, Rolf (2008). Kultur, Ökologie und Entwicklung. In Rolf Oerter & Leo Montada (Hrsg.), Entwicklungspsychologie (S. 85–116). Weinheim: Beltz. PVU.
Orner, Daniela (2000). Gestalteter Alltag. Leitung eines Kindertagesheims mit dem Schwerpunkt „Geschlechtssensible Pädagogik". In Frauenministerium L-2921 Luxemburg (Hrsg.), Geschlechtssensible Pädagogik im Kindergarten. Praxisberichte aus Österreich (S. 27–34). Luxemburg.
Otero, José Sánchez (2006). Der anerkennende Umgang mit Vielfalt. Impulse aus der englischsprachigen Schuldebatte. In Paul Mecheril & Thomas Quehl (Hrsg.), Die Macht der Sprachen. Englische Perspektiven auf die mehrsprachige Schule (S. 86–94). Münster: Waxmann.
Papousek, Mechthild (1998). Vom ersten Schrei zum ersten Wort. Anfänge der Sprachentwicklung in der vorsprachlichen Kommunikation (2. Aufl.). Bern: Huber.
Petermann, Hans-Bernhard (2004). Kann ein Hering ertrinken? Philosophieren mit Bilderbüchern. Weinheim: Beltz.
Petermann, Franz, Niebank, Kay & Scheithauer, Herbert (2004). Entwicklungswissenschaft. Entwicklungspsychologie, Genetik, Neuropsychologie. Berlin: Springer.
Pfohl-Chalaupek, Martina (2007a). Gender? Wer? Sie oder er? In Doris Koller, Sylvia Kummetz & Martina Pfohl-Chalaupek (Hrsg.), Konfliktlösung ohne Gewalt. Anleitung zur gewaltfreien Konfliktlösung bei Kindern im Vorschulalter (S. 89–106). Wien: Kuratorium für Verkehrssicherheit.
Pfohl-Chalaupek, Martina (2007b). Nun sage mir, welche Hand ist von wem? In Doris Koller, Sylvia Kummetz & Martina Pfohl-Chalaupek (Hrsg.), Konfliktlösung ohne Gewalt. Anleitung zur gewaltfreien Konfliktlösung bei Kindern im Vorschulalter (S. 107–114). Wien: Kuratorium für Verkehrssicherheit.
Pils, Manfred & Pils, Elisabeth (2006). Spielend lernen mit neuen Medien. Ein Ansatz des Blended Learnings. In Verlag der Fachzeitschrift Unsere Kinder (Hrsg.), LebensRaum Kindergarten. Methoden des Kindergartens 3 (S. 185–191). Linz: Verlag der Fachzeitschrift Unsere Kinder.
Pinker, Steven (1996). Der Sprachinstinkt: Wie der Geist die Sprache bildet. München: Kindler.
Policzer, Jutta (2000). Am Anfang war das Wort … und meine Erkenntnis, dass unsere Sprache Mädchen und Buben nicht in gleicher Weise gerecht wird. In Frauenministerium L-2921 Luxemburg (Hrsg.), Geschlechtssensible Pädagogik im Kindergarten. Praxisberichte aus Österreich (S. 35 –43). Luxemburg.
Policzer, Jutta (2005). „Hoppa, hoppa, Reiterin!" Lieder, Spiele, Reime & Co. Workshop im Rahmen der Fachtagung „Typisch Mädchen? Typisch Bub? Geschlechtssensible Hilfestellungen für den Alltag" am 26.09.2005 in Wien. Veranstalterin: MA 57 – Frauenabteilung der Stadt Wien.
Pramling, Ingrid (1990). Learning to learn. A study of Swedish preschool children. New York: Springer.
Prott, Roger & Hautumm, Annette (2004). 12 Prinzipien für eine erfolgreiche Zusammenarbeit von Erzieherinnen und Eltern. Berlin: verlag das netz.
Quay, Suzanne (1992). Explaining language choice in early infant bilingualism. Paper presented at the 9th Sociolinguistics Symposium. University of Reading, England, United Kingdom, April 2-4.
Reimann, Bernd (o.J.). Die frühe Sprachentwicklung des Kindes. [Online im Internet]. URL: http://www.mutterspracherwerb.de [31. 03. 2008].

Ring, Klaus (2004). Wann beginnt das Lesen? Neurobiologische Erkenntnisse zur Sprach- und Leseentwicklung. JuLit, 3, 3–11.
Rosenberg, Marshall B. (2004). Das können wir klären. Wie man Konflikte friedlich und wirksam lösen kann. Paderborn: Junfermann.
Rossmann, Peter (2004). Einführung in die Entwicklungspsychologie des Kindes- und Jugendalters. Bern: Huber.
Roth, Hans-Joachim (2006). Praktische Gelingensbedingungen und theoretische Grundlagen des Zweit-Sprachunterrichts. In Paul Mecheril & Thomas Quehl (Hrsg.), Die Macht der Sprachen. Englische Perspektiven auf die mehrsprachige Schule (S. 343–352). Münster: Waxmann.
Sander, Rita & Spanier, Rita (2003). Sprachentwicklung und Sprachförderung. Grundlagen für die pädagogische Praxis. kindergarten heute spezial, Sonderheft der Zeitschrift kindergarten heute.
Schäfer, Gerd E. (2002). Bildung beginnt vor der Schule. In Sozialpädagogisches Institut NRW (Hrsg.), Lebensort Kindertageseinrichtung. Bilden – Erziehen – Fördern. Frühkindliche Bildung im Kindergarten. Chancen und Möglichkeiten nach der PISA-Studie. 5. Workshop am 14. Februar 2002 in Köln. Dokumentation (S. 23–30). Köln: SPI.
Schaner-Wolles, Chris (2005a). Wie kommt ein Kind zu seiner Sprache? In BMBWK (Hrsg.), Sprachliche Förderung von Kindern im Jahr vor dem Schuleintritt (S. 19–30). Wien: BMBWK.
Schaner-Wolles, Chris (2005b). Sprachliche Entwicklung des Kindes. Kommunikation zwischen Kindern bzw. zwischen Kindern und Erwachsenen. In BMBWK (Hrsg.), Sprachliche Förderung von Kindern im Jahr vor dem Schuleintritt (S. 49–63). Wien: BMBWK.
Schaner-Wolles, Chris (2005c). Sprachentwicklungsauffälligkeiten. Sprachentwicklungsverzögerungen bzw. -störungen. In BMBWK (Hrsg.), Sprachliche Förderung von Kindern im Jahr vor dem Schuleintritt (S. 78–90). Wien: BMBWK.
Schneider, Claudia (1999). Mädchen, die pfeifen, Hühner, die krähen. an.schläge. Feministisches Magazin für Politik, Arbeit und Kultur, 2, 28–30.
Schneider, Claudia (2005). Qualitätsstandards für geschlechtssensible Pädagogik. Stadt Wien, MA 57.
Schneider, Claudia (o.J.). Leitfaden für geschlechtssensible Pädagogik. EDUCATION BOX Praxishilfen für eine geschlechtssensible Pädagogik. Wien: MA 57 – Frauenförderung und Koordinierung von Frauenangelegenheiten.
Schneider, Stefan (2003). Frühkindliche Mehrsprachigkeit aus sprachwissenschaftlicher Sicht. In Allan James (Hrsg.), Vielerlei Zungen. Mehrsprachigkeit + Spracherwerb + Pädagogik + Psychologie + Literatur + Medien (S. 11–48). Klagenfurt/Celovec: Drava.
Seitz, Marielle (2006). Vom Formenzeichnen zum Schreibenlernen. Wahrnehmung, Bewegungskoordination, Feinmotorik und Konzentration. München: Don Bosco.
Senatsverwaltung für Bildung, Jugend und Sport Berlin (2004). Das Berliner Bildungsprogramm für die Bildung, Erziehung und Betreuung von Kindern in Tageseinrichtungen bis zu ihrem Schuleintritt. Berlin: das netz.
Siebert, Horst (1999). Lebenslanges Lernen in der Wissensgesellschaft [Online im Internet]. URL: http://www.uni-ulm.de/LiLL/praesentationen/Vortraege/lebenslangeslernen.html [15. 03. 2008].
Sinowatz, Beate, Wallner, Ingrid & Kerschbaumer, Markus (2003). Mein Körper kann sprechen: Nonverbale Kommunikation. In Bundesministerium für Bildung, Wissenschaft und Kultur & Österreichisches Sprachen-Kompetenz-Zentrum (Hrsg.), Kinder entdecken Sprachen. Erprobung von Lehrmaterialien (Band 3.6). Graz: Österreichisches Sprachen-Kompetenz-Zentrum. [Online im Internet]. URL: http://www.oesz.at/download/publikationen/3.6_nonverbale_kommunikation_17_12_2007.pdf [11. 03. 2008].
Skinner, Burrhus F. (1957). Verbal behavior. New York: Appleton-Century-Crofts.
Soentgen, Jens (2004). Selbstdenken! 20 Praktiken der Philosophie. Wuppertal: Peter Hammer.
Spitzer, Manfred (2002). Lernen. Gehirnforschung und die Schule des Lebens. Heidelberg: Spektrum.

Spitzer, Manfred (2006). Vorsicht Bildschirm! Elektronische Medien, Gehirnentwicklung, Gesundheit und Gesellschaft. München: Deutscher Taschenbuch Verlag.
Spitzer, Manfred (2007). Was bedeuten die Erkenntnisse der Hirnforschung für unsere Schulen und die Aus- und Fortbildung von LehrerInnen? Vortrag in der Wr. Stadthalle am 20. 04. 2007. Veranstalter: Pädagogisches Institut der Stadt Wien.
Stadelmann, Willi (2004). Frühe Förderung und lebensbegleitendes Lernen im Lichte neuropsychologischer Erkenntnisse. In BMBWK (Hrsg.), Lebenslanges Lernen in der Wissensgesellschaft. Voraussetzungen und Rahmenbedingungen (S. 169–188). Innsbruck: Studienverlag.
Stadt Salzburg. (Hrsg.). (2005). Große und kleine Schritte ins Leben. Salzburg.
Stern, Clara & Stern, Wilhelm (1907). Die Kindersprache. Eine psychologische und sprachtheoretische Untersuchung (1. Aufl.). Leipzig: Barth.
Sturzbecher, Dietmar & Hess, Markus (2003). Wie lernt man Partizipation? Forschungsbefunde zu psychischen und kontextuellen Einflussfaktoren. In Dietmar Sturzbecher & Heidrun Großmann (Hrsg.), Soziale Partizipation im Vor- und Grundschulalter. Grundlagen (S. 223–260). München: Ernst Reinhardt.
Szagun, Gisela (2001). Wie Sprache entsteht. Spracherwerb bei Kindern mit beeinträchtigtem und normalem Hören. Weinheim: Beltz.
Textor, Martin R. (2005). Kognitive Bildung im Kindergarten. [Online im Internet]. URL: http://www. kindergartenpaedagogik.de/1278.pdf [15. 03. 2007].
Tietze, Wolfgang, Meischner, Tatjana, Gänsfuss, Rüdiger, Grenner, Katja, Schuster, Käthe-Maria, Völkel, Petra & Roßbach, Hans-Günther (1998). Wie gut sind unsere Kindergärten? Eine empirische Untersuchung zur pädagogischen Qualität in deutschen Kindergärten. Neuwied: Luchterhand.
Tietze, Wolfgang, Schuster, Käthe-Maria, Grenner, Katja & Roßbach, Hans-Günther (2007). Kindergarten-Skala (KES-R; 3. Aufl.). Weinheim: Beltz.
Tietze, Wolfgang & Viernickel, Susanne (Hrsg.). (2007). Pädagogische Qualität in Tageseinrichtungen für Kinder. Ein nationaler Kriterienkatalog (3. Aufl.). Weinheim: Beltz.
Tophinke, Doris (2003). Sprachförderung im Kindergarten. Julia, Elena und Fatih entdecken gemeinsam die deutsche Sprache. Materialien und praktische Anleitung. Weinheim: Beltz.
Ulich, Michaela (2000a). Fremdsprachen im Kindergarten. Plädoyer für eine bewusstere Sprach-Kultur. Unsere Kinder, 55, 122–127.
Ulich, Michaela (2000b). Literacy. Sprachliche Bildung im Elementarbereich. kindergarten heute, 3, 6–18.
Ulich, Michaela (2004a). Elternbrief „Wie lernt mein Kind 2 Sprachen, Deutsch und die Familiensprache?" München: Staatsinstitut für Frühpädagogik.
Ulich, Michaela (2004b). Lust auf Sprache. Sprachliche Bildung und Deutschlernen in Kindertageseinrichtungen. Video mit Begleitheft. Freiburg: Herder.
Ulich, Michaela (2005). Deutschlernen in der Kindertageseinrichtung. In Michaela Ulich, Pamela Oberhuemer & Monika Soltendieck (Hrsg.), Die Welt trifft sich im Kindergarten. Interkulturelle Arbeit in Kindertageseinrichtungen (S. 21–30). Weinheim: Beltz.
Ulich, Michaela & Mayr, Toni (2003a). SISMIK. Sprachverhalten und Interesse an Sprache bei Migrantenkindern in Kindertageseinrichtungen. Begleitheft zum Beobachtungsbogen Sismik. Freiburg: Herder.
Ulich, Michaela & Mayr, Toni (2003b). SISMIK. Sprachverhalten und Interesse an Sprache bei Migrantenkindern in Kindertageseinrichtungen. Ein Beobachtungsbogen. Freiburg: Herder.
Ulich, Michaela & Mayr, Toni (2004). Sprachentwicklung von Migrantenkindern im Kindergarten. Der Beobachtungsbogen SISMIK. In Argyro Panagiotopoulou & Ursula Carle (Hrsg.), Sprachentwicklung und Schriftspracherwerb (S. 12–22). Baltmannsweiler: Schneider.
Ulich, Michaela & Mayr, Toni (2006a). Sprachentwicklung und Literacy bei deutschen Kindern. Der Beobachtungsbogen Seldak. Bildung, Erziehung, Betreuung von Kindern in Bayern, 11(1/2), 23–25.

Ulich, Michaela & Mayr, Toni (2006b). SELDAK. Sprachentwicklung und Literacy bei deutschsprachig aufwachsenden Kindern. Begleitheft und 10 Beobachtungsbögen. Freiburg: Herder.

Valtin, Renate (1997). Stufen des Lesen- und Schreibenlernens. Schriftspracherwerb als Entwicklungsprozeß. In Dieter Haarmann (Hrsg.), Handbuch Grundschule (S. 76–88). Weinheim: Beltz. [Online im Internet]. URL: http://spzwww.uni-muenster.de/~griesha/eps/els/stufen/valtin.html [30. 03. 2008].

Vygotskij, Lev S. (1987). Ausgewählte Schriften. Arbeiten zur psychischen Entwicklung der Persönlichkeit (Band 2). Berlin: Volk und Wissen.

Wagner, Petra (2004) Sprachliche Bildung und gesellschaftliche Ausgrenzung. Anforderungen an Kindertageseinrichtungen. [Online im Internet]. URL: http://www.kinderwelten.net/pdf/29_sprachliche_bildung_und_ausgrenzung.pdf [03. 04. 2008].

Wagner, Petra (2005). Alle Kinder sind gleich. Jedes Kind ist besonders. [Online im Internet]. URL: http://www.kinderwelten.net/pdf/10a_kurzdarstellung_des_projekts.pdf [03. 04. 2008].

Wagner, Petra (2007). Ja! Evet! Yes! Sprachliche Kompetenzen als Vorteil erleben. JuLit, 2, 18–22.

Walter, Gisela (2003). Sprache. Der Schlüssel zur Welt. Spiele und Aktionen zur ganzheitlichen Sprachförderung. Freiburg: Herder.

Watzlawick, Paul & Beavin, Janet (1997). Einige formale Aspekte der Kommunikation. In Paul Watzlawick & John H. Weakland (Hrsg.), Interaktion. Menschliche Probleme und Familientherapie. München: Piper.

Weate, Jeremy; Lawman, Peter (Ill.). (1999). Das illustrierte Buch der Philosophie. „Ich denke, also bin ich". Wien: Ueberreuter.

Weininger, Maria (2007). Ich bin ganz Ohr. Auditive Medien als Chance zur Medienerziehung im Vorschulalter. klein&groß, 07–08, 11–15.

Wenzel, Veronika (2004). Holländisch? – nee, Nederlands! Oder: Sprachbewusstsein im bilingualen Kindergarten. Frühes Deutsch, 2, 29–33.

Widmann-Rebay von Ehrenwiesen, Birgit (2007). Hören, Sehen und Fühlen. Umfangreich auf den Schriftspracherwerb vorbereiten. klein&groß, 04, 44–46.

Wode, Henning (2007). Frühes Fremdsprachenlernen. Chancen und Risiken. JuLit, 33(2), 11–17.

Wolf, Bernhard (1995). Grundmerkmale ökologischer Perspektiven in der Entwicklungspsychologie. Psychologie in Erziehung und Unterricht, 42, 6–19.

Wolf, Martin (2006). Bildungs- und Lerngeschichten als Instrument zur Konkretisierung und Umsetzung des Bildungsauftrags im Elementarbereich. Wissen & Wachsen, Schwerpunktthema Naturwissenschaft und Technik, Wissen. [Online im Internet]. URL: http://www.wissen-und-wachsen.de/page_natur.aspx?Page=739cadeb-2e65-47eb-8e3c-5cebf09b9c35 [31. 3. 2008].

Wustmann, Corina (2004). Resilienz. Widerstandsfähigkeit von Kindern in Tageseinrichtungen fördern. Weinheim: Beltz.

Zinke, Petra, Bostelmann, Antje & Metze, Thomas (Hrsg.). (2007). Vom Zeichen zur Schrift. Begegnungen mit Schreiben und Lesen im Kindergarten. Ein Werkstattbuch. Weinheim: Beltz.

Bilderbücher, Tonträger, Spiele und Computerspiele

Die empfohlenen Medien für Kinder werden in alphabetischer Reihenfolge auf der Homepage des Charlotte Bühler-Instituts angeführt: http://www.charlotte-buehler-institut.at

Anhang

Mehrsprachige Bilderbücher

Der Arbeitskreis für Jugendliteratur hat im Rahmen des Leipziger Symposiums für Mehrsprachigkeit eine Literaturliste zusammengestellt, abrufbar unter: www.jugendliteratur.org/download/Literaturliste.pdf

Die Internationale Buchhandlung Le Matou in Berlin bietet Bilderbücher in verschiedenen Sprachen und Übersetzungen an und liefert auch per Post nach Österreich: www.le-matou.de

Türkische Bilder- und Kinderbücher sind erhältlich im Talisa-Verlag: http://www.talisa-verlag.de

Fremdsprachige Bilder- und Kinderbücher aus dem NordSüd Verlag unter: www.nord-sued.com

Viele Bilderbücher österreichischer Autorinnen und Autoren (Lobe, Hanisch, Bansch etc.) sind in Koreanisch, Japanisch, Katalanisch unter folgender Adresse zu beziehen: http://www.jungbrunnen.co.at/license.py

Tonträger mit Musik, Tänzen und Geschichten aus der ganzen Welt unter: http://www.oekotopia-verlag.de/shop_start.asp

Internetadressen zum Thema Mediennutzung und Medienerziehung

Beiträge und Infos zum Thema Medienerziehung, Computerspiele etc. für Kinder und Erwachsene: www.hoppsala.de

Information zur sicheren Nutzung des Internets, Infos zu Medienerziehung, Online- und Computerspiele, Tipps für Eltern, Kinder und Erziehende: http://saferinternet.at

Medienpädagogische Beratungsstelle an der NÖ Landesakademie, Fortbildungen und Information zur Medienpädagogik: http://www.medienpaed.at

Infos und Empfehlungen von Computerspielen, Herausgabe einer halbjährlich aktualisierten Broschüre „Empfehlenswerte Computerspiele & Edutainmentprogramme" sowie persönliche Beratung von Eltern mit/ohne Kind(ern) und Pädagoginnen bzw. Pädagogen: http://www.wienxtra.at/spielebox/pdf/Computerliste.pdf

Die Bundesstelle für Positivprädikatisierung von Computer- und Konsolenspielen bietet Informationen über altersgerechte und empfehlenswerte Spiele: www.bupp.at

Praktische Orientierungshilfen zur Mediennutzung und -erziehung und Förderung des Dialogs zwischen Eltern und Kindern. Informationen und Fachartikel rund um Computer, Film, Fernsehen: www.schau-hin.info

Allgemeine Medien- und Programmberatung, Informationen für Eltern zu Fernsehsendungen, die Kinder interessieren: www.flimmo.tv

Bilderbuchkino

Bestellung und Info zum Entlehnen von Bilderbuchkinos in Zusammenarbeit mit einer örtlichen Bibliothek: http://www.biblio.at/praxis/index_kinos.htm

Die städtischen Büchereien in Wien bieten nach vorheriger Absprache verschiedene Bilderbuchkinos an. Bilderbuchkinos können auch von den Medienstellen der Länder bzw. Diözesen entliehen werden. Käuflich zu erwerben sind Bilderbuchkinos unter: http://www.matthias-film.de/modulog/index.php?ModulogMod= matthiasfilm.aktuell.show&color=2&ref=1

Spiele

Unter www.froehling-spieleverlag.de finden sich viele ästhetisch ansprechende Spiele zu zahlreichen Bildungsbereichen, wie Sprache, Konzentration, Geräusche erkennen etc.

Projekt KINDERWELTEN

Institut für den Situationsansatz, Internationale Akademie GmbH, Projektbüro: Yorckstr. 4–11, 10958 Berlin, Tel. 030 – 90298 3536, koordination@kinderwelten.net, www.kinderwelten.net

Autorinnen

Dr.in Waltraut Hartmann

Klinische Psychologin und Gesundheitspsychologin, Wissenschaftliche Leiterin des Charlotte Bühler-Instituts, Lehrbeauftragte an der Fakultät für Psychologie, Autorin und Redakteurin von Studienprogrammen im Medienverbund des BMUKK und ORF zu den Themen Spiel, Kinderliteratur und Fernsehen. Mitarbeit am Lehrplan für die Volksschule und die Schuleingangsphase, Expertin bei der UNIDO und UNICEF für Spiel und Spielzeug. Vortrags- und Seminartätigkeit im Bereich der Fortbildung von Kindergartenpädagoginnen und -pädagogen, Vorschul- und Grundschullehrerinnen und -lehrern. Zahlreiche Publikationen zu den Forschungsschwerpunkten Spiel, Kinderliteratur, Qualitätsentwicklung und Bildung im Kindergarten.

Mag.a Michaela Hajszan

Klinische Psychologin und Gesundheitspsychologin in freier Praxis, Legasthenietrainerin, Wissenschaftliche Mitarbeiterin am Charlotte Bühler-Institut, Trainerin für die Kindergarten-Skala (KES-R), Krippen-Skala (KRIPS-R) sowie die Hort- und Ganztagsangebote-Skala (HUGS), Publikationen zu den Schwerpunkten Qualitätsentwicklung und Bildung im Kindergarten, Vortrags- und Seminartätigkeit zur Weiterbildung von Pädagoginnen und Pädagogen.

Martina Pfohl-Chalaupek

Kindergarten- und Hortpädagogin, Kuratorin für Kommunikation m Museum, Systemischer Coach, Studium der Pädagogik und Sonder- und Heilpädagogik (Diplomarbeitsstadium) an der Universität Wien, Wissenschaftliche Mitarbeiterin am Charlotte Bühler-Institut, Publikationen zum Schwerpunkt Sicherheit im Kindergarten, Co-Trainerin für KES-R und KRIPS-R, Leitung der Kinderbücherei im Heilpädagogischen Zentrum Hinterbrühl, Vortragstätigkeit zur Weiterbildung von Pädagoginnen und Pädagogen.

Mag.a Martina Stoll

Klinische Psychologin und Gesundheitspsychologin, Kindergartenpädagogin, Lehrerin an der BAKIP Wiener Neustadt, Mitglied der Arbeitsgruppe „Bildungsstandards für BAKIPs", Wissenschaftliche Mitarbeiterin am Charlotte Bühler-Institut, KES-R-Evaluatorin, Publikationen zu den Schwerpunkten Qualitätsentwicklung und Bildung im Kindergarten.

MMag.a Birgit Hartel

Psychologin, Pädagogin sowie Sonder- und Heilpädagogin mit den Schwerpunkten Bildungspsychologie und Schulpädagogik, Diplomierte ECHA-Pädagogin (Specialist in Educating the Gifted – Internationales ECHA-Diplom), KES-R-Evaluatorin, Wissenschaftliche Mitarbeiterin am Charlotte Bühler-Institut, freiberufliche Trainerin und Autorin zu den Schwerpunkten Hochbegabung, Qualität im Kindergarten sowie Übergang Kindergarten-Volksschule.